……崛起與衰落，迷亂二十世紀的造神運動

獨裁者養成之路

HOW TO BE A DICTATOR

The Cult of Personality in the Twentieth Century

馮客

FRANK DIKÖTTER

廖珮杏——譯

目次

推薦序　當獨裁者同在異起

許菁芳（作家）

馮客（Frank Dikötter）是當代最著名的中國史學者之一，曾任職於英國倫敦大學亞非學院，現為香港大學歷史系之講座教授。他所著「人民三部曲」（People's Trilogy）從一般人民的角度重析中國近代史上的關鍵變化，出版不過十年，根本性地影響了現代漢學界的觀點。在馮客最廣為人知的這三本書之中，可以感受到他以簡馭繁的功力，善於使用大量個人紀錄，將小歷史與大歷史的敘事結合；也可以清楚辨識他的立場，直指獨裁者應該為人禍悲劇負責。

寫完中國近代三大悲劇——饑荒、「解放」、文化大革命——馮客的焦點轉向全世界的獨裁者。緊跟著的這本書，不只寫了他最熟悉的毛澤東，還寫了其他七個二十世紀的大獨裁者。《獨裁者養成之路》以八篇短文，介紹義大利的墨索里尼、德國的希特勒、蘇聯的史達林、中國的毛澤東、北韓的金日成，還有海地的杜瓦利埃、羅馬尼亞的希奧賽古，最後是衣索比亞的門格斯圖。橫跨歐、亞、非、美四大洲，在迥異的社會政治脈絡中探詢獨裁者的普世追求：個人崇拜。

獨裁者的面貌複雜，跟你想的不一定一樣。例如，他們不總是優秀的演說家。獨裁者的標準形象，大約像是希特勒那樣，演講是一種天賦，一開口就能驚豔四座：

他使用一般人能理解的簡單語言……同時搭配越來越誇張的手勢，偶爾手指還會在半空中戳來戳去。他知道如何迎合聽眾講話，為他們的仇恨和希望找到語言。「觀眾在結束的時候報以狂熱的歡呼和掌聲。」（頁六二）

但其實，人不需要很會說話才能成為獨裁者。史達林講話有濃重的口音，聽起來很蹩腳，他講話節奏不好，也沒有什麼手勢動作。而且他論述的能力普通，沒辦法講述共產主義學說。開會的時候，他喜歡坐在擁擠的最末排位置，不發一語。但他成功扭轉這些缺點，把自己形塑成一個謙遜的僕人。他的靜默被描述為一種「不可承受之重」（頁一一二），知識分子們說他善良而簡樸，而史達林的媽媽很高興地告訴美國記者：「索索一直是個好男孩！」

獨裁者的出身也不一定好或壞，甚至往往不是橫空出世——事實上，許多獨裁者都是由組織培養出來的，他們一開始是由上頭拔擢的傀儡、接班人、人形立牌。羅馬尼亞的希奧塞古，跟史達林一樣，講話也有地方口音，在年輕的時候甚至有點口吃。在政治監獄裡的時候，還曾經受到其他囚犯的嘲笑。一九六五年，希奧塞古被選為接班人的原因，不是因為有傑出的領導能力，反而是由於他口語表達能力不佳、組織才能也不顯著，成為傀儡的理想人選。希奧塞古在總書記的位置上韜光養晦整整兩年，才開始大鳴大放。衣索比亞的門格斯圖，一開始是軍事首領的副手之一，而且還是不討人喜歡的那個。他喜歡待在幕後，默默主宰謀殺、內鬥與奪權。門格斯圖的出身眾說紛紜，是著名的封建社會八卦主題，有些人甚至說他來自奴隸家庭；總之不屬於衣索比亞高地的統治民族。北韓的金日成，一開始甚至不是蘇聯扶植的對象。本來蘇聯選擇了有「朝鮮的甘地」之稱的曹晚植，作為傀儡政府的門面；但是曹晚植我行我素，拒絕蘇聯的託管。蘇聯將其軟禁，金日成才出場，成為莫斯科認可的「偉大的領袖」。

也因此，許多獨裁者都有過一段背信忘義的經驗：在權力穩固之後，回頭抹滅痕跡，跟曾經支援過自己的領袖組織切割。中國的毛澤東，在第二次發起大規模鬥爭時，決心成為社會主義的歷史軸心——他宣稱自己承繼了馬克思列寧主義，並且把馬列發展到一個新高度，也就是「馬克思列寧毛澤東思想」——但是在中共建黨建國之際扮演重要角色的史達林，則不在他的正統系譜之中。北韓的金日成在翦除政敵之後——他也跟毛主席一樣，發起過一場大躍進，叫做「千里馬運動」——就著手重塑自己的過去。宣傳機器開始抹去蘇聯與中共的痕跡，重寫民族的革命歷史，吹捧民族解放者的偉大，如何帶領群眾抗日解放國家。新的、單一的歷史敘事，逐漸成為全時性的存在，只有我們人民。北韓建國十五週年，沒有隻字片語提到蘇聯，「當金日成的巨大雕像被抬著穿過平壤街頭時，眾人喊著口號：『這一切都是我們自己的努力。』」（頁一七六）

獨裁者雖然喜歡一切都歸功於自己，但也不一定喜歡拋頭露面，接受萬民讚揚。有些獨裁者其實喜歡以神祕的形象示人，甚至鼓勵關於自己的神鬼八卦盛行，海地的杜瓦利埃是箇中翹楚。他受過正統的醫學訓練，是海地大學的畢業生，但卻善於運用神祕元素，將自己塑造成巫毒宗教的神靈。他會用濃厚的鼻音嘟噥，讓人以為他正在念誦咒語。他的辦公室一片黑暗，四周掛著黑色窗簾，桌上放著幾十支黑色蠟燭。民間流傳甚廣的謠言說，在杜瓦利埃的某位政敵過世之後，他派民兵搶走了靈車中的屍體，因為總統要用他的心臟增強自己的魔力。這種訴諸非自然力量的現象並不是海地獨有。在北韓，也有民間傳說認為金日成可以在空中飛行，還可以在山間挖隧道，帶領游擊隊躲避日本人追捕。

假鬼假怪，不令人特別意外。沒有民意的加冕，獨裁者底氣不足，得如吸星大法般從各種管道汲取權威。傳統宗教是一個歷久彌新的管道，知識文化當然也是。所有獨裁者因此必須同時是偉大的理論家，學貫古今中外，思想繼往開來，說什麼都是對的，說什麼都值得萬民傳頌。羅馬尼亞的希奧賽古其實沒有讀過幾年書（他在十一歲就離家成為鞋廠學徒），但是他決心成為重要的思想家。他出版著作與演講集，接手意識形態委員會，成為下屬口中「馬克思主義的重要思想家」。因為他是國家的首席思想家，學術界盛讚他的成就，希奧賽古獲頒大量的榮譽學位：這裡一個經濟學博士學位，那裡一個政治學博士學位。

另一個我們熟悉的例子是毛主席。毛澤東自詡集哲學家、聖人、詩人於一身。在政治理論上具有原創性，沒有照搬馬克思主義，而是發展出「中國式的馬克思主義」，發表《實踐論》、《矛盾論》，講述辯證唯物主義哲學的發展。毛主席當然也是沉浸在中國文化傳統中的書法家，《人民日報》的刊頭題字，至今仍是毛體；毛主席的詩被文人黨人稱為文學史上的創舉，以《毛主席詩詞十九首》最為經典——當然，這是向《古詩十九首》致敬。

八個獨裁者的故事，至此，有一種似曾相識的感受逐漸浮現。獨裁者們的控制是缺乏安全感，獨裁者的奢華是一種根本的空虛。人說缺什麼就補什麼，其實獨裁者的內裡是無權無勢，他心知肚明自己的統治隨時可能破碎，才越是需要軍備競賽、歌功頌德、豪華排場、巨大建築——所有你不一定會在正常社會當中看見的榮景，一定會在獨裁政權裡看見。而且一定要被看見，尤其必須被國際的其他文明看見。

獨裁者原來如此相似。原來同一種相似的恐懼與控制，是以多元的樣貌，在相異的時空之中反覆出現。獨裁者的個人特徵與發展路徑，不會完全一樣，但他們在成為獨裁者之後，會變得越來越像：一樣專制多疑、憤怒焦慮、好大喜功，身心俱疲，至死不得安寧。在任何地理歷史脈絡中，獨裁者都可以被清楚地定位出來——獨裁者想要偽裝成明君、領袖、天才、救世主，但終究，這些自我加冕的稱號都沒有辦法模糊他的真實身分。他是個獨裁者。

前言

一八四〇年，以嘲弄權貴聞名的諷刺小說家威廉・梅克比斯・薩克萊（William Makepeace Thackeray）發表了一幅關於路易十四的諷刺漫畫。漫畫的左邊立了一個假人，展示著國王（Rex）的寶劍、白鼬毛皮和鳶尾徽長袍、蓬鬆鬈曲的假髮以及貴族高跟鞋。站在中間的男人正是可憐兮兮的路易（Ludovicus），只著內衣，露出細長的雙腿，挺著一顆凸肚子，頭頂光禿禿，還沒有牙齒。而最右邊又變回了衣冠楚楚、盛裝打扮又驕傲的路易國王（Ludovicus Rex）。薩克萊利用漫畫，將這位王中之王的外衣剝除，讓人看見這個男人原本虛弱可悲、沒有權力裝飾的樣子：「如此看來，理髮師和鞋匠創造了我們所崇拜的神。」[1]

據說，十七世紀的國王路易十四曾宣稱「朕即國家」（L'État, c'est moi.）。在他看來，他只對上帝負責。他是一個絕對的君主，七十多年來，他利用自己的專制權力削弱貴族的影響力，實行中央集權，以武力擴張國家疆域。他還把自己描繪成無懈可擊的太陽之王，一切萬物都繞著他轉。他確保自己得到所有人的讚揚，全國各地出現各種徽章、繪畫、半身像、雕像、方尖碑和凱旋門。詩人、哲學家和官方歷史學家都在歌頌他的成就，稱讚他無所不知、無所不能。他把巴黎西南部的一個皇家狩獵小屋，改建成凡爾賽宮，這座宏偉的皇宮有七百個房間，還有一個龐大的莊園，那是他上朝的地方，他的貴族朝臣被迫相互爭寵。[2]

路易十四是政治舞台的佼佼者，但其實就某些層面而言，所有的政治家都依賴形象。路易十四，這位太陽王的後裔，在一七八九年的革命後被送上了斷頭台，神權的觀念也隨之入土。革命者認為，君王的權力歸屬於人民，而非上帝。在接下來兩個世紀中，民主政體逐漸冒出，領導人很清楚他們必須博得選民的好感，否則那些人可以用選票將他們趕下台。

當然，除了選舉，還有其他獲得權力的方式，例如，可以組織一場政變，或者操縱體制。一九一七年，列寧和布爾什維克（Bolsheviks）攻占冬宮，宣布成立新政府。後來，他們把這次政變稱作是受到一七八九年法國大革命啟發的「革命」。幾年後，一九二二年，墨索里尼向羅馬進軍，迫使議會交出政權。然而，所有獨裁者都會發現，赤裸的權力是有期限的。藉由暴力奪取而來的權力，必須藉由暴力來維持，即使有時這個暴力手法相當笨拙。獨裁者必須仰賴軍隊、祕密警察、護衛、間諜、告密者、審問者和刑求者。但最好的做法還是偽稱這一切其實都是人民自願的。一個獨裁者必須向他的人民灌輸恐懼，但如果他可以讓人民自己來讚揚他，那他就可以在位子上待得更久一點。簡言之，現代獨裁者的弔詭之處在於，他必須製造出受到民眾支持的假象。

整個二十世紀，無數的人民為自己的獨裁領袖喝采，即使他們因此淪落成了奴隸。整個世界放眼望去，可以看到獨裁者的面容出現在大型廣告牌和建築物上，每一所學校、辦公室和工廠也看得到他的肖像。老百姓不得不向他的肖像鞠躬，從他的雕像旁邊走過，背誦他的作品，讚美他的名字，歌頌他的才華。從廣播和電視到工業生產的海報、徽章、半身像，現代科技讓獨裁者變得更無所不在，這在路易十四的時代是不可想像的。即使在海地這樣相對小的國家，成千上萬的民眾也得定期在總統府前為他們的領導人歡呼，這下連凡爾賽宮的慶祝活動都相形見絀。

一九五六年，赫魯雪夫（Nikita Khrushchev）譴責史達林，細數追究他在統治時期製造的恐懼和恐怖。他稱那些前任領袖「令人生厭的奉承文化」和「追求偉大的狂熱行徑」為「個人崇拜」。雖然這並不是什麼偉大社會科學家提出的嚴謹概念，但大多數歷史學家認為這個說法相當恰當。[3]

路易十四還年少的時候，貴族們試圖限制國王的權力而發動一連串的叛亂，震盪了全法國。他們雖然沒有成功，卻讓這位年輕國王留下深刻的印象，終生都對叛亂心有餘悸。他將權力中心從巴黎移轉到凡爾賽宮，要求貴族們都得在宮廷裡待上一陣子，讓他可以藉機觀察貴族們如何爭寵。

同樣地，獨裁者也害怕自己的人民，甚至是身邊的隨從。他們其實很脆弱，如果他們夠強大，其實大多數的民眾都會選擇他們。然而，他們卻決定投機取巧，經常是踩過政敵的屍體走捷徑。但要是他們有辦法藉此掌握權力，當然其他人也可以，未來哪天遭人背後捅刀就不意外了。那些政敵們往往一樣心狠手辣。受到認可的法西斯領導人有很多，墨索里尼只是其中之一，他在一九二二年進軍羅馬之前就曾面臨了黨內叛亂。若論能力，史達林其實也比不上托洛斯基。一九三〇年代，毛澤東不斷地被更強大的對手鬥倒。一九四五年，金日成被蘇聯強迫推銷給不怎麼領情的民眾，他身邊其他共產黨領袖的幕後政治能力其實比他要強得多。

獨裁者要想奪權並剷除對手，採取的策略五花八門，比如血腥清洗、操弄，或是分而治之等等。

但長遠來看，搞個人崇拜還是效率最高的。個人崇拜可以讓盟友和政敵都矮上一截，逼他們一起臣服在獨裁者的掌控下共事，甚至要逼所有人在其他人面前稱讚獨裁者。獨裁者將所有人都變成了騙子。當所有人都在說謊，就分不清楚誰說的是真話，這會讓人更難找到同盟，也很難組織政變。

那麼個人崇拜都是由誰打造出來的呢？參與其中的有歌功頌德式的傳記作家（hagiographer）、攝影師、劇作家、作曲家、詩人、編輯和編舞家，還有強大的宣傳部長，有時甚至一整個產業。但最終的主導人仍是獨裁者自己。毛澤東的醫生在其著名的回憶錄中寫道：「專制政治與專制者的個性息息相關。」[4] 書中八位獨裁者的個性迥然不同，但每一個人都做出了關鍵決定，走向了自我頌揚。有一些人自己動手的程度比其他人要高。據說，墨索里尼花了大半輩子將自己塑造成一個無所不知、無所不能、不可或缺的義大利統治者——同時掌管六個政府部會。史達林不斷地修剪自己的個人崇拜，修掉他認為太過度的讚揚，只為了幾年後待時機成熟時再發揚光大。尼古拉・希奧塞古則強行提拔他自己的人馬。與其他獨裁者相比，希特勒雖然在他晚期的時候將權力分給更多人，但早年的他也是十分注重自己形象的每一個細節。上述提到的獨裁者皆傾全國資源來宣傳他們自己，他們就是國家。

並不是所有歷史學家都會將焦點放在獨裁者。伊恩・克索（Ian Kershaw）曾說過一段很著名的話，他形容希特勒是一個「非人」，他這樣一個平庸的人，光靠個人特質無法解釋他為什麼受歡迎。他認為，重點應該放在「德國人民」以及他們對他的看法上。[5] 但是，言論自由總是獨裁統治第一個犧牲掉的東西，那這樣要如何知道人們對領導人真正的看法呢？希特勒在選舉時，並沒有得到多數人的支持，在他上台後一年內，納粹就把大約十萬名老百姓丟進集中營。蓋世太保、褐衫軍和官員們毫不猶豫地將那些不好好讚揚領袖的人關起來。

有時，人民向獨裁者表示忠誠時，表現得太過自然，結果讓旁觀者以及後來的歷史學家都以為他們是真心誠意的。一位蘇聯歷史學家告訴我們，「數百萬的蘇聯人民，無論什麼階層、無論老少，或來自哪個行業，尤其是都市裡的人，廣泛接受且深信」史達林的個人崇拜。[6] 這種說法其實相當含糊不清，而且沒有事實根據，就好比我們沒辦法反過來說，數百萬來自不同背景的蘇聯人，尤其是在農村地區，都不相信史達林的個人崇拜。即使是狂熱的支持者也會發現，他們不可能讀懂領導人的想法，更不用說要怎麼探究政權底下那數百萬人的想法了。

能生存下去的獨裁者，通常具備許多技能。許多人擅長隱藏自己的情感。像墨索里尼就自視為義大利最厲害的演員。希特勒也曾脫口而出，稱自己是歐洲最偉大的表演者。但在獨裁統治之下，許多老百姓也學會了如何演戲。他們必須服從命令微笑，模仿黨的路線，喊口號，高聲向他們的領袖致敬。總之，他們必須製造出他們自願的假象，那些不配合的人會被罰款、監禁，有時還會被槍斃。

很少有臣民真心敬仰他們的獨裁者，但這不是重點，因為問題在於沒有人知道到底誰相信了什麼。個人崇拜的目的，並不是要讓人相信或被說服，而是要製造混亂、摧毀常識、強制服從，讓每個人變得孤立並碾碎他們的尊嚴。人們必須自我審查，並且反過來監視其他人，譴責那些對領袖獻殷勤不夠真誠的人。在整齊劃一的表象之下，什麼樣的人都有，例如有些人是真的將領袖理想化，像是那些信徒、投機者、惡棍，也有另一些人漠不關心、無動於衷，甚至懷有敵意。

獨裁者在國內很受歡迎，但也很受外國人的尊敬，例如傑出的知識分子或知名政治家。二十世紀一些偉大的思想家願意以更大的利益為名，忽視甚至為暴政辯護，並協助鞏固他們鍾愛的獨裁者的聲望。這些人我在這本書只有略微提及，因為已有一些優秀的研究在講這個主題，特別是賀蘭德（Paul Hollander）。7

由於個人崇拜要求呈現出確實受歡迎的樣子，而且要像是從人們內心中湧發出來那般，所以它總是帶有迷信和魔法的色彩。在一些有很鮮明的宗教色彩的國家，人們可能會把它視為一種特殊的世俗崇拜形式。但不管如何，這一切都是刻意從上而下培養出來的。希特勒自詡為彌賽亞，以一種神祕、半宗教的方式將大眾團結在一起。弗朗索瓦・杜瓦利埃則努力裝出一副巫毒教祭司的樣子，鼓勵人散播他具有超自然力量的謠言。

共產主義政權，尤其需要利用傳統來製造共鳴。原因很簡單，因為在俄羅斯、中國、北韓或衣索比亞等以務農為主的國家，很少人懂什麼是馬克思列寧主義。鄉村裡大部分人是文盲，將領導人塑造成某種神來讓人朝拜，比辯證唯物主義的抽象政治哲學更容易成功。

在獨裁統治之下，對一個人的忠誠，比對一個信條忠誠更重要。畢竟，意識形態會有分歧。同一部作品可以用不同的方式詮釋，就可能會出現不同的派別。布爾什維克（Bolsheviks）最大的敵人是孟什維克（Mensheviks），他們兩派都會被馬克思痛罵一頓。墨索里尼斷然拒絕意識形態，故意讓法西斯主義很含糊不清。他不是那種會被一套僵化思想綁住的人，他對自己的直覺很感自豪，總是依循自己的直覺行動，而非擁護某個一致的世界觀。希特勒跟墨索里尼一樣，他在呼籲民族主義和反猶太主義之外，能貢獻的也只有他自己。

共產主義政權的問題更為複雜，因為他們本應該是馬克思主義者，但是對一般老百姓跟黨員來說，花太多時間研讀馬克思的著作是不智之舉。例如，史達林統治下的史達林主義者，毛澤東統治下的毛澤東主義者，還有金日成統治下的金日成主義者。

說到門格斯圖，除了強制配戴紅星拿紅旗之外，其實他根本也沒在遵循社會主義的原則。在衣索比亞到處都看得到馬克思、恩格斯和列寧三位一體的海報，但是最吸引門格斯圖的可不是馬克思，而是列寧。馬克思提出平等的願景，而列寧卻說「革命先烈」是奪取權力的工具。他們沒有像馬克思認為的那樣，等工人們萌生階級意識再一舉推翻資本主義，而是一群職業革命家們依循嚴格的軍事路線，組織起來領導革命，建立無產階級專政，由上而下從資本主義過渡到共產主義，並且無情地消滅所有阻礙進步的敵人。對門格斯圖來說，農村集體化或許很馬克思主義，但更重要的，這是一種從農村榨取更多糧食，讓他能夠建立自己軍團的手段。

共產主義的獨裁者把馬克思主義改造得面目全非。馬克思說，全世界的工人應該聯合起來發動一場無產階級革命，但是史達林卻提出了「一國社會主義」（socialism in one country）論，他認為蘇聯在將革命輸出國外之前，應該先強化自己。毛澤東讀過馬克思的著作，卻顛覆馬克思的思想，讓農民——而非工人——成為革命的先鋒。金日成沒有堅持認為物質條件是歷史變革的主要力量，反而提出了完全相反的觀點，聲稱人們可以依靠自力更生的精神來實現真正的社會主義。一九七二年，「偉大領袖」的思想被寫入了憲法，馬克思主義逐漸從北韓銷聲匿跡。然而無論如何，列寧主義的革命先鋒概念是保持不變的。

意識形態往往是一種信仰行為，一種對忠誠的考驗。但這並不是說獨裁者缺乏任何世界觀或一套信仰。例如，墨索里尼相信經濟自給自足，像咒語一樣一直掛在嘴邊。門格斯圖執迷於厄利垂亞這個叛亂省分，他確信無情的戰爭是唯一的解決方法。但最終的意識形態還是獨裁者說的算，而獨裁者所頒布的法令會隨著時間推移而改變。獨裁者把權力個人化，他的話語就是法律。

獨裁者欺騙了他們的人民，但他們也欺騙了自己。一些人沉迷於自己的世界，相信自己是天才；其他人則完全不信任自己身邊的人。所有人都被馬屁精包圍。他們在傲慢和偏執之間擺盪，結果最後只靠自己做出重大決定，而後造成毀滅性的後果，犧牲了數百萬人的生命。另一些人完全與現實脫節，像是在生命晚期的希特勒，希奧塞古更是嚴重。但也有不少人順利度過餘生，比如史達林和毛澤東都是壽終正寢，死後還繼續受人崇拜好幾十年。杜瓦利埃成功將權力傳給了兒子，延續自己的個人崇拜長達十二年。其中有史以來最奢侈的崇拜莫過於北韓的金氏家族，現在已經傳到第三代了。

通常在三權分立的國家，政府有不同的部門，各自擁有獨立的權力，有彼此制衡的機制、反對黨、新聞自由和獨立的司法機構；如果我們把某個力圖鞏固壟斷權力，完全走跟三權分立相反方向的政權稱作獨裁的話，那麼全世界可以被視為現代獨裁者的領導人可能超過一百位，一些人只執政幾個月，一些人則執政了幾十年。其中不少例子其實也滿適合寫進書裡的，例如西班牙的佛朗哥（Franco）、南斯拉夫的狄托（Tito）、阿爾巴尼亞的霍查（Hoxha）、印尼的蘇哈托（Suharto）、古巴的卡斯楚（Castro）、剛果的蒙博托（Mobutu）、中非的卜卡薩（Bokassa）、利比亞的格達費（Gaddafi）、伊拉克的薩達姆·海珊（Saddam）、敘利亞的阿薩德（Assad）父子、伊朗的何梅尼

（Khomeini），以及辛巴威的穆加比（Mugabe）。

這些人大多都有某種形式的個人崇拜，只是各自用不同的方式呈現。有一些人則沒有建立個人崇拜，例如柬埔寨前總理波布（Pol Pot）。甚至在他掌權的兩年後，其確切身分還是爭議十足。柬埔寨人民服從於「安卡」（Angkar，高棉文「組織」的意思），但歷史學家亨利·洛卡德（Henri Locard）指出，不建立個人崇拜的決定為紅色高棉（Khmer Rouge）帶來災難性的後果。這個組織以隱匿在幕後的方式，扼殺所有一切反對聲音，很快就適得其反。「柬埔寨共產黨無法誘使人們奉承和服從，只會激發怨恨。」[8]就連歐威爾《一九八四》裡的老大哥也有一張臉，從每個街角緊盯人們的一舉一動。

能活下來的獨裁者通常仰賴兩種權力工具：個人崇拜和恐怖統治。然而，這種崇拜常常被視為一種心理失常，這個現象令人感到厭惡但又無足輕重。這本書還原了個人崇拜的歷史脈絡，讓我們了解個人崇拜就是暴政的核心。

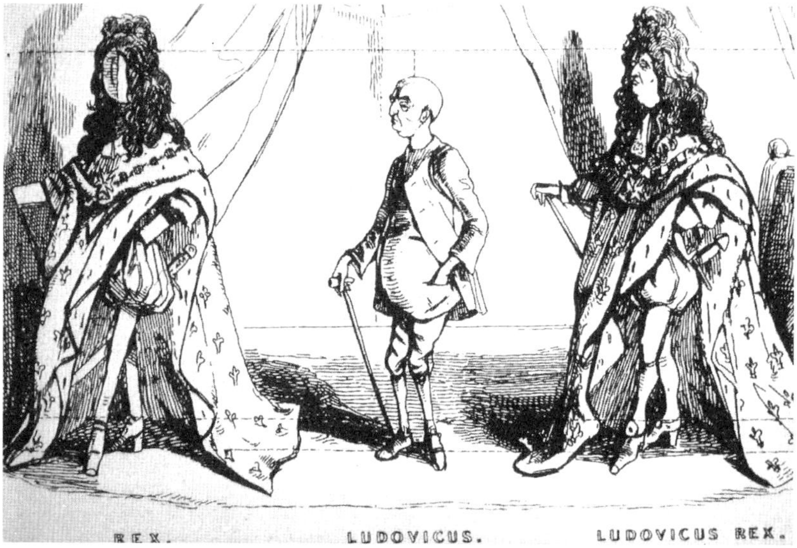

薩克萊（W. M. Thackeray）：《巴黎小品集》（*The Paris Sketch Book*）
倫敦：Collins' Clear-Type Press出版社，1840年。

第一章

墨索里尼

MUSSOLINI

EUR區位在羅馬歷史中心近郊，是這個城市風格最一絲不苟的一區。筆直的條條大路縱橫交錯，宏偉的建築物覆蓋著光潔的白色石灰華大理石，與建造古羅馬競技場用的是同一種材質。EUR是「羅馬萬國博覽會」（Esposizione Universale di Roma）的簡稱，這是一個巨大的世界博覽會會場，也是貝尼托・墨索里尼（Benito Mussolini）設計來紀念一九四二年進軍羅馬（March on Rome）二十週年的標誌。協助打造這個地方的建築大師馬賽羅・皮亞琴蒂尼（Marcello Piacentini）說，這項建築計畫將展示出一個全新、永恆的文明，一個「法西斯文明」。儘管世博會因二戰爆發而從未舉行，但許多建築物仍在二十世紀五〇年代建成。其中EUR最具代表性的建築之一，就建在一個像古羅馬神廟一樣的高台上，周圍環繞著雄偉的義大利石松。這裡珍藏著許多國家檔案。[1]

在一間有著高聳圓柱的宏偉閱覽室裡，收藏許多塵封發黃的信件，人們可以讀到老百姓寫給統帥的信。在統帥的鼎盛時期，每天收到的信多達一千五百封。所有信件都由祕書處先行處理。祕書處僱用了大約五十位專員，他們會從信堆中挑選出幾百封供統帥親自閱讀。直至墨索里尼一九四三年夏天下台，檔案館藏已有五十萬份卷宗。[2]

一九四〇年十月二十八日，義大利正式進入法西斯紀元。當天收到來自全國各地的電報，每一封都是對「至高無上且高貴尊榮的閣下」的謳歌，例如，某個叫沙陸第・吉歐貝（Salustri Giobbe）的人，讚揚他是「戰勝了世界上所有風暴的絕頂天才」。來自第里雅斯特（Trieste）的長官甚至傳來話說，全體人民都崇拜他的天賦；另一座城市亞歷山德里亞（Alessandria）則正式尊稱他為「偉大年代的創造者」（the Creator of Greatness）。[3]

這位統帥的簽名照片更是讓人趨之若鶩。來自各行各業的人們紛紛寫信來索求簽名照，有的是致上耶誕祝賀的學童，有的是哀悼陣亡軍人兒子的母親，墨索里尼通常來者不拒。一位來自威尼斯的九十五歲老嫗佛朗切絲卡・柯納（Francesca Corner）收到回覆時，她被信中「流瀉出的強烈情感」給折服了。當時也在場的威尼斯當地長官盡責地見證了一切，並向人傳頌這段經過。[4]

和大多數獨裁者一樣，墨索里尼讓人們相信，他與人民站在一起，所有人都可以親近他。一九二九年三月在同聚一堂的領導高層面前，他吹噓道，祕書總共提報了一百八十八萬七千一百一十二件案子，他每一件都親自回覆。「每一次公民來向我提出請求，哪怕是來自最偏遠的村莊，他們都得到了答覆。」[5] 這個聲稱相當大膽，但據檔案資料，他的話並非空穴來風。據說，墨索里尼超過大半輩子的時間都花在塑造自己的形象上。[6] 他是終極的宣傳大師，同時是演員、舞台總監、演說家，以及出色的自我宣傳家。

從來沒有人預料到這個人會掌權。年輕的墨索里尼先是在義大利社會黨的黨報謀職，但因為他鼓吹義大利加入第一次世界大戰而被黨羽排擠出門。他後來被徵召入伍，卻在一九一七年的一場迫擊砲彈意外爆炸中受了傷。

義大利與許多歐洲國家一樣，都在戰爭結束後進入一段工業動盪期。在歷經數年戰場殺戮以及工廠的壓迫，工人開始參與罷工，導致經濟陷入癱瘓。自從列寧於一九一七年在俄國成功奪取政權之後，義大利所有的自治區都擁抱了社會主義，開始懸掛紅旗，宣告自己支持無產階級專政。到了一九二〇年，社會黨的成員已成長到超過二十萬人，而義大利工人總聯盟（General Confederation of

Labour）的成員則超過兩百萬人，進入了史稱「紅色兩年」（Red Years）的時期。[7]

一九一九年，墨索里尼發起一場運動，後來發展成了國家法西斯黨（Fascist Party）。黨綱模糊地帶有自由主義、愛國主義和反教權主義的色彩，並且受到墨索里尼辦的報紙《義大利人民報》（*Popolo d'Italia*）大力推廣。但是當時法西斯主義還未能在大選中贏得足夠的民眾支持，以至於在議會中連一個席位也沒有。黨員一批一批地流失，全國只剩下不到四千名堅定的追隨者。墨索里尼遭受政治對手的嘲笑，他痛苦地宣稱「法西斯主義已經走到了盡頭」，公開表示自己可能會完全放棄政壇，跑去劇院工作。[8]

但這樣的喪志沒有持續很久。一九一九年九月，詩人鄧南遮（Gabriele d'Annunzio）帶領一百八十六名反叛者突襲了阜姆（Fiume）。這座城市在一年前奧匈帝國解體後就被義大利占領。墨索里尼這才發現，之前未透過自由選舉獲得權力，如今竟可以用暴力來奪取。但鄧南遮也在其他方面啟發了墨索里尼。在阜姆，這位行事浮誇的詩人自稱為「統帥」（Duce），這個詞源自拉丁語的dux，「領導者」的意思。在被軍隊驅趕之前的十五個月裡，鄧南遮完全控制了這個伊斯特里亞半島的海港城市。他經常親自走上陽台，向樓下的追隨者發表演說。追隨者們身穿黑色上衣，筆直地伸出手臂敬禮迎接他們的領袖。每天都有遊行、吹奏喇叭、分發獎章，和沒完沒了的口號呼聲。一位歷史學家如此表示，法西斯主義從鄧南遮身上學到的不是政治信條，而是如何操作政治。墨索里尼發現，盛大的慶典和華麗的排場，比煽動性的社論更能吸引群眾。[9]

在那之前的法西斯主義一直都還有點模糊，但墨索里尼現在卻抓到了這個意識形態的具體形狀：

他將成為命運之神派來復興國家的領袖。一九二〇年，他開始學開飛機，扮演一位有遠見、且有動力進行一場革命的未來新星。而之前擔任記者累積出來的能力，讓他知道如何使用簡潔、直接、樸實的風格來傳達真誠與決心；現在，他又化身成演員，句句停頓地說話，動作少但專橫：頭向後斜，下巴前傾，雙手叉腰，讓自己看起來像是一個不屈不撓的領導者。[10]

一九二一年，政府開始向法西斯分子示好，希望利用他們來削弱左翼反對黨的力量。軍隊也站在他們這邊。有些時候，地方政府會保護法西斯兵團，任由他們在街上遊蕩、毆打對手、襲擊數百個工會總部和社會黨中心。隨著國家逐漸走向內戰，墨索里尼開始編造謠言，說布爾什維克（Bolsheviks）即將威脅國家，另一方面也將法西斯團體塑造成一個致力於摧毀社會主義的政黨。他寫道，義大利需要一個獨裁者，才能免於共產主義的崛起暴亂。一九二二年秋天，法西斯勢力已經強大到足以控制整個國家大部分的地區。墨索里尼威脅著要派三十萬武裝法西斯分子到首都，但事實上卻只有不到三萬名「黑衫軍」（blackshirts）能用，而且他們之中大多數裝備太差，根本無法與駐羅馬的正規軍隊抗衡。然而，恐嚇奏效了。十月二十七、二十八日晚上，法西斯分子開始占領米蘭和其他地方的政府辦公室。當時的國王維克多・艾曼紐三世（Victor Emmanuel）擔心自己步上一九一七年俄國羅曼諾夫王朝（Romanov）覆滅的後塵，便將墨索里尼召到羅馬，任命他為總理。[11]

不過王室任命是一回事，公眾形象又是另一回事。仍在米蘭的墨索里尼希望塑造出向羅馬進軍的神話，神話中的他騎著馬領著他的軍團，帶著破釜沉舟的決心進入首都，準備好將他的意志強壓在軟弱的議會之上。但即使在他被要求組建政府之後，首都的法西斯分子也不過幾千名。一場假冒的遊行倉促地組織起來。黑衫軍湧入首都，他們的首要任務是摧毀反對派報紙的印刷機，藉此確保法西斯版本的新聞優先出版。墨索里尼則於十月三十日上午乘著火車抵達。他凱旋的法西斯軍隊接受國王的檢閱，第二天就被遣送回老家。七年之後，為了慶祝進軍羅馬的週年紀念，一尊五公尺高、騎著馬的雕像在波隆那（Bologna）落成。這位統帥一手握著韁繩，一手舉著旗幟，向著未來望去。[12]

那時，墨索里尼才三十九歲。他個子矮小，但因為總是挺直著背脊，僵直著軀幹，給人一種長得很高的印象。「他的面部蠟黃，黑髮的髮線快速後退因而露出高聳的額頭，他嘴巴很大，表情很多，下巴碩大，銳利的雙眼又大又黑，幾乎要從他的臉上凸出來。」更顯眼的是，他說話的方式和誇張的姿勢——頭向後半仰，下巴向前突出，眼睛轉動——帶給人的感覺是充滿力量和活力。私底下，他可以說是彬彬有禮，魅力十足。英國記者喬治．史洛肯（George Slocombe）在一九二二年遇到他時注意到，在一對一會面中的墨索里尼與他平日的公眾形象截然不同，他的肌肉不再那麼緊繃，緊張的下巴柔和下來，聲音也變得親切。史洛肯指出，墨索里尼終其一生時時刻刻都在戒備。「他認為自己是侵略者，讓他無法輕易地拋開不信任陌生人的本能。」[13]

他終其一生都在提防身邊的人，包括他自己的部長和黨高層。英國大使館敏銳的伊馮．柯克派屈克（Ivone Kirkpatrick）觀察道：「他對任何潛在的競爭對手都很敏感，懂得對所有人察言觀色。」[14]

他要擔心的競爭對手相當多。儘管他展現出鐵腕領導的形象，當時的法西斯主義卻並非統一的運動，反而比較像地方山頭的鬆散聯合。一年前，墨索里尼還面臨一些法西斯元老的造反，像是伊塔洛・巴爾博（Italo Balbo）、羅貝托・法連納齊（Roberto Farinacci）以及迪諾・格蘭迪（Dino Grandi）。他們指責墨索里尼與羅馬的國會議員走得太近。格蘭迪在波隆那是以暴力聞名的法西斯領導人，曾試圖趕墨索里尼下台。巴爾博這位頂著一頭散亂頭髮、身材削瘦的年輕人，是極受歡迎的一號人物，他在後來的幾十年裡一直都是個勁敵。墨索里尼組建了聯合政府來予以還擊，將所有著名的法西斯分子都排除在外。他第一次以首相身分出現時，恐嚇充滿敵意的眾議院，奉承對他友好的參議院。更重要的是，他向他們保證自己會尊重憲法。大多數人聽到這句話，都安心地把權力雙手奉上，某些人甚至反過來懇求墨索里尼建立一個獨裁政府。[15]

墨索里尼曾短暫現身國際舞台，他跑到洛桑（Lausanne）和倫敦去尋求潛在盟友。當他和隨行人員抵達維多利亞車站，受到凱旋般的歡迎，他們必須穿越「尖叫的人群，和閃瞎眼的攝影機鎂光燈」。他被媒體譽為義大利的克倫威爾（Cromwell）、義大利拿破崙、穿著黑衫的加里波第（Garibaldi），完全沉浸在向羅馬進軍的榮耀中。儘管他的國際形象日益壯大，但卻是直到十六年後，他才再次越過義大利的邊境。[16]

國內很少有人見過這位統帥。墨索里尼渴望讓人民臣服於自己的魅力之下，他旋風式地造訪全國各地，不斷地暗訪村莊、聚集工人進行宣講，以及參加公共建設的開工典禮。他很快就擁有自己專屬的火車，並且要求在途經一大群人時放緩車速。他總是要在窗邊站定位，他跟他的管家解釋道：「他們應該都要有辦法看到我。」這位管家專門負責提醒他，群眾會聚集在哪一邊。最初這麼做只是為了政治需要，隨著時間過去，慢慢變成了一種強迫症。[17]

墨索里尼對自己的對手小心翼翼，他立刻把自己最可靠的同謀之一派到內政部負責新聞工作，而內政部是統帥親自管理的部門。西薩爾・羅西（Cesare Rossi）的任務就是在新聞界宣揚法西斯主義，利用祕密資金贊助墨索里尼的出版物，並把獨立報紙拉進政府的管轄範圍。羅西同時還資助了一個祕密的法西斯武裝分子組織，負責消滅該政權的敵人。其中一個就是阿梅里戈・杜米尼（Amerigo Dumini），他是一位年輕的冒險家，人稱「統帥的殺手」。一九二四年六月，他和幾名同夥綁架了曾公開批評墨索里尼的社會黨領導人及副主席吉亞科莫・馬泰奧蒂（Giacomo Matteotti）。他們用木匠的銼刀捅死了馬泰奧蒂，然後將他的屍體埋在羅馬郊外的溝渠裡。[18]

馬泰奧蒂之死引發了廣大的反感聲浪，公眾輿論群起反對墨索里尼，現在他比任何時候都來得孤立。墨索里尼的追隨者受到議會和媒體的攻擊，他發表了一場演說試圖安撫人心，卻反而更加疏遠了這些追隨者。由於擔心群眾會轉而反對自己，一九二五年一月三日，墨索里尼在眾議院發表了一場激烈的演講，終於拉開獨裁政治的序幕。他態度強硬地宣布，努力建立議會聯盟是徒勞的，他現在要走的是一條完全由法西斯統治的道路，甚至大膽宣稱，這所有發生的一切都由他一個人負責。「如果法西斯主義是一個犯罪組織，那我就是這個犯罪組織的頭目了。」他是那個撥亂反正的救主，如果有必要的話，他會用武力執行個人獨裁。[19]

各種層級的恐嚇運動接踵而來，公民自由被踐踏。幾天之內，警察在法西斯民兵的幫助下，搜查數百間房屋，逮捕了反對派的成員。

新聞界也被箝制。甚至早在墨索里尼一九二五年一月三日的演講之前，一九二四年七月就頒布了一項法令，賦予地方行政長官權力，可以在沒有警告的情況下關閉任何出版單位。但是自由派的報紙仍然每天狂賣四百萬份，以十二倍的銷售量賣超過法西斯主義的報紙。其中有許多報社現在已遭關閉，任職的大多數具批判力的記者都遭到迫害。為確保國家的宣傳觸及所有人，警察專員被派去進駐仍允許經營的印刷廠。《晚郵報》（*Corriere della Sera*）這個最重要的反對派報紙，被轉變成法西斯主義的報紙。一九二六年十一月頒布的一項關於公共安全的嚴厲法律，詳列了會立即被警方查封的原因，其中包含「有損國家或當局聲譽」的文章。整個國家頓時變得神祕兮兮，電話線和郵件都被監控，街道也被黑衫人和便衣警察監視著。[20]

幾次暗殺墨索里尼的行動，加速了革命的步伐。一九二六年四月七日，一位名叫薇爾莱特・吉布森（Violet Gibson）的愛爾蘭貴族，向統帥開了一槍，擦破了他的鼻子。六個月後在慶祝進軍羅馬大遊行上，統帥又遭一名十五歲的男孩開槍。行凶的男孩馬上被法西斯主義者就地以私刑處死，令人懷疑這一事件的發生有政治目的。從一九二五年十一月至一九二六年十二月，所有公民組織和政黨都歸國家管轄。結社自由被廢掉，即使是三、四人的小團體也被禁止。正如墨索里尼所宣稱的：「一切都在國家之內，沒有國家之外，一切都跟國家有關。」[21]

一九二五年耶誕節前夕，墨索里尼順利登上新政府首腦的位子，被賦予完全的行政權力，不必再受議會的干預。某位外賓形容，他現在「在義大利可說是暢行無阻，就像一名獄卒，腰帶上繫著所有鑰匙，手裡握著左輪手槍，走在巨大監獄裡安靜又陰沉的走廊上」。[22]

然而，墨索里尼也並非完全相信法西斯。一九二五年二月，他任命羅貝托・法連納齊為國家法西斯黨的祕書長，這個黨是目前國內唯一合法的組織。法連納齊開始約束法西斯的勢力，他摧毀黨機器，為墨索里尼主導的個人統治體系開闢了道路。數千名更為激進的黨員遭到清洗。雖然墨索里尼一九二二年時曾拒絕任命法西斯領導人進入聯合政府，但他現在靠著由政府直接任命的地方官來控制國家。墨索里尼喜歡分而治之，確保黨內官員和國家官僚機構相互監督，把實質的權力留給自己。[23]

當一些黨員被清洗，另一些黨員則開始奉承他們的領導人。法連納齊就是其中一員，他不遺餘力地推動主子的個人崇拜。一九二三年，當墨索里尼回到家鄉皮雷達皮奧（Predappio），當地的長官提議用一塊青銅牌匾來紀念他的出生地。兩年後，紀念碑落成由法連納齊揭幕，他宣布，每個黨員都應該到皮雷達皮奧來一趟宗教朝聖，向這位統帥「宣誓效忠」。[24]

在意識到自己的生死取決於偉大獨裁者的神話時，其他的政黨領袖也加入了讚揚行列，把墨索里尼描繪成救世主，一個「近乎神聖」的奇蹟創造者。他們的命運與墨索里尼緊密相連，墨索里尼是唯一能夠團結法西斯主義的人。法西斯領袖如格蘭迪和法連納齊，彼此立場南轅北轍，卻可以在墨索里尼的統領之下合作。[25]

法連納齊清洗了同黨的成員，一九二六年卻反被開除，被奧古斯托・圖拉蒂（Augusto Turati）取而代之。後者在法西斯運動早期，從記者變成軍隊的小隊長。圖拉蒂著手鞏固墨索里尼的個人崇拜，為確保所有人絕對服從統帥，他要求黨員做出效忠宣示。一九二七年，他寫了第一本教義書，書名是《革命與領袖》（*A Revolution and a Leader*），他在書中解釋道，儘管有個大議會，統帥仍是「唯一的領袖，擁有所有的權力」。他說，這是「一種精神、一種靈魂、一線光明、一種良知，在這種良知中，所有的弟兄都能找到自己，並認識自己：這便是墨索里尼的精神、良善與熱情所在」。一年之後，在一本關於法西斯主義起源和發展的教科書序言中，他把革命與墨索里尼畫上等號，墨索里尼等同於國家，他寫道：「當整個國家走在法西斯主義道路上時，它的面貌、精神和信仰就與統帥融為一體。」[26]

墨索里尼有時很討厭那些繞著他轉的狂熱崇拜，但事實上塑造這種結構的人正是他本人。他仔細研究了某些特定的手勢和姿勢，在投射自我形象方面，他堪稱藝術大師。他都在托洛尼亞別墅（Villa Torlonia）排演，那是一座新古典主義風格的大別墅，坐落的區域幅員廣大，一九二五年成了他的住所。晚上，他會坐在放映室內一張舒服的椅子上，鑽研公開演講的眉眉角角。墨索里尼認為自己是義大利最偉大的演員。多年之後，當葛麗泰・嘉寶（Greta Garbo）*訪問羅馬時，他整張臉都垮了下來，他完全不想讓任何人搶走他的鎂光燈。[27]

他的節目表隨著時間改變。原本的他以皺眉怒容著稱，還備受追隨者法連納齊模仿，一九二八年時，他卻一改昔日的苦瓜臉，原來強硬的形象漸漸柔軟下來。下巴不再那麼僵硬，一九二二年最引人注目的那雙怒視的眼睛，也變得安詳許多，他的笑容現在看起來也和善許多。喬治・史洛肯曾言：「除了史達林之外，沒有其他任何一位歐洲領袖的表現像他一樣冷靜、沉著和自信。這是他多年來一直維持至高無上權威的結果。」[28]

《義大利人民報》自一九一四年以來，一直是為墨索里尼服務的報紙，多年來，他一直在報紙上標榜自己是天生的領袖。一九二二年，他將編輯職務移交給弟弟阿諾德（Arnaldo）之後，報紙開始將統帥描述成「半神」。[29]

一九二二年被任命為媒體負責人的西薩爾·羅西，在馬泰奧蒂遇刺身亡後，他不得不流亡出國，但他的部門卻繼續蓬勃發展。自一九二四年起，新聞處確保所有報紙都充滿對墨索里尼的好話，一位評論家稱之為「令人作嘔的頌揚」。他的演講內容被大量複印。黑衫軍的領導者之一巴爾博說：「義大利就像一份報紙，每日的第一頁都由墨索里尼撰寫。」[30]

一九二五年，新聞處接管了盧斯電影資料館（Istituto Luce），一家專門製作和發行電影素材的機構。墨索里尼直接掌控它的運作，他在托洛尼亞別墅自己的放映室裡，事先看過並編輯新聞報導。幾年之內，從工人階級社區的破舊劇院，到家具鍍金、地毯華麗的電影宮，每一間電影院都被法律強制規定放映盧斯製作的新聞短片，主題就是墨索里尼。[31]

盧斯電影資料館還印製了墨索里尼的肖像，放在相冊裡供他欣賞。在馬泰奧蒂遇刺事件之後，關於他的負面宣傳鬧得沸沸揚揚，這時照片成了關鍵，將墨索里尼的形象變得更有人情味。托洛尼亞別墅裡有他和家人的照片。攝影師以別墅的庭院當背景，拍攝這位統帥早上坐在馬鞍上的英姿，以及騎著馬跳過木柵欄的畫面。另外還有他參加賽車、跟小獅子一起打鬧、向人群演講、打麥或是拉小提琴的照片。他既是擊劍士，又是帆船運動員、游泳選手和飛行員。一九二九年法國記者亨利·貝侯

＊譯注：一九〇五—一九九〇，瑞典國寶級電影演員。

（Henri Béraud）觀察道：「無論你看向何方，無論你走到何處，你都會發現這裡也墨索里尼，那裡也墨索里尼，滿地都是墨索里尼。」他出現在肖像畫上、獎章上、蝕刻版畫上，甚至肥皂上。他的名字點綴在報紙、書籍、牆壁和柵欄上。「墨索里尼無所不在，宛如神明，他從各個角度觀察著你，而你在每個角落都能看見他。」[32]

一九二五年，在第一本英文版傳記中的墨索里尼也很有人情味。這本書名為《貝尼托・墨索里尼的一生》（*The Life of Benito Mussolini*），隔年出版義大利文版，書名改為《領袖》（*Dux*）。接下來又發行了十七個版本和十八種譯文本。這本書的作者是他之前的情婦瑪格麗塔・薩法第（Margherita Sarfatti），書中把墨索里尼的童年描繪得宛如神話。他是一名鐵匠的兒子，出生在某個星期天的下午兩點鐘，「八天前太陽已經進入了獅子座」。這個「非常淘氣，又愛惹麻煩的小男孩」，還沒學會走路就懂得指使別人。人們總是「臣服於他的魅力和他獨有的說服力」，他就是那種「天生就能獲得周遭人欽佩和熱愛的人」。他一九一七年受了傷，「他的肉體被箭刺穿，傷痕累累，鮮血淋漓」，但他依然溫柔地對著周圍的人微笑。這段受傷過程的描述讓他受到幾近宗教的崇拜。[33]

儘管墨索里尼親自編輯了《領袖》這本書，但他其實更喜歡喬治歐・彼尼（Giorgio Pini）寫的官方版傳記，然而這本書護航得太過明顯，直到一九三九年才有翻譯版。彼尼寫的《墨索里尼傳》（*Life of Mussolini*）免費在學校發送，學生們也可以在課堂上讀到薩法第版本的長篇摘錄。還出現了專門寫給學童的法西斯主義教科書，皆在延續統帥的傳奇，墨索里尼勤勉不倦地在服務他的人民。一九二七年在教育部的大力背書之下，文森佐・德・蓋塔諾（Vincenzo de Gaetano）撰寫的《給年輕法西斯主義者的書》（*Book for the Young Fascist*）與墨索里尼推行的運動結合在一起：「只要提到法西斯主義，就一定要提到墨索里尼。法西斯主義源自於他，而他創造了法西斯主義，並且在其中注入了他的精神，賦予法西斯生命。」有些孩子把他的生平故事背得滾瓜爛熟。開篇第一句就定調了一切：「至高無上的統帥就是我的信仰，他是黑衫軍的創造者，在耶穌基督眼中，他也是唯一的救主。」所有學校的牆面都掛上標語，寫著「從墨索里尼到義大利的孩子」（From Mussolini to the Children of Italy）；所有學童的寫字練習簿封面，都是他的肖像。34

墨索里尼無時無刻不精細地調整自己的形象。因為全國人民都以為他從不睡覺，為了國家的福祉總是工作到凌晨，所以他就讓威尼斯宮（Palazzo Venezia）的辦公室保持燈火通明。威尼斯宮是羅馬教皇在十五世紀時建造的重要建築。這個國家的權力中心位在「地圖廳」（Sala del Mappamondo），一個約十八公尺乘十五公尺大的大廳空間。這裡幾乎沒有家具，墨索里尼的書桌在遠遠的角落，背對著窗戶。當訪客們被引導進門之後，必須橫越整個廳堂才能見到墨索里尼本人，而在那之前，他們會先被空間的氣勢給震懾住。

墨索里尼的辦公室有個延伸出去的小陽台，他就站在上面向底下的人群講話。他字斟句酌地精心編排自己的演講，有時會將講稿記在腦袋裡，有時則是寫下來，一邊在「地圖廳」踱步，一邊排練。但他也會臨場發揮，根據現場群眾的情緒，改變講稿台詞以及調整自己的手勢。他用金屬般的嗓音，說著簡短又簡單的語句，聽起來像是鐵鎚在敲擊。他的記憶力之好令人津津樂道，不過他也會使用不同的策略來維持自己的聲譽，例如放入許多提問，或是把百科全書的內容抄來當自己的話。35

無論是在托洛尼亞別墅還是在地圖廳，墨索里尼都有辦法讓前來的那一大堆民眾變成他的追隨者。每一天他都會吸引到一定人數的粉絲，像是「來自澳洲的教師、英國朋友的遠房親戚、美國商人、匈牙利的童子軍、來自遠東的詩人，無論是誰，只要是渴望走進這個尊榮之地的人，他都熱情地歡迎他們」。美聯社（Associated Press）記者佩西・威納（Percy Winner）相當精闢地評論道，多年來墨索里尼一直接見絡繹不絕的奉承者，完全不會因此覺得不耐煩，這就在在證明他喜愛奉承勝於真話。[36]

這些接見是有戰略目的的，都是為了鞏固他國際強人的聲譽。國外對他推崇備至，壓制了國內對他的諸多批評。他煞費苦心地用他的魅力來愚弄外國記者和作家，得到的回報是產出大量頌揚他的文章和書籍，讓法西斯媒體拿去大肆報導。提出批評的外國記者則成了拒絕往來戶。

他的辦公空間寬闊地令人望之肅然起敬，但一看到聲名如此顯赫的人那樣泰然自若，而且熱情地接待來客，讓人如釋重負。許多人離開時，還以為遇到了一位先知。常常僅是一抹微笑，就足以讓惶恐的來訪者放下心來。法國最富盛名的龔固爾文學獎（the Prix Goncourt）得主法國作家勒內・班傑曼（René Benjamin）就曾被現場的景況嚇了好大一跳，從門口到墨索里尼辦公桌前的這段路幾乎寸步難行，一見到墨索里尼立刻被他燦爛的笑容給征服了。同樣贏得龔固爾文學獎的另一名法國作家莫里斯・貝德爾（Maurice Bedel）曾用一整章的篇幅描繪統帥的笑容。他好奇地想：「這位被暴力命運挾持的半神，可曾停下來過，哪怕是短暫的片刻？」其他人則被他的雙眼給迷住了。詩人艾達・尼格里（Ada Negri）就認為他的雙眼很有「魔性」，但同時也注意到：「他有雙極其美麗的雙手，很具靈性，張開的時候像極了一對翅膀。」[37]

一些偉大的領袖也來致敬。聖雄甘地（Mohandas Gandhi）就來訪兩次，稱墨索里尼為「最偉大的政治家之一」，而邱吉爾（Winston Churchill）一九三三年則稱其為「羅馬天才」，是「世上最偉大的立法者」。在眾多美國來訪者之中，墨索里尼就曾接待了媒體巨頭威廉・藍道夫・赫斯特（William Randolph Hearst）、紐約州州長艾爾・史密斯（Al Smith）、銀行家托馬斯・拉蒙特（Thomas W. Lamont）、未來的副總統候選人法蘭克・諾克斯（Frank Knox）上校，以及波士頓紅衣大主教奧康內爾（William Cardinal O'Connell）。發明家愛迪生（Thomas Edison）在跟墨索里尼短暫會面後，稱他為「現代最偉大的天才」。[38]

墨索里尼總是懷疑別人，他身邊不乏平庸的追隨者，他也很常汰換這些人。大多數資料顯示最糟糕的追隨者非史塔拉契（Achille Starace）莫屬，他阿諛奉承但缺乏幽默感，一九三一年十二月時從圖拉蒂手中接過黨祕書長一職。某位追隨者曾抗議：「史塔拉契是個白痴。」「我知道，」墨索里尼不置可否，「但他是一個很聽話的白痴。」[39]

史塔拉契是個狂熱分子，他的首要任務就是要讓整個黨更進一步地服從墨索里尼的意志。他首先剔除了不願服從命令的法西斯高層，然後招收新黨員。黨員人數從一九三一年的八十二萬五千人，成長到一九三六年的兩百多萬，足足增加了一倍多。許多新成員與其說是意識形態擁護者，不如說是投機者，相較於法西斯主義的教條，他們對自己事業的利益更感興趣。一九三九年一位評論家指出，讓這麼多普通百姓加入行列的結果是，這個黨的政治色彩褪色不少。「法西斯主義殺死了反法西斯和法西斯，」他指出，「法西斯的優勢，在於沒有法西斯主義者。」無論是在法西斯黨內還是黨外，對領導人的忠誠比對法西斯主義的信仰更至關重要，而且所有人都必須這麼做。在史塔拉契的領導下，雖然許多黨員並非法西斯主義者，卻很少有人不是墨索里尼的擁護者。40

這讓墨索里尼更稱心如意了。他為自己的直覺、本能和純粹的意志力，而非單純的才智感到驕傲，並一再鄙視意識形態一致的世界觀。「我們不相信教條，也不應該拘泥於死板的方針來遏制和違抗不斷變化、充滿未知的複雜現實世界。」在位時只要有需要，他會毫不猶豫地改變方向。他無法發展出一套政治哲學，而且無論如何也不願意被任何原則、道德、意識形態或其他東西所束縛。「行動，行動，繼續行動——這就是他所信奉的一切」，他的一位傳記作家如此寫道。41

政治變成了個人的集體慶典。「墨索里尼永遠是正確的」是這個政權的座右銘。墨索里尼不僅是上天派來的，而且是天意的化身。每一個義大利人現在都要盲目服從。「相信、服從、戰鬥」這幾個大大的黑色字體就寫在建築物上、印在牆上，裝飾著全國各地。

史塔拉契鼓勵所謂的法西斯主義風格，日常生活的各個層面都深受影響。現在每一次的會議都是以「向統帥致敬」作為開場，原本的握手禮儀變成了伸出右臂的羅馬式敬禮。所有人都穿上了制服，甚至連嬰兒都穿著黑衣服擺姿勢拍照。一九三五年大議會（Grand Council）宣布星期六是「法西斯星期六」。每到這一天，孩子們都穿上黑色制服到當地政府報到，每個人肩上扛著玩具步槍，步伐一致地練習行軍。42

大眾文化部（A Ministry of Popular Culture）取代了幾年前由西薩爾・羅西建立的新聞處。墨索里尼的女婿加利亞佐・齊亞諾（Galeazzo Ciano）接掌了新部門，這位能幹的年輕人仿效了德意志國（German Reich）的國民教育與宣傳部（Ministry of Public Enlightenment and Propaganda）的做法，每天向編輯們發布指示，詳細說明什麼內容應該提到，什麼則不准提到。在軟硬兼施、威逼利誘下，新聞處的祕密基金也迅速膨脹。從一九三三至一九四三年，全國各地的報紙上宣傳該政權與其領導人所花費的金額超過四億里拉（lire），當時大約相當於兩千萬美元。到了一九三九年，連墨索里尼的座右銘都出現在受資助的日報刊頭上。《編年史》（*Cronaca Prealpina*）援引了墨索里尼一九三〇年五月在佛羅倫斯發表的演講，寫著「非友即敵」；《貝加莫之聲》（*La Voce di Bergamo*）則寫著：「勝利的祕密是服從」。一些外國出版社也收了義大利政府的補貼，例如法國第四大報《小日報》（*Le Petit Journal*）就私下收受兩萬里拉。[43]

祕密基金也曾贊助在藝術家、學者和作家身上。據估計，一九三四年共花了一百五十萬里拉，到了一九四二年增加到一億六千兩百萬里拉。其中一個收了資助的人是一位早期的追隨者阿斯維洛・葛維力（Asvero Gravelli），他於一九三八年出版了歌功頌德的傳記《解讀墨索里尼的精神》（*Spiritual Interpretations of Mussolini*）。「上帝和歷史都跟墨索里尼掛勾在一起，」葛維力大膽地寫道，並拒絕拿他跟拿破崙相提並論：「誰能比得上墨索里尼？答案是，沒有人。若將墨索里尼跟其他種族的政治家放在一起比較，就是在貶低墨索里尼。墨索里尼是第一個新義大利人。」這位作者的努力回報是收到了七萬九千五百里拉的報酬。[44]

圖拉蒂一九二六年的時候，開始將無線電用來作為宣傳工具，民眾可以定期聽到他的聲音透過無線電波傳來，其他的法西斯領導人，包括墨索里尼也聽得到。統帥本人則是在一九二五年十一月四日才首次上廣播，可惜訊號被干擾得很嚴重。一九二〇年代的義大利還是個很貧窮且大半務農的國家，廣播還無法完全觸及大部分的平民百姓。一九三一年，全國只有十七萬六千名無線電用戶，他們大部分都住在都市。當老師們抱怨孩子們聽不到墨索里尼的聲音，一九三三至一九三八年間，史塔拉契就在小學裡免費安裝了大約四萬台收音機。第二次世界大戰爆發前，有賴於國家補貼，收音機用戶總數飆升至八十萬。然而，這個數字並不能反映廣播的影響範圍，因為城市廣場上安裝了擴音器，到了一九三〇年代中期，墨索里尼的演講已迴響在全國各個角落。[45]

墨索里尼本人也發展出無所不在的天賦。一九二九年，他第一次走進皇家大廳（Royal Hall），那是一間位在威尼斯宮的大禮堂，專門舉辦大型會議。他走上舞台測試，像個舞台總監一般環視了一下整個空間，覺得舞台太低了，他說「這樣坐在後面的人很難看得到我」，並且下令將舞台墊高。這類的命令在不同場合都出現過，頻繁到讓他的屬下數不清，最後到底為了他們的主子修改了多少個講台。[46]

一九三二年，一條四線道的林蔭大道從羅馬競技場（Colosseum）穿過市中心，直通威尼斯宮，為他在陽台上的演講創造了一個巨大的露天空間，吸引了更多的群眾。任何一個義大利人都可以到羅馬見證和傾聽統帥的演講，這個設計理念也成為他傳奇的一部分。一位七十一歲的農民博托洛・佩蘭達（Bortolo Pelanda）從貝盧諾・韋羅內塞（Belluno Veronese）徒步五百公里來到羅馬，實現他聆聽墨索里尼講話的夢想。據報紙報導，還有一位名叫阿圖羅．里茲（Arturo Rizzi）的人，用兩輛腳踏車打造出一個奇妙的玩意兒，從杜林（Turin）載著他一家八口到羅馬去。[47]

進軍羅馬之後，墨索里尼開始周遊全國，漸漸地這個儀式變得越來越頻繁，尤其是在一九三二年他宣布了「走向人民」（Going to the People）的政策之後。他的每一次亮相都是經過精心安排。那一天，學校和商店都會關閉，從鄰近地區招募法西斯青年和黨的運動人士，包車整輛整輛地湧入廣場。他們事先都已講好，聽到命令就歡呼、喊口號和鼓掌。普通市民一大早就收到一張粉紅色的卡片，命令他們要參加這個活動。不遵守規定可能會被罰款或判刑。人群中混有便衣警察，確保每個人都守規矩。[48]

更誇張的是，人們被迫枯等，有時一等就是幾個小時，從中午等到黃昏。即使墨索里尼還遠在天邊，成千上萬的人還是緊緊相依，拉長著脖子，熱切地期待著統帥的出現。通常統帥只在暮色降臨後才上台發言。巨大的探照燈打亮陽台，人群中出現火把，附近的建築物也燃起篝火。在如此戲劇化的氛圍中，兩名身穿制服的警衛走上前在陽台的兩邊站定位，群眾開始鼓掌。喇叭吹響時，當地的黨書記走到陽台前高喊：「法西斯！向統帥致敬！」當墨索里尼終於面帶著微笑出現在眾人面前，人群的情緒頓時沸騰起來，在一陣歡聲雷動中，等待許久所累積的壓力也隨之釋放開來。[49]

熱情的媒體報導了每一次的訪問，重要的演講則由盧斯電影資料館錄製，並在全國各地的電影院播映。觀眾是精心挑選過的，他們先從銀幕上觀看整場儀式，確切知道如何應對這類場面。城市之間相互競爭討好當局政府，搶著要以更熱情、更歡樂的方式來接待統帥。在深受統帥喜愛的城市米蘭，人們為他的公開演講搭建了巨大的臨時陽台，上面裝飾著紙雕雄鷹。[50]

當局辦過最偉大的慶祝活動，應該就是一九三二年十月二十八日開幕的法西斯革命展（Mostra della Rivoluzione）了，這場展覽是為了紀念進軍羅馬十週年。自一九三二至一九三四年，大約有四百萬名遊客湧入展覽宮（Palazzo delle Esposizione），黨員享有入場優惠。墨索里尼是這個展覽的中心人物，展覽按時間順序安排，紀念法西斯革命中最具戲劇性的事件。策展人迪諾・阿爾菲里（Dino Alfieri）解釋道，這場革命「與墨索里尼的思想和意志密不可分」。展覽的壓軸是獻給統帥的展間T（Room T）*，他的手稿和私人物品都謹慎地陳列在玻璃櫥窗中。其中有一條手帕上的血跡仍依稀可見，那正是一九二六年四月薇爾萊特・吉布森（Violet Gibson）企圖刺殺他時留下的血漬。這裡還模擬還原了他在《義大利人民報》報社的辦公室，讓參觀者可以更了解他們的領導人。[51]

除了展間T，另一個朝聖地是統帥的出生地。一九二五年，黨祕書長羅貝托・法連納齊長途跋涉到皮雷達皮奧去宣誓效忠統帥。七年後，法西斯革命十週年之際，史塔拉契將這個中世紀的小村莊變成了一個舉國歡慶的地方，從墨索里尼的個人崇拜中產生了一個全新的城鎮。「從最卑微的人到至高無上的陛下」，來自四面八方的人們都向這位出生自皮雷達皮奧的領袖致敬，日復一日，成千上萬的朝聖者組織起來或搭乘公車或獨自，有時或步行或騎腳踏車，安安靜靜地走過統帥的家，到他的家族墓穴前鞠躬行禮。他的母親羅莎・馬爾托尼（Rosa Maltoni）被比擬成聖母瑪利亞，在聖羅莎教堂（church of Santa Rosa）裡供人景仰。他的父親被譽為革命英雄，在皮雷達皮奧以外的地方，許多學校、醫院、橋梁和教堂都是以墨索里尼父母的名字命名。[52]

墨索里尼不僅收到成千上萬封信件、接見了成千上萬名訪客，還收到了各行各業人民的禮物。早在一九二七年十一月，圖拉蒂就下令禁止黨員再捐款給他們的領袖，但仍無法阻止來自黨外崇拜者的心意。美國最富有的女性之一，亦是羅馬的終身居民亨麗耶塔・陶爾（Henrietta Tower），在一九三三年去世的時候遺贈了一棟別墅，裡頭收藏了三千件藝術品，像是陶瓷、掛毯、紡織品和繪畫。她此舉絕非特例，在一九二五至一九三九年間，墨索里尼就獲贈了三座城堡和七座大莊園，墨索里尼代表國家接受了美意。作家、攝影師、畫家和雕刻家發揮才華創作，將他們的作品寄給統帥，有蠟筆肖像畫和刺繡的半身像。部分作品陳列在托洛尼亞別墅。儘管國家費盡心思阻止老百姓，他們還是每天前仆後繼地向統帥獻上新鮮的農產品。光是一九三四年八月二日這一天，就銷毀了幾十公斤的水果、糖果、餅乾、義大利麵和番茄。[53]

從羅馬競技場通往威尼斯宮的林蔭大道，將墨索里尼的陽台變成法西斯勢力的象徵中心，但也同時將統帥與古羅馬直接聯繫起來。這條帝國廣場大道（Via dei Fori Imperiale）筆直地切過該城最著名考古遺跡挖掘區，兩側曾出土巨大的羅馬將軍青銅雕像。

法西斯的圖騰「束棒」（拉丁語是fasces，音譯即法西斯，義大利語是fasci）源自於古羅馬，是

＊譯注：又稱「墨索里尼之廳」（Hall of Mussolini），完全由新聞工作者里奧・朗納西（Leo Longanesi）所設計，呈現出這個偉大如天神的領袖仍有很人性的一面，這亦是墨索里尼個人崇拜的重要一環。

一捆綁在一起的棒子，中間包著一隻斧頭。它不僅象徵著團結的力量，也象徵著昔日輝煌的羅馬帝國的復興。就像德國的納粹符號一樣，這個符號被雕刻在建築物、燈具、噴泉、台階，甚至人孔蓋上。法西斯兵團的階層和陣型都是依據羅馬模式組織，比如羅馬式敬禮，還有一九三五年之後出現的羅馬式踏步。墨索里尼甚至在卡比托利歐博物館（Capitol）展示了一隻羅馬狼。*勞動節不再是五月一日，而是在羅馬的建國日四月二十一日。墨索里尼解釋道：「羅馬式的問候語、歌曲、儀式、週年紀念之類的東西，對煽動讓運動持續下去的熱情之火是必不可少的。在古羅馬就是如此。」[54]

墨索里尼不僅在首都留下自己的印記，還著手建設「墨索里尼的羅馬」，這將會是一個讓人回想起帝國光輝歲月的都會區。他在一九二六年宣布：「羅馬必須像奇蹟一般地展現在世界各國面前，要像奧古斯都帝國時代那樣地宏偉、有序、強大。」他認為奧古斯都皇帝之後的世紀是「頹廢的」（decadent）。為了建造新的帝國中心，舊首都整個中世紀街區將拆掉，改建成現代法西斯主義的建築。墨索里尼希望人們記得，他就是那位重建了羅馬的「最偉大的破壞者」。儘管這個城市有十五座教堂和數百座建築被夷為了平地，他的宏大誓言卻始終沒有實現。[55]

為了擴大權力和聲望，墨索里尼的羅馬必須要再擴大一倍。首都以南約六百平方公里的沼澤被抽乾，變成農田移交給窮人，還建造了新公路。利托里亞（Littoria）這座城市以羅馬時代手持束棒的扈從（lictor）為名，一九三二年由統帥打造而成。隨後幾個城市也變成了模範樣板，個個都建有市政廳、教堂、郵局和法西斯黨總部，建築物沿著街道向廣場外輻射出去。

就像奧古斯都時代的羅馬把疆域範圍伸向海洋一樣，統帥也籌畫了「羅馬帝國的新度假勝地」

（Roma al Mare），與一九四二年預計舉辦的萬國博覽會有關。在萬國博覽會的中心，有一座六十八公尺高的新古典主義建築，外表覆蓋著白色的大理石，名為「方形競技場」（Square Colosseum），向古老的羅馬地標致敬。

但是，新帝國如何擴展到海洋的另一邊呢？固然它的殖民地已經擴及到利比亞（Libya）、的黎波里（Tripoli）與索馬利蘭（Somaliland），但這些地方是前政權所征服的，被墨索里尼批評為軟弱和腐敗的政權。為了成為一個真正的帝王，這位建立新羅馬帝國的現代凱撒必須繼續擴張版圖。另一個原因跟一九三三年上台的希特勒（Adolf Hitler）一樣，墨索里尼也曾試圖與法國和英國對戰，而且也同樣認為發動戰爭的必要條件是先擁有殖民地。

在尋求聲望的過程中，墨索里尼曾在一九二九年指揮了一場針對利比亞叛亂分子的野蠻戰爭。在其北非殖民地的沿海地區昔蘭尼加（Cyrenaica），軍方以化學武器和大規模處決實行恐怖統治，消滅了當地近四分之一的人口。約有十萬名貝都因人（Bedouins）被驅逐，他們的土地落入義大利移民手中。國內的媒體聽話地掩蓋了戰爭的恐怖行徑，一致讚揚墨索里尼將野蠻了幾個世紀的利比亞帶回文明的懷抱。[56]

＊譯注：即博物館的鎮館之寶母狼乳嬰青銅雕像（Capitoline Wolf），源自於著名的羅馬神話故事，一對遭母親拋棄的雙胞胎兄弟羅慕路斯（Romulus）和雷穆斯（Remus）被一隻母狼哺育養大，相傳羅馬就是由這對雙胞胎所建立的。這個雕像如今亦成了羅馬的重要標誌。

墨索里尼一九三一年開始為戰爭做準備，並要將領們在一九三五年之前準備好。第二年，他解雇了格蘭迪，自己接管外交部。一九三三年十月，希特勒退出國際聯盟（League of Nations），統帥又加快了重新武裝國家的步伐。他撤換掉巴爾博後，先是接管陸軍部，然後拿下海軍部和空軍部。現在除了財政部之外，所有政府的權力都完全掌握在他手中。墨索里尼堅信自己是命定之人，是拿破崙和凱撒的合體，是天賜的領袖，將重塑現代世界。

他自己也開始相信這個政權的最高原則：「墨索里尼永遠是正確的。」他身邊圍繞著眾多的馬屁精，更是讓他執迷不悟。[57]

為了備戰，墨索里尼希望國內的經濟能達到自給自足。統帥展開了一個又一個經濟運動，所有人都行動起來。例如為追求糧食自給自足、對抗糧食進口，而發起「糧食之戰」（Battle for Grain），墨索里尼還在脫穀機前合照。另外還有里拉之戰（Battle for the Lira）、土地之戰（Battle for Land）、生育之戰（Battle of Births），以及除蟲大戰（War on Flies）。[58]

義大利在非洲之角已經有兩個殖民地，在征服衣索比亞（Ethiopia）之後，又把厄利垂亞（Eritrea）與索馬利亞（Somalia）的領土連起來，完成了墨索里尼一統「義屬東非」（Italian East Africa）的夢想，數百萬的義大利移民將在當地開採黃金、鑽石、銅、鐵、煤炭和石油，供他建立自己的帝國，統治整個大陸。他還希望抹去義大利曾在當地留下的國恥。一八九六年孟尼利克國王（Emperor Menelik）在阿杜瓦（Adwa）重挫了義大利軍隊，這個恥辱依然隱隱作痛。

墨索里尼在決定開戰之前，除了國王之外，沒有跟任何人商量。一九三五年十月二日，在與衣索比亞發生邊境小衝突的一年後，教堂鐘聲與汽笛聲將各地人民召集到城鎮的廣場上一起聽廣播，他們的領袖正在發表開戰宣言。這份召集令還是史塔拉契精心準備的。據估計，約有兩千七百萬人參與了這場人類史上最大規模的作秀集會。59

然而，戰爭的經費和軍事資源卻嚴重不足。墨索里尼將他的將軍們排擠到權力中心之外，自己接管了總指揮，然而他所施行的戰略是會害人命的。墨索里尼竟然下令對戰場上的軍人與平民使用數百噸的芥子毒氣。希特勒和史達林實行恐怖統治的前兆，同樣都是工業化的殺戮再加上猖狂的暴行。這一次，衣索比亞人就經歷了在挖好的坑前被斬首或處決的慘劇。當時刺殺魯道夫・格拉齊亞尼（Rodolfo Graziani）將軍的行動失敗，後來占領軍僅僅三天內就在首都阿迪斯阿貝巴（Addis Ababa）殺害了兩萬人。嬰兒被輾碎、孕婦被開腸破肚，許多家族整個被滅門，人們被槍殺、焚燒、用棍棒毆打或刺死。有一家報紙將征服者格拉齊亞尼比作漢尼拔（Hannibal）*時，墨索里尼對此怒不可遏，因為他認為，只有他才能與古羅馬時代的巨人相提並論。一九三五年末至一九三八年間，至少有二十五萬人在衣索比亞的戰爭中殞命。60

政府的宣傳機器絕口不提自己施行的所有暴行，將這場戰爭描述成是去解放衣索比亞人，為封建種姓制度的受害者帶來自由和文明。當局再一次發放祕密補貼，用於國內外宣傳，有國外記者拿了數

＊譯注：西元前二四七—前一八三，北非古國迦太基著名軍事家，曾統領軍隊對抗羅馬人。

千美元造訪阿迪斯阿貝巴，在他們的旅程中做正面報導。[61]

義大利王國現在是一個帝國了，矮小的國王維克多・艾曼紐三世（Victor Emmanuel III）升格為皇帝，墨索里尼被封為帝國的締造者。在羅馬時代，打勝仗的那一方都會從新征服的領土帶回戰利品。一座重達一百六十噸、可追溯至西元四世紀的阿克蘇姆（Axum）方尖石碑就這樣被運回羅馬，一九三七年十月二十八日為紀念進軍羅馬十五週年，在馬克西穆斯競技場（Circus Maximus）揭幕。墨索里尼比照皇帝的規格，也擁有了自己的廣場，名叫墨索里尼廣場（Foro Mussolini），這是為慶祝征服衣索比亞而建造的，上面鑲著描繪坦克車和戰機的馬賽克圖騰。還有其他的紀念標誌遍及整個帝國，像是為了「為子孫後代記錄下帝國的建立」，在一座俯瞰義大利中部佛羅峽谷（Furlo Gorge）的岩石上雕刻著一尊一百五十公尺的墨索里尼雕像。[62]

一九三六年五月九日，墨索里尼在他的陽台上宣布帝國成功併吞衣索比亞，群眾興奮地為之瘋狂。一位敏銳的觀察家指出：「這大概是第一次，他享受到整個義大利民族五體投地的欽佩和支持。」但這也是這顆巨星閃耀的最後一天，殞落的時刻不遠矣。[63]

國內所有人都樂見帝國榮景，但這卻傷及了與法國和英國的關係。國際聯盟譴責義大利，進一步孤立墨索里尼，使得他轉去與德國和好。墨索里尼最初不是很信任希特勒，他視對方為競爭對手。一九三四年六月，身為德國總理的希特勒前往威尼斯首次會晤了墨索里尼，這位統帥身穿全套軍裝在聖馬可廣場（Piazza San Marco）向歡呼的人群發表演說，可說是搶盡風頭。希特勒穿著一件寬鬆的黃色外套和一雙漆皮皮鞋，臉色蒼白、局促不安，在鄰近皇宮的陽台上，看到這位領袖如此深受人民愛戴，他感到相當著迷。納粹黨的思想領袖阿佛烈・羅森堡（Alfred Rosenberg）說：「（希特勒）他認為義大利群眾對墨索里尼的愛戴之心是真誠無疑的。」這是希特勒第一次出國，他覺得自己狼狽不堪，表現糟透了。[64]

一九三七年九月，在國際社會廣泛譴責衣索比亞戰爭的聲浪下，統帥前往了柏林。希特勒傾全力給予他的客人應有的尊重，這一次反而是墨索里尼對這位東道主產生了敬畏之情。近百萬人從各地搭乘特別開出的火車前來為墨索里尼喝采，他們盡忠職守地塞滿首都街頭。大批便衣警察穿梭在人群中，還有警犬在背後潛伏著。統帥「很明顯陶醉於如此壯觀的權力展現，完全被眼前這位盡情揮灑手中權力的男人給迷住了」。風水輪流轉，墨索里尼不再是充滿活力、生氣勃勃，讓人印象深刻的那一方。英國駐柏林的一等祕書觀察道，墨索里尼的外型整個走樣，「他又胖又禿，一副放蕩頹廢的羅馬皇帝樣子」。[65]

墨索里尼和他的黑衫軍革命曾經為希特勒帶來許多啟發，但現在這位大師卻開始仿效他的徒弟。從柏林回來幾個月後，他甚至沒有諮詢大議會就加入德國與日本的行列，簽訂了反共的三邊協定。這項協定促使墨索里尼背叛奧地利，後來希特勒於一九三八年三月出兵占領。希特勒曾向包括統帥在內的所有人保證不會動捷克一根寒毛，之後卻又派軍隊進入捷克斯洛伐克，這對墨索里尼的聲望無疑是個打擊，畢竟他曾很有把握地告訴他的部長們不會有吞併行動發生。他怒斥：「每次希特勒入侵一個國家，都會第一時間通知我。」他也完全清楚人民對自己有多深的敵意，有人嘲諷他是希特勒在義大利區的區長，這讓墨索里尼怒不可抑。[66]

墨索里尼很快又恢復了鎮定，當時納粹德國的領土已一路向南延伸到義大利邊境，他為了追上他的盟友，決定入侵阿爾巴尼亞（Albania）。但最後義大利雖然名義上控制了阿爾巴尼亞，墨索里尼還是出了個大糗。墨索里尼相信希特勒成功的祕訣在於靠自己主導戰略而非靠他的將軍，所以墨索里尼幾乎懶得向遠征部隊指揮官匯報。這次混亂的入侵與其說是受到希特勒的啟發，不如說其實正暴露了墨索里尼的軍隊是多麼缺乏準備和裝備。[67]

這兩大國祕密同意準備未來在歐洲發動的戰爭，一九三九年五月，與德國的同盟進一步擴大成「鋼鐵公約」（Pact of Steel）。希特勒曾答應三年內避免敵對行動，這給了墨索里尼時間，可以為即將到來的戰爭做準備。三個月後，德國入侵波蘭。時任外交部長的齊亞諾，是眾多意識到墨索里尼正在把他的國家拖入深淵的人之一。「我必須戰到最後一刻。否則國家將會毀滅，法西斯會毀滅，統帥本人也會毀滅。」[68]

墨索里尼現在處於水深火熱之中。他沒能讓他的國家為一場全面戰爭做好準備，但同時又將自己跟希特勒綁在一起。他跟他柏林的夥伴吹噓說有一百五十師共一千兩百萬名後備士兵，實際上卻只有十個師可以用，而且裝備老舊。墨索里尼出乎意料地是個優柔寡斷的人，他外表看似自信十足意志力兼具，內心卻在痛苦掙扎，他改變主意，甚至暗自希望德國人被打敗。但是一九四〇年年初，他卻開始相信希特勒會贏。齊亞諾在他的日記上寫道：「墨索里尼之所以越來越迷戀希特勒，主因是元首所締造的軍事成就，而這正是他唯一重視且渴望的東西。」一九四〇年六月十日，墨索里尼向同盟國宣戰。[69]

近二十年來，墨索里尼一直在鼓吹自己是唯一可以被信任的人，而且不會做錯事。他利用人民對領袖的崇拜來貶低他的競爭對手，確保法西斯黨內的潛在對手不會來跟他搶鎂光燈。最後留下來的人都一致對統帥忠心耿耿，馬屁精們爭先恐後地讚揚統帥的才華。他們對他撒謊，一如他也對他們撒謊。但最重要的是，墨索里尼欺騙了自己。他被圍困在自己的世界觀中，用他的傳記作者倫佐·德·菲利斯（Renzo de Felice）的話來說，他成了「自己神話的奴隸」。他清楚他周圍都是來拍馬屁的人，這些人不會透露任何會激怒他的消息。他不相信任何人，沒有真正的朋友，也沒有可以實話實說的可靠夥伴。隨著時間流逝，墨索里尼把自己與他人隔開來，成了威尼斯宮的囚徒。70

墨索里尼獨自做出任何重大決定，但不滿足於此，他想要控制一切，卻顯然沒有排優先順序的意識。他的貼身男僕寫道，他的獨裁統治延伸到「燃料發動機、硼砂、腳踏車輪圈、拉丁文翻譯、照相機、鏡子、電燈和礦泉水」。任何大小事他都要插手。戰爭中期，他還抽空把一本婦女雜誌的封面顏色從紫色改為棕色。一九三九年一月，歐洲正走向戰爭，他的女婿在威尼斯宮前視察軍隊的閱兵彩排。「統帥常常站到他的辦公室窗戶邊，躲在藍色的窗簾後面，花上半小時來觀察各個單位的活動。就是他下令要同時打鼓和吹喇叭，樂團指揮用的指揮棒是他挑選的，他還親自教人指揮動作，改變指揮棒的比例和設計。他堅信，在軍隊中也是形式決定了內容。」71

最後的下場是，義大利備戰不足。墨索里尼領導的經濟自給自足運動在宣傳方面取得了成功，卻讓國家在戰爭開始之前就面臨鋼鐵產量下降，每年還必須進口數百萬噸的煤炭。「糧食之戰」雖然增加了穀物的產量，卻使國內更仰賴進口化肥。儘管史塔拉契已經下令每個人都要穿上軍服，但能提供給士兵的制服數量太少，他們之中許多人的裝備還是陳舊的武器。為了轉移人民對墨索里尼的責怪，史塔拉契自己也被解僱了，就跟其他無數個替罪羔羊一樣，包括許多軍隊高層官員。墨索里尼一人身兼許多職位，甚至擔任空軍部長，卻不知道他的飛機有多過時。他沒有軍事預算，主要軍官也所託非人。[72]

一九三〇年代中期是墨索里尼最輝煌的時候，他看起來是真的很受歡迎。墨索里尼似乎對所有人都施了某種魔法，許多外國的遊客甚至後來的一些歷史學家，都對他很著迷。因為個人崇拜要求的是對領袖的忠誠，而不是對某一特定政治理念的信仰，所以刻意弄得很淺薄，因為這樣才能夠涵蓋盡可能多的人。人民必須定期在公共廣場上集會，並且為墨索里尼喝采。[73]

許多人甚至用幫統帥說話的方式來批評當地法西斯分子的暴行。「要是統帥知道的話」（se lo sapesse il Duce!）就是很常被掛在嘴上的話。人們對法西斯黨感到越挫折或越憤怒，他們就越把墨索里尼描繪成一個無可指責的領導人，因為他要麼是被人蒙在鼓裡而對事實一無所知，要麼是幕僚給他出錯主意。[74]

這種個人崇拜也帶有迷信和魔幻的色彩。在這樣一個宗教氛圍濃厚的國家，人們對墨索里尼投射了如基督教般虔誠和崇拜的情感。當時有聖地、聖像、朝聖之旅，甚至還有「治癒之握」——讓統帥碰一下就能治癒病痛。他的照片有時會被當作護身符，隨身攜帶可以帶來好運；更重要的是，他們相信的是一位天賜之人，而不是法西斯主義的意識形態。[75]

但事實上，人民別無選擇。堅定的反法西斯主義者埃米利奧・盧蘇（Emilio Lussu）一九三六年曾指出，政權要求人民表現出認同，黑衫軍就手持棍棒去要求人民實踐。當墨索里尼發表演說時，警察命令民眾為他歡呼，「宛如成千上萬的臨時演員，營造出公共場所充滿狂喜人群的景象，讓報紙有照片可以刊」。[76]

表面上看起來忠貞不二是必要的，幾年之後，大多數人對此駕輕就熟。墨索里尼是一位一流的演員，他的幕僚是偉大的表演者，而整個國家是一場精心排練的演出。誰要是破壞角色，就會遭致嚴厲的懲罰。一九二五年馬泰奧蒂事件後，這個國家成了極權主義的警察國家，到了一九三〇年代中期，當局有了更大的權力，不遺餘力地對民眾進行監控。政治警察部門（簡稱「政警」〔PolPol〕）與反法西斯思想防治懲戒組織（Organisation for Vigilance and Repression of Anti-Fascism, Ovra）攜手合作監控社會，被人民稱為「章魚」（piovra），它的觸角伸向四面八方。另外還有正規的國家警察和當地的憲兵，兩者都隸屬於軍隊；以及鐵路、公路、郵政、電報電話服務，與港口森林等五支特種兵。首都有一個都市民兵組織，有約一萬兩千名便衣特工負責巡邏。此外，忌妒的鄰居、眼紅的同事，甚至是同一個家族心懷不滿的人都可以呈報可疑的談話，所以很少有人敢在三個以上的人面前公開說話。一位觀察家說，義大利是一個「注定狂熱的囚犯國度」。[77]

儘管警察國家的力量十分強大，到了一九三九年，人們對這位領導人的熱情卻消退了。地下報紙的發行量不斷增加，有些顯然是右翼干涉主義報紙《義大利人民報》自己印刷的。統帥的可信度受到了攻擊。一名法西斯追隨者認為，該政權最多只代表三萬人。來自羅馬的一份報告稱，沒有人再相信遊行，而國際聯盟實施的經濟制裁導致商品貨架空無一物，也讓人民感到不滿。電影院播放的新聞短片不再讓人肅然起敬，觀眾們利用現場黑暗的掩護發出噓聲或肆無忌憚的笑聲。為了紀念墨索里尼而四處可見的字母M，被人們取笑說是代表著苦難（misery）。[78]

墨索里尼經由特勤組織很清楚知道民眾的不滿情緒日益高漲，他意識到必須在戰爭中迅速取得一連串勝利，顯示自己的光環仍閃耀著光芒。一九四〇年六月，他向法國和英國宣戰，準備好賭上自己和國家的命運。他的女婿寫道：「願上帝保佑義大利。」[79]

一九四〇年十月二十八日凌晨，義大利軍隊越過了阿爾巴尼亞（Albania）的邊境入侵希臘。由於柏林入侵波蘭、荷蘭和法國時也沒有事先通知墨索里尼，統帥認為他要反過來給希特勒一個驚喜。連墨索里尼手下的幕僚也被蒙在鼓裡，時任的陸軍參謀長格拉齊亞尼竟是透過無線電才聽說入侵的消息。然而義大利軍隊並沒有如期進行閃電戰，反而深陷惡劣的天氣，在幾週內就被趕回阿爾巴尼亞。支持希臘的英國出兵干預，摧毀了義大利一半的戰艦。

十一月十八日，墨索里尼態度強硬地宣稱：「我們將擊垮希臘。」威尼斯宮外面的人群皆盡忠職守地在歡呼。這席話被義大利大眾文化部門（Ministry of Popular Culture）廣為傳播，以七種語言在電台放送。但許多義大利人並不相信自己的統帥，反而轉去向英國廣播電台求證，以便了解自己國內的實況。在接下來的三年裡，當局花了大約六千萬里拉在打擊倫敦的地下電台，然而成效甚微。[80]

墨索里尼不得不向希特勒求救，一九四一年四月，希特勒拯救了他。幾個禮拜的時間，德國推進巴爾幹半島（Balkans），抵達希臘首都雅典（Athens）。義大利則為此付出了代價：許多軍事專家、經濟顧問和祕密特工如今遍及義大利各地，滲透義大利國家事務的各個層面。這位鐵腕獨裁者如今淪為附庸。齊亞諾痛苦地在日記中吐露道：「我們從來就沒被當作夥伴，而是永遠的奴隸。」[81]

統帥無論將他的士兵派駐到哪裡都遭遇挫敗。一九四〇年九月，第十軍團穿越利比亞沙漠入侵了埃及，幾個月後被英國軍隊擊退；一九四一年十一月義大利軍隊在古老帝都貢達（Gondar）作困獸之鬥，最後仍被盟軍與前來支援的衣索比亞非正規軍所擊敗。墨索里尼派遣了一支軍隊到東線去協助對抗蘇聯，結果也是損失慘重。到了一九四二年七月，墨索里尼變得身心俱疲，飽受疾病與孤立的折磨，他的光環不再而感到徹底失望。他身邊一位密切往來的人發現，他「臉色發灰、臉頰凹陷，雙眼困惑而疲憊，嘴角透露著一絲苦澀」。[82]

那個曾經上天下地無處不在的人，開始從人們的視線中消失，不再公開露面。這個曾經被喻為「世界上拍過最多照片的人」，這六個月來沒有再發布一張新照片，同時他也不再發表任何談話。一九四一年六月十日，為紀念義大利參戰一週年他曾短暫露面，但此後的十八個月裡，沒有再說過一句話。[83]

一九四二年十二月二日，墨索里尼打破沉默，證明他還活著。但這一切為時已晚，無足輕重。人們竊竊私語道，他的聲音變了，他的演講內容也很膚淺，他似乎不再如昔日般叱吒風雲、呼風喚雨，反而更像一個受狂妄驅使的領導人正帶著他的國家走向毀滅。演講內容非但沒有讓人激起對敵人的仇恨，反而讓人開始反對他。[84]

打從一開始，墨索里尼就必須跟國王和教皇爭奪義大利人民的忠誠。墨索里尼的肖像隨處可見，但能出現在郵票和硬幣上的是國王。墨索里尼只是政府首腦，國王則是一國之首。儘管法西斯主義試圖仿效宗教，但贏得數百萬羅馬天主教徒忠誠的是教皇。

一九四〇年，在墨索里尼宣戰的十天後，同盟國開始轟炸義大利，先出手的是英國，然後是美國。義大利幾乎每個城市都成了攻擊目標。一九四三年七月十九日盟軍的飛機第一次瞄準首都。教宗庇護十二世（Pope Pius XII）穿著骯髒的白色長袍探訪災區，身邊圍繞著虔誠的區民，然而，墨索里尼卻繼續躲在自己的宮殿裡。[85]

幾個月來，人們一直指責墨索里尼為國家帶來毀滅和苦難。墨索里尼背叛了義大利，他是一個罪犯、殺人犯、一個嗜血的暴君。有人私下詛咒他，也有人高呼要他去死。[86]

國王給了墨索里尼最後一擊。當刺鼻的硝煙仍在羅馬上空盤旋時，大議會對他們的領袖投下反對票。隔日，一九四三年七月二十五日，維克多・艾曼紐三世逮捕了墨索里尼。那些曾經誓死保護墨索里尼的黨員，沒有一個人出來反抗。許多法西斯高層，如史塔拉契，立刻轉去討好阿迪斯阿貝巴第一任公爵兼政府新領袖巴多格里奧（Pietro Badoglio）。[87]

歷史學家埃米里歐・金帝雷（Emilio Gentile）在十年前就曾指出，一個可能會犯錯的神「有多麼受到信徒愛戴，之後注定會被信徒以同樣的力道廢黜與褻瀆」。墨索里尼被捕的那天，義大利許多地區都有憤怒的群眾衝入當地的黨部，將這位獨裁者肖像、半身像和畫像扔出窗外。[88]

儘管如此，還有一個人並未棄墨索里尼於不顧。眼見親密盟友如此難堪地垮台，希特勒認為這會對神聖不可侵犯的領袖形象造成威脅，他便組織了一場大膽的營救行動，派一群突擊隊員去解救他，帶他飛往自由。一週前，一九四三年九月三日，義大利簽署了停戰協定，促使德國軍隊接管了這個因戰爭變得支離破碎的國家。他們將墨索里尼安置在薩羅（Salò），負責領導一個新政權——義大利社會共和國（Italian Social Republic）。墨索里尼最重要的功績，是處決大議會最後一次會議上投票反對他的法西斯高層官員。他的女婿齊亞諾被綁在椅子上，背部中彈而亡。

一九四五年一月，在接受德國大使館新聞專員的妻子瑪德琳・莫里爾（Madeleine Mollier）採訪時，墨索里尼似乎顯得聽天由命，稱自己「只不過是一具屍體」。「是的，夫人，我玩完了。我的星芒殞落了，」他繼續說道，「我等待著悲劇的結束，奇怪的是，我與一切都脫節了，不再覺得自己是一個演員，而是最後一個觀眾。」幾個月後，他被反法西斯游擊隊逮捕，一切都落幕了。他和幾個追隨者，包括他的情婦克拉拉・貝塔奇（Clara Petacci）全被就地槍決。隔天早晨，他們的屍體被塞進一輛貨車載往米蘭，然後倒掛在一枝大梁上示眾。史塔拉契不久後也落網，他被帶去見統帥的屍體一面，接著被處決，並且被綁在他稱之為神的男人旁邊。[89]

在接下來幾個月裡，人們唱著明顯在諷刺法西斯的讚美歌，鑿掉過去刻在全國建築和紀念碑上獨裁統治的符號，砸碎這位前領袖的雕像。在個人崇拜的影響下，人們理所當然地認為罪魁禍首就是墨索里尼一個人，雖說不意外，但仍是相當矛盾。一九四〇年十二月，邱吉爾說：「都是那個人的錯啊，不然要怪誰？」一筆勾銷了所有法西斯分子該負的責任。[90]

第二章

希特勒

HITLER

一九四一年七月二十一日，是德軍正在轟炸莫斯科的日子，那天的晚宴上，希特勒跟他的客人說道：「某次我和他一起走在鮑格才別墅（Villa Borghese）的花園裡，他的輪廓讓我想起某個羅馬半身像，我突然意識到，他就是某個凱撒。」他認為，統帥進軍羅馬是歷史的轉捩點，「沒有黑衫軍，褐衫軍可能就不會存在」。[1]

二十年前，納粹黨剛成立之初，黨員不到一萬名。一九二二年，納粹黨對進軍羅馬的消息感到相當振奮，在十一月三日時將阿道夫．希特勒（Adolf Hitler）譽為「德國的墨索里尼」。墨索里尼在他的人民面前自稱「統帥」，納粹黨也比照辦理，黨員現在也開始稱希特勒「元首」（Führer）。[2]

僅僅三年前，希特勒才在慕尼黑一家啤酒館發表他第一次的政治演講，幾乎沒人預料他會掌權。年輕時候的他，曾希望成為維也納的藝術家，但被美術學院拒絕了兩次。他過著波西米亞式的生活，什麼書都讀，而且熱愛歌劇和建築。

一九一四年，無法進入奧匈帝國軍隊服役的他，轉而設法投入巴伐利亞軍隊。他參加了第一次世界大戰中一些最血腥的戰鬥，一九一八年十月，還被英國的芥子毒氣彈波及，一度失明而進了醫院。當他聽到德軍戰敗的消息，他陷入了絕望，然後很快地燃起了憤恨。他跟許多其他民族主義者一樣，都認為軍隊被人從背後捅了一刀，而背叛者就是那票推翻霍亨索倫王朝（Hohenzollern dynasty）建立威瑪共和國（Weimar Republic）、並在十一月革命（November Revolution）簽署停戰協定的文官代表。

退伍後，希特勒回到他在戰爭爆發前居住的慕尼黑。一九一八年十一月，巴伐利亞社會主義總理庫爾特．艾斯納（Kurt Eisner）在推翻維特爾斯巴赫王朝（Wittelsbach monarchy）後，建立了巴伐利亞自由邦（Free State of Bavaria），登時整個城市都掛滿了紅旗。幾個月後，艾斯納遇刺身亡，引發了一些工人起義。這些人匆忙宣布成立巴伐利亞蘇維埃共和國（Bavarian Soviet Republic），但卻是曇花一現，後來就被政府軍隊以及準軍事化的義勇軍給無情鎮壓了。革命失敗後，希特勒得到一份工作，是去向前線回來的士兵們講授共產主義的危險。他成長速度飛快，發現自己有一項天賦：「隱藏在我體內的天賦不知不覺間就發揮出來了，原來我可以『演講』。」[3]

他的演講能力引起了德國工人黨創始人安東．德萊克斯勒（Anton Drexler）的注意，該黨是一個組織鬆散的保守派團體，為求吸引更多人，他們將民族主義和反資本主義混為一談。一九一九年九月希特勒加入了這個黨，很快就成為該黨最有影響力的演說家，人們蜂擁前來聆聽他的演講。一個很早就追隨他的人記得，他看起來一點都不起眼，像「火車站餐廳的服務員」，穿著沉重的靴子、皮背心，留著奇怪的小鬍子。但當希特勒一開口講話，便立刻驚豔四座。「他早年的時候，對聲音、語句和效果的掌握並不穩定，但今晚的他如魚得水。」他使用一般人能理解的簡單語言，先是表現得平靜、矜持，然後口氣逐漸激動起來，當開始切入主題時，就開始攻擊猶太人、譴責德皇、怒斥在戰爭中得利的人。他說話速度越來越快，同時搭配越來越誇張的手勢，偶爾手指還會在半空中戳來戳去。他知道如何迎合聽眾講話，為他們的仇恨和希望找到語言。「觀眾在結束的時候報以狂熱的歡呼和掌聲。」到了一九二一年，希特勒的追隨者高達六千多名，幾乎可以填滿整個慕尼黑皇冠馬戲團（Circus Krone）會場。[4]

一九二〇年二月，該黨更名為國家社會主義德國工人黨（National Socialist German Workers' Party, NSDAP），或稱納粹黨（Nazi Party）。它很快地收購了一家負債累累的報紙《民族觀察者報》（*Völkischer Beobachter*），該報最初是由圖勒會（Thule Society）出版。這個協會是一個隱密的神祕主義團體，他們將卐字符號當作組織象徵，並相信德國將有救世主到來，拯救整個國家。報紙的新編輯艾卡特（Dietrich Eckart）原來把希望寄託在一位名叫沃夫岡．卡普（Wolfgang Kapp）的記者身上，一九二〇年三月，卡普和大約六千名支持者試圖在柏林對威瑪共和發動政變，但在國家行政機關基層罷工後失敗。艾卡特接著轉向希特勒，視他為「祖國的救星」。年長二十歲的艾卡特成了希特勒的導師，幫助他樹立自己的形象，在《民族觀察者報》將希特勒描繪成德國的下一個偉人。[5]

一九二一年夏天，黨的領導層迎來了另一位「受歡迎且有影響力的演說家」，正好是死對頭組織德國工人協會（German Working Association）的領導人。他們提議合併，但希特勒認為這對自己的地位是種威脅，於是賭氣辭職。一切靠居中斡旋的艾卡特定奪。高層害怕失去主將，態度開始軟化。然而希特勒現在卻要求成為「大權獨攬的主席」。幾個月後，艾卡特在《民族觀察者報》上滔滔不絕地稱，希特勒用「鐵腕」干預了該黨的命運，沒有人比他更無私、更正直、更忠誠。[6]

希特勒在納粹黨內奪取政權的那一刻，他建立了一個準軍事組織「衝鋒隊」（Sturmabteilung, SA）。恩斯特．羅姆（Ernst Röhm）是忠誠的追隨者，若有人試圖在公開場合對希特勒叫囂，他會負責痛擊那些異議人士。衝鋒隊還在慕尼黑街頭巡邏，毆打他們的敵人，擾亂政治對手組織的活動。

希特勒孜孜不倦的努力，讓納粹黨變成了屬於元首的政黨。他把招募新成員的傳單設計成豔麗的紅色，他監督每一個吸引更多群眾的遊行、旗幟、三角旗、遊行樂隊和音樂。希特勒是個一絲不苟的舞台總監，每一個細節都不放過。一九二一年九月十七日公布了納粹臂章的精準尺寸和如何配色的指示。在墨索里尼向羅馬進軍後，還推出了棕色襯衫。[7]

和墨索里尼一樣，希特勒也仔細考慮過如何向外界展示最好的自己。有一位資深追隨者建議他，鬍子要麼留好留滿，要麼就剃掉，他完全不為所動。「別擔心，」他說，「我這是在引領風潮。等一段時間後，人們會很樂意來模仿我。」後來小鬍子跟棕色襯衫都成了他個人的註冊商標。希特勒跟墨索里尼一樣是個近視眼，但他從來不在眾人面前戴眼鏡。又因為擔心被警察認出來，所以一直在閃避攝影師，這點則跟墨索里尼不同。隨著他的名聲越來越大，眾人對他外貌的猜測增添了一種神祕感。直到一九二三年秋天，希特勒才同意海因里希・霍夫曼（Heinrich Hoffmann）為他拍照。霍夫曼不久後就成了該黨的官方攝影師。最初拍的照片，他看起來表情嚴肅、眉毛揚起、雙唇緊閉，雙臂堅定地交叉在一起，顯示出一股純粹的決心和狂熱的意志力。這些照片在新聞界廣泛流傳，還被製成明信片和肖像照拿去賣。[8]

一九二三年四月二十日，希特勒年滿三十四歲，對這位領袖的個人崇拜開始了。該黨的喉舌在頭版下標，稱他為「德國的元首」（Germany's Führer）。另一位早期的盟友阿佛烈・羅森堡（Alfred Rosenberg）稱讚希特勒是「德意志民族的領袖」，他寫道，希特勒在慕尼黑與眾多追隨者之間建立了一種「神祕的互動關係」。另一方面，希特勒其實非常清楚他的政敵稱他為煽動家、暴君、自大狂「阿道夫一世陛下」，他自嘲自己其實只是「一個鼓手和召集人」，只是一位等待基督的使徒。[9]

這個自謙很虛偽。根據艾卡特的說法，他常看到希特勒不耐煩地在院子裡踱來踱去，大喊著：「我必須像基督進入耶路撒冷聖殿那般進入柏林，並且鞭打那些放債者。」為了仿效墨索里尼的做法，一九二三年十一月八日，他發動了一場政變，跟著衝鋒隊一起突襲了慕尼黑的一家啤酒館，並宣布跟一戰德軍參謀總長魯登道夫（Erich von Ludendorff）將軍一同組建新政府。當時軍隊並沒有加入叛軍。隔天警察很快就收拾了這場政變，希特勒被捕。[10]

啤酒館政變（Beer Hall Putsch）以失敗作結。身陷囹圄的希特勒非常沮喪，但他很快又振作起來，意識到自己將成為烈士。廣泛的新聞報導讓他聲名遠播海內外。全國各地都有人送來禮物，甚至當地一些衛兵走進他的牢房時，還低喊了一聲「希特勒萬歲」。審判他的那些法官很同情他，竟允許他將法庭作為宣傳平台，每家報紙都報導了他的發言。他出庭不是以被告的身分，而是原告，因為他認為威瑪共和國才是真正的罪犯。他承擔了這次政變的全部責任。「一切責任都由我擔，」他說，「如果今日我是以革命者的身分站在這裡，那也是一個反革命的革命者。反抗那些一九一八年的叛徒，一點也算不上是叛國罪。」有人說他只是一場愛國運動的鼓手，他對此嗤之以鼻：「我最初的目標可是要再高個一千倍……我想要摧毀整個馬克思主義。」[11]

叛國罪的刑期意外地短，只有五年，後來又進一步減到十三個月，不過已足以讓希特勒有時間寫他的政治傳記。一九二四年耶誕節前幾天，他被釋放了，那時《我的奮鬥》（*Mein Kampf*）的大部分手稿已經完成。這本書在一九二五年夏天出版，但直到一九三三年才成為暢銷書。

《我的奮鬥》概括了希特勒在啤酒館演講的大部分內容。這個國家出現的每一個災難背後，無論是腐敗的議會制度，還是共產主義的威脅，都有猶太人插手的痕跡。他的訴求很明確：廢除《凡爾賽條約》（Versailles Treaty）、驅逐猶太人、懲罰法國、建設一個更偉大的德國，並且要為了擴展「生存空間」（Lebensraum）而侵略蘇聯。但是同時《我的奮鬥》也寫出了希特勒傳奇的元素。他從小是個天才、求知若渴的讀者、天生的演說家、一個不得志的藝術家，被命運驅使去改變一個民族的命運。他心中滿懷無與倫比的激情，使他說的話「像槌子一般敲開人心大門」。這個男人是上帝挑選來執行其意志的使者。正如一個親密的追隨者所言：希特勒是一個神諭者，一個會在夢中預言的「夢諭者」（Traumlaller）。[12]

這位神諭者沉默了一段時間。因為巴伐利亞州禁止希特勒在出獄後公開說話。《民族觀察者報》被禁刊，他的黨也停止運作。雖然這些禁令大多在一九二五年二月就取消了，但直到一九二七年的宣傳海報上，還看得到元首嘴巴被膠帶封住的照片，上面寫著「禁止說話」。希特勒將自己描繪成一個受迫害的愛國者。[13]

希特勒一踏出布滿飾釘的蘭茨貝格監獄鐵門之後，就開始尋求媒體曝光。霍夫曼正在外面等著為後人留下紀錄，但一名獄警威脅要沒收他的相機。希特勒在老城門前一輛戴姆勒—賓士（Daimler-Benz）的腳踏板旁，堅定地望向鏡頭，他的鬍子修得整整齊齊，頭髮往後梳得服服貼貼。這張照片在世界各地刊出。[14]

雖然外界聽不到希特勒的聲音，但他的身影遍及全國各地，霍夫曼在一九二四至一九二六年間共出版了三本圖文書。最後一卷名為《德國的覺醒圖文集》（*Germany's Awakening in Word and Image*），書中將這位領袖描繪成一位救世主：「一個人從人群中站了出來，向世界傳達對祖國的愛之福音。」市面上開始出現一些海報，其中有一些畫著一群聽眾在等待救世主的出現。[15]

在返回慕尼黑的路上，霍夫曼問希特勒下一步打算做什麼。「我要重起爐灶，重新開始。」他的黨再次復活，並搬到布林納大街（Brienner Strasse）一個新地點，不久就被稱為「棕色的房子」。希特勒設計了每一個細節，包括紅色皮椅，背上壓印著仿古羅馬的神聖之鷹徽章。在入口的兩邊，有兩塊銅牌，上面寫著在啤酒館政變喪生的亡者姓名，他們現在被視為「在政變中犧牲的烈士」。[16]

然而，黨員人數一直沒有起色。截至一九二七年，入黨人員才達到五萬七千人，又回到政變之前的水準。納粹黨歷經一段時間的政治失勢。因為隨著經濟復甦，再加上抑制通貨膨脹的新貨幣和來自美國資本挹注的幫助下，當局政權相當穩定。德國在一九二六年加入國際聯盟，重回了國際社會的懷抱。後來的歷史學家把這幾年稱為「威瑪的黃金時代」（Golden Age of Weimar）。

由於納粹黨的支持率一直委靡不振，一九二七年三月禁止講話的禁令解除了。希特勒公開露面時總是很有舞台效果，現場音樂大聲響起，旗幟與橫幅迎風招展，追隨者伸出手來歡迎領袖，儘管如此，會場上仍可以看到許多空位。他的修辭技巧依然寶刀未老，但是他要傳達的訊息已不再吸引人。改變的腳步踏到一半，卡在了空中。[17]

然而，即使他的公眾吸引力不若以往，他神聖的人物形象仍在他的追隨者間傳播開來。戈培爾（Joseph Goebbels）是一個雄心勃勃的聰明人，右腳畸形，才剛剛入黨。一九二五年十月，他就非常好奇：「這個人是何方神聖？究竟是人還是神！他究竟是真基督，抑或只是個施洗者約翰？」他不是唯一這樣想的人。一九二七年夏天的第一次紐倫堡黨大會上，即使出席率低於預期，仍有一大票穿著棕色襯衫的衝鋒隊熱烈歡迎他們的領袖。希特勒編排了整場集會，他向聚集的群眾高喊：「關鍵是你們相不相信元首，而不是人性的弱點。」「希特勒萬歲」成了黨內規定的問候方式，他們用這種方式象徵自己與領袖緊密相連。[18]

希特勒具備敏銳精明的判斷力。一位早期的追隨者回憶道，他一眼就能打量清楚某個人，像隻能嗅出氣味的動物，他能夠區別出誰對他「無所保留地信任，甚至到宗教信仰般的地步」，而誰則對他有所提防。他讓前者相互為敵，而後者則是一旦失去利用價值就會馬上被棄之如敝屣。[19]

《我的奮鬥》被政敵冷嘲熱諷，在追隨者眼中卻是聖經。這本書反覆強調，選舉是不可能選出天才的。「駱駝穿針的速度，都比選舉選出偉人還要來得快。」他的追隨者自視為元首的使徒，他們認為不信者的心靈是盲目的。戈培爾在一九二八年一封寫給希特勒的公開信中重申了這一觀點，他指出：「偉大的領袖不是靠選舉選出來的。當世人需要他的時候，他必定出現。」領袖不是人民選出來的，而是來解放人民的。在充滿懷疑的時候，領袖是那個為信仰指明道路的人。「你是為未來而戰的第一公僕」，他繼續寫道，並建議元首要安排一群全心信仰他的人，讓這些人漫遊全國，向那些陷入絕望的人宣講信仰。一年後，一九二九年四月二十日，希特勒迎來了他的四十歲生日。他認為理想的領袖將集品格、意志力、能力和運氣於一身。希特勒已經具備了其中三項。戈培爾預言，他的幸運星將大放光明。[20]

年底前，納粹黨終於時來運轉。一九二九年十月三日，威瑪民主的支柱古斯塔夫・施特雷澤曼（Gustav Stresemann）逝世。幾週後，華爾街崩盤，全世界掀起了恐慌性拋售的浪潮。失業人口飆增，在幾個月內就突破三百萬大關，到了一九三二年達到最高峰六百萬。人們對民主的信念瓦解，通貨膨脹肆虐，絕望與無助的情緒蔓延開來。希特勒霎時踏上了時代的巔峰。[21]

一場大規模的宣傳運動展開。當其他政黨還在用郵局發公告或是在報紙登廣告的時候，納粹已經如火如荼地活動起來。希特勒總是強調口語的重要性，一九三〇年，他派了一千名受過專業訓練的演說者深入各地城鎮，到處散發訊息。人們組織集會、舉行會議、發送海報和傳單，還在人行道畫上納粹符號。

然而，納粹黨傳教的對象都是同溫層。大多數人民對他們仍很排斥，宣傳的範圍很快就到達上限。納粹黨自稱在進行「希特勒運動」，因為對一些心懷不滿的店主、新教徒農民和戰爭老兵來說，宣傳元首的形象相當有效。雖然納粹在一九二八年五月至一九三〇年九月期間的得票率，從百分之二・六飆升至十八・三，但用歷史學家理查德・貝塞爾（Richard Bessel）的話來說，敵營的支持者「顯然對以希特勒為中心的狂熱崇拜完全無動於衷」。[22]

一九三一年九月，希特勒同父異母姊姊的女兒吉莉・勞勃（Geli Raubal）拿他的華瑟手槍舉槍自盡。兩年前她剛搬進希特勒在慕尼黑的公寓，自殺時才芳齡二十三，性暴力的傳聞頓時甚囂塵上，甚至有傳言是謀殺。這是一場公關災難，媒體同時也不斷在報導衝鋒隊領袖羅姆是個同性戀。敵營人士聲稱，納粹黨不僅是個脫離家庭價值的政黨，還是個充滿性變態的組織。[23]

六個月後，霍夫曼出版了一本名為《鮮為人知的希特勒》（*The Hitler Nobody Knows*）的攝影集，把元首的形象描寫得更為親民。希特勒青年團的領袖巴爾杜·馮·席拉赫（Baldur von Schirach）為這本書寫了序。他寫道，希特勒不僅是領袖，還是一個「偉大的好人」。很少人知道他生活自律簡樸，不斷為更大的利益而努力，「他的工作能力出色非凡」。他沒有惡習，「很少人知道希特勒是禁酒主義者，不抽菸而且吃素。他愛好歷史和建築，求知若渴地大量閱讀，號稱藏書六千本，而且所有書他不是隨便翻翻，而是真的讀了」。希特勒喜歡小孩子，對動物友善以待。書的封面上是悠閒的元首斜躺在阿爾卑斯山的草地上，身邊有一位牧羊人。書中放了一百張真實生活的照片，有嬰兒時期的希特勒、成為藝術家的希特勒、在家的希特勒、工作中的希特勒、休閒時的希特勒、讀書、聊天、徒步旅行的希特勒，以及面帶微笑的希特勒。[24]

這本攝影書於一九三二年三月出版，當時正值總統大選。八十四歲高齡的興登堡（Paul von Hindenburg）是受人敬重的陸軍元帥，被人說動出來跟希特勒一起競選。在決選的首日，戈培爾發表了一篇題為〈凡人希特勒〉（Adolf Hitler as a Human Being）的文章。通篇都是在加強宣傳那本攝影集的論調。「希特勒本質上是個好人，」戈培爾保證道，他跟「所有人一樣是凡人，是同志們的朋友，是多才多藝、樂於助人的推動者。」他善良又謙虛，這也是為什麼所有認識他的人都對他忠貞不二，他「不僅僅是一位政治家，也是一個跟你我一樣的人」。當代傳記作家埃米爾·路德維希（Emil Ludwig）評論道：「他的門徒戈培爾成功說服了德國人，把希特勒缺乏的一切特質全都想像出來。」[25]

這位美好的人向數百萬人展現自己。戈培爾租下一架飛機，帶著希特勒飛到數十個城市，宣傳對希特勒的個人崇拜。頭版大大地寫著「希特勒統治德國」。觀眾等了好幾個小時，希特勒才終於像個彌賽亞般，搭著飛機從雲端降落，現場掌聲雷動。年輕女孩向他獻花，當地高層向他表達敬意，衝鋒隊的樂隊為他演奏音樂。現場群眾大聲歡呼。[26]

選舉海報上，希特勒的臉在深色背景襯托下脫穎而出，標題簡潔有力地只寫了「希特勒」，讓人一眼就認出他。然而，所有的宣傳都未能讓希特勒獲得足夠的支持打贏總統競選。四月的時候，興登堡以壓倒性的優勢當選了威瑪共和的總統。幾個月後舉行了全國性選舉。希特勒一直保持著行程滿檔的狀態。終於，他那筋疲力竭的飛行之旅有了回報。一九三二年七月，納粹黨以百分之三十七．三的得票率成為最重要政黨。

儘管如此，興登堡拒絕任命希特勒擔任德國總理，這個職位相當於政府首腦。希特勒嚥不下這口氣，憤怒地拒絕加入執政內閣。他周遊全國各地，到處譴責柏林的「反動派」。不過，他並沒有得到接納，反而漸漸被人遺忘。在一九三二年十一月的新選舉中，更識貨的選民反而只給了該黨不到三分之一的選票。一份報紙評論道：「光環消失了……魔力不再。」另一份報紙則稱他為「在十一月之霧中的殞落彗星」。黨員們大所失望，數以萬計的黨員紛紛離開。[27]

一九三三年一月三十日，希特勒成為德國總理。這與其說是選舉過程的結果，不如說是興登堡在幕後主導的一系列骯髒政治交易的結果。上了年紀的興登堡雖不信任希特勒，但更加憎恨他的對手。當威瑪共和的最後一任總理施萊徹爾（Kurt von Schleicher）提議用一位實際上的獨裁者統治德國，藉此打破議會僵局時，興登堡轉而任命了希特勒。

幾週後，國會大廈遭人縱火。希特勒趁機宣稱，此一事件是共產主義者的陰謀。興登堡不相信議會制度能夠抑止來自左翼的威脅，因此被說服通過了一項暫停基本權利的法令。

於是恐怖主義和政治宣傳同時出現，成千上萬的「褐衫軍」開始追捕他們的反對者。一九三三年二月五日，施塔斯富特（Stassfurt）的社會民主黨市長被槍殺。無數個其他反對黨領袖被恐嚇、毆打，或在送往監獄的路程中遊街示眾。然而，在一九三三年三月的選舉中，納粹黨依然未能贏得絕對多數，僅獲得了百分之四十三．九的選票。同月，授權法案通過，接下來四年希特勒的權力不再有限制。[28]

更大的恐怖浪潮接踵而至。五月時工會遭解散，六月時其他所有政黨也被解散了。暴力不僅針對政治對手或社會邊緣人，而是所有納粹的對手都無一倖免。僅僅在一九三三年，就有大約十萬人未經審判就被拘留。數百人在拘留期間死亡。雖然許多人後來都被釋放了，但仍起到了寒蟬效應，恐懼成了人們日常生活的一部分。[29]

在希特勒成為總理的那一刻，一些市政當局開始向其輸誠，以他們元首的名字重新命名街道、廣場、大道、學校、體育館或橋梁。一九三三年三月三十一日，漢諾威（Hanover）市中心變成了阿道夫．希特勒廣場（Adolf Hitler Square）。三天後，斯圖加特（Stuttgart）某條從夏洛特廣場（Charlottenplatz）直通威廉宮（Wilhelm Palais）的中央大道，被命名為阿道夫．希特勒大街（Adolf Hitler Street）。此外，同一座城市的某所學校被稱為阿道夫．希特勒中學（Adolf Hitler School）。一九三三年四月二十日，柏林夏洛滕堡（Charlottenburg）地方當局為紀念元首的生日，重新命名了總理府。幾年之內，即使是最小的村莊也有阿道夫・希特勒街，許多地方都有阿道夫・希特勒廣場。[30]

人們還寫信向元首致敬。二月十八日，松德斯豪森（Sondershausen）一家咖啡和蛋糕店老闆韋伯先生，請求將他的公司取名為「德國總理希特勒」（Reich's Chancellor A. Hitler），元首斷然拒絕。幾天後，又有一名玫瑰育種家提議將一個新品種命名為「阿道夫・希特勒」，而柏林一位工程師寫信來，要求將一台風力機取名為「阿道夫・希特勒之塔」。一位來自杜塞道夫（Düsseldorf）的仰慕者為他的女兒受洗命為希特勒琳（Hitlerine），另外像阿道芬（Adolfine）、希特莉卡（Hitlerike）與希勒琳（Hilerine）也是很受歡迎的名字。[31]

但是從來沒有人建造希特勒的雕像。與大多數其他獨裁者不同，元首堅持雕像和紀念碑是給過去的偉大歷史人物建的，他可是未來的領導者。[32]

每間辦公室都掛有一幅元首的畫像，在政府機關以外的地方，畫像需求量也在飆升。有些企業請求允許使用他的名字或人像輪廓來銷售肥皂、雪茄和糖果。其他廠商則連通報都省了，直接生產卐字形狀的糖果和香腸。為了保護這些國家象徵的「神聖性和價值」，戈培爾於一九三三年五月十九日通過了一條法律，未經黨批准，禁止傳播任何的元首肖像。[33]

希特勒當時只是總理，卻把總統襯在隔壁。希特勒善用了自己的困境，利用興登堡的光環，讓自己走入偉大的德國領導人之列。一九三三年一月三十日，兩人偕同出現在威廉大街（Wilhelmstraße）的陽台上，在戈培爾精心設計的火炬遊行中，迎接了約六萬名褐衫軍。兩個月後，波茨坦（Potsdam）

國會大廈的開幕儀式上，希特勒恭敬地向興登堡鞠躬，接受他的祝福。每家電影院都在播映這段過程。[34]

到了一九三四年，負責做苦力的褐衫軍開始有越來越多人疾呼要求編入正規軍，但保守的將軍們認為他們是暴徒。希特勒不願與軍方對立，他甚至擔心衝鋒隊參謀長羅姆變得過於強大。六月三十日發生長刀之夜，他命令他的精銳黨衛軍清洗了衝鋒隊，前後逮捕、槍殺了羅姆和其他數十名高層，數千人被捕入獄。仍握有軍隊控制權的總統興登堡，還向希特勒表達祝賀。

一九三四年八月二日，老元帥逝世。一個小時後，元首集總統、總理、三軍統帥於一身。原本該向總統宣誓忠誠的士兵，如今都改成向希特勒效忠。[35]

希特勒一直以來都將自己精心塑造成一個有魅力的領導人，現在他希望透過公民投票來尋求認同。八月十九日，市民要投票表決，決定是否將兩個職位合併在一起。一連串的宣傳攻勢發動，各地掛滿了希特勒的海報，海報上只有一個字：「YES」。在BMW的工廠所在地巴伐利亞，一位觀察家指出：「每個公告欄上都有希特勒，每個櫥窗裡都有希特勒，事實上從每個窗戶看出去都能看到希特勒。希特勒的視線從每一輛電車、火車、汽車的窗戶穿進來。」「褐衫軍」在大清洗後仍以小規模的形式維繫組織，他們在一些地方免費發放肖像，要求在顯眼的地方展出。要是誰沒聽命行事，幾個小時後就會被他們處理掉。他們也會發旗子，命人懸掛在窗戶上。德勒斯登（Dresden）市中心的居民曾收到指示，規定他們應該展示正確數量的卐字旗。[36]

選舉結果出爐，有百分之九十的選民支持納粹，只有五百萬人有勇氣投廢票或反對票。維多・克蘭普勒（Victor Klemperer）在日記上透露：「三分之一的人出於恐懼而投下贊同票，三分之一的人神智不清，三分之一的人既恐懼又神智不清。」[37]

公民投票之後，納粹黨舉行了一年一度的集會。自一九二七年以來，這個集會一直都在巴伐利亞邦的小城市紐倫堡（Nuremberg）舉行，那裡的建築歷史可以追溯到神聖羅馬帝國（Holy Roman Empire）時期，所謂的第一帝國（the First Reich）。這些年來，集會的規模越來越大，但沒有一次比得過那一年的第六次集會，史稱「團結與力量的集會」（Rally of Unity and Strength），集會人數高達七十萬人。希特勒的副手魯道夫・赫斯（Rudolph Hess）在開幕式上說：「這場大會，是國家社會主義完全統治之下召開的第一場大會。希特勒是德國至高無上且唯一的領導人，『元首』就是國家法律。」這場集會的重點就是讚美元首。納粹御用建築師史佩爾（Albert Speer）建造了一個巨大的球場，看台周圍共有一百五十二盞探照燈，垂直的光束射入夜空，「神聖之光」圍繞著元首。元首向著身穿制服的廣大追隨者發表演講，一言一行都讓這些追隨者如痴如醉。赫斯說道：「黨就是希特勒，希特勒就是德國，正如德國就是希特勒！」[38]

在一九二四年出獄之後，希特勒就已讓黨開始奉行他的指導原則。對希特勒的信仰，是最至關重要的事，他的直覺、願景和純粹的意志力是納粹黨向前發展的驅動力。希特勒主義的核心主體就是希特勒本人。《我的奮鬥》一書寫道，人們在崇拜一個天才時，會釋放自己內在的力量。只有猶太人譴責這種崇敬偉人的方式是在搞「個人崇拜」。如今全體人民都被要求團結起來崇拜個人。[39]

個人崇拜讓其他黨內的人都不能出頭。一九三四年八月十九日，公民投票結束的十天後，納粹黨下達一份通知，要求將戈林（Göring）、戈培爾以及其他領導高層的畫像全都從黨辦公地點取下。一年後，追隨者們聚集在紐倫堡參加新一屆集會時，赫斯提出的口號被縮短成「希特勒是德國，正如德國是希特勒」。[40]

高高在上的形象可以帶來許多優勢。大多數人都對褐衫軍的凶狠殘暴深惡痛絕，其實樂見長刀之夜的發生，但因為戈培爾嚴格控制著報紙，所以他們並不知道大屠殺的規模。許多人都認為他們的總理是一個勇敢的人，他把他的國家置於昔日的同志之上，以閃電般的速度打擊那些對國家造成威脅的有權勢者。不過這場清洗行動也顯示出，納粹運動內部存在著相互衝突的勢力。希特勒似乎是唯一一個能夠團結各種各樣、有時甚至是對立的內部各黨派系。他只是為了自己的利益而利用他們之間的競爭，他們所有人卻都必須服從於他。當事情出錯時，一般人會指責他的下屬，而非元首本人，於是元首的光環就更堅不可摧了。[41]

國會大廈縱火案兩週後，戈培爾搬進了歐登宮（Ordenspalais），這座十八世紀的宮殿，坐落在總理府對面的威廉大街上。戈培爾身為帝國的國民教育與宣傳部部長，努力不懈地推動元首的個人崇拜。一九三三年四月十九日，希特勒即將四十四歲，戈培爾向全國發表演說。他說，許多仰慕者爭相加入黨的行列，但數百萬名信徒只從遠處見過元首。而少數熟悉他的人，也拜倒在他的人格魅力之下。「認識他的時間越長，」戈培爾繼續說道，「就越欽佩他，且越願意全身心地投入到他的事業中。」在接下來十年裡，戈培爾都會在元首的生日前夕舉行年度演講，讚美這位領導人。而元首的生日也成為重大節日，總是有遊行和公眾慶祝活動。[42]

日常生活的各方各面都在一黨專政國家的控制之下。從教育系統到當地的俱樂部，納粹黨接管或完全取代了所有組織，達到「一體化」（Gleichschaltung）的目標，全都統一服膺於納粹的觀點。戈培爾監控整個新聞界，每家報紙都在報導相同的訊息，並總是只刊出對元首的溢美之辭。

元首的話語隨處可聞。他的重要談話發表在各大報紙上，並由納粹黨的印刷廠印製成冊發放給數百萬人。自一九三七年開始，每週都有成千上萬的海報和語錄出現在黨的辦公室和公共建築中。報紙上還會特別下標，專門刊登每週格言，通常都是一些希特勒曾說過的話。[43]

《我的奮鬥》的銷量一路長紅。一九三三年十一月不來梅（Bremen）舉辦德國圖書週，黨員兼文學評論家威爾・維斯珀（Will Vesper）宣稱，《我的奮鬥》是「每個德國人都必須擁有的國家社會主義和新德國聖經」。到了年底，這本書已售出一百萬冊；四年後，銷量超過了四百萬冊。柏林一家報紙大肆宣傳：「一本書征服了整個國家！」它還成了新婚夫婦的禮物，後來連前線的士兵也會免費拿到。[44]

市面上也出現了這本納粹聖經的節錄版。一九三四年，〈國家和種族〉（Nation and Race）那一章以小冊子的形式出版，兩年後分發給各學校。元首的語錄集開始流行起來，像是《元首語錄》（*Words of the Führer*）以及《希特勒語錄》（*Hitler's Words*）。但是幾年後，希特勒介入要求禁止這些出版物，理由是：它們簡化了他的思想。他堅持他的話必須全部從頭讀到尾。[45]

元首的聲音也無處不在。希特勒在成為總理後的第一天，就透過廣播發表了演說。然而效果並不佳，一些聽眾甚至抱怨他的語氣嚴厲，而且「不像德國人」。希特勒努力改進他的廣播說話技巧，他終究是個經驗老練的演說家。他說道：「我認為，聲音比圖像更有說服力，我們永遠可以從中得到更多東西。」[46]

一九三三年三月大選前夕，希特勒的聲音再次響起。戈培爾得意洋洋地說：「這首讚美詩迴盪在所有德國的廣播。四千萬名德國人站在帝國的廣場、街道上，或坐在酒館裡、家裡的擴音器旁，意識到歷史的重大轉折點正在發生。」[47]

「收音機全都歸我管，」戈培爾興奮地說，並且很快就批准了一項計畫，用低於生產成本的價格賣出數百萬台廉價收音機。「所有的德國人都用人民的收音機聽元首講話！」這句話成了一句口號，到了一九四一年，大約百分之六十五的家庭訂閱廣播節目。然而，即使是沒有收音機的人，也無法不聽見救世主的聲音。城市豎立起喇叭桿，小城鎮則安裝了移動喇叭。一九三六年三月，維多・克蘭普勒（Victor Klemperer）在訪問德勒斯登時，碰巧聽到了希特勒的演講。「我先是去了一家開門的商店，接著去銀行，然後又去了另一家店，一路上都在播放演講，整整一個鐘頭都擺脫不了。」[48]

在成為總理之前，希特勒幾乎從未出現在新聞短片中。戈培爾覺得這可能是利用新技術宣傳的機會。一九三三年二月十日，一個攝影團隊和助手在柏林體育宮（Berliner Sportpalast）拍攝了希特勒長達三十三分鐘的演講。但這部電影沒有拍出希特勒與他的聽眾團結在一起的感覺，讓戈培爾開始擔心，而且雖然希特勒固定在每週的新聞短片中出現，但每次的露臉時間都很短暫。[49]

希特勒決定介入，他委託萊妮・里芬斯塔爾（Leni Riefenstahl）來製作《意志的勝利》（*Triumph*

of the Will），這是一部關於一九三四年紐倫堡黨集會的紀錄片，風格鋪張奢華。里芬斯塔爾利用移動攝影機、空拍鏡頭和同步音源的方式，製作了一部宣傳的大師之作。這個凶殘政權才剛剛進行了血腥清洗，但影片呈現出來的卻是幾近宗教性的盛大場面，現場忠誠的群眾與他們的救世主，以一種神祕的連結合而為一。片中的巨星就是希特勒，在影片開頭的那一幕，他像神一樣乘著飛機從雲端降落。《意志的勝利》曾在德國、美國、法國等國家獲獎。隨後她拍攝了更多的電影，包括一部名為《自由之日》（*Day of Freedom: Our Armed Forces*）的宣傳片，以及一部關於一九三六年柏林夏季奧運會的紀錄片。所有這些電影都有舉行試映會，限黨內菁英入場，然後在全國各地的劇院放映，並隨著移動電影院被帶到鄉村去。[50]

戈培爾試圖網羅霍夫曼，但這位御用攝影師決心維持「在商言商」的關係。他的生意興隆，在各大城市都有商店。由於元首的肖像受法律保護，所以這位御用攝影師實際上壟斷了市場。他以肖像、明信片、海報和月曆的形式銷售照片。一九三二年，他出版了《鮮為人知的希特勒》，銷量約四十萬冊，隨後又出版了一系列同樣成功的圖畫書，像是《圍繞希特勒的青年》（*Youth around Hitler*）、《希特勒在義大利》（*Hitler in Italy*）、《希特勒在西岸》（*With Hitler in the West*），以及《元首的面容》（*The Face of the Führer*）。這些書的形式各異，從硬殼的精裝書，到前線士兵容易塞進口袋的迷你書都有。[51]

許多畫家、雕刻家、攝影師、印刷人員，甚至郵局都跟霍夫曼的工作室進貨。一九三七年，希特勒讓他負責一年一度的大德國藝術展（Great German Art Exhibition），他的觸角伸得更遠了。每年都有幾十幅描繪希特勒的藝術作品擺滿所有展間，其中許多是從霍夫曼的照片複製而來的。[52]

戈培爾確實控制了宣傳，但並不包括中小學和大學。他原本期待坐上文化部部長的位子，後來卻是由伯納·魯斯特（Bernhard Rust）上任，這讓他大所失望。希特勒很喜歡搞分而治之，鼓勵下屬彼此競爭，或刻意同時交付好幾個人同一個任務，藉此鞏固自己的權力。希特勒成了最終的仲裁者，他時常將手下降級，逼他們不斷跟彼此競爭，搶著超越對方。

魯斯特是一個狂熱的納粹分子，他讓孩子上學的第一天就開始被灌輸要崇拜領袖。一九三三年底開始規定要向希特勒敬禮。每間教室裡都掛著希特勒的肖像。學校回收了舊課本，還將某一些丟進巨大的篝火中燒掉，新課本則反覆強調：愛你的領袖，服從你的黨。他們不再讀歌德的詩，而是改成背誦漢斯·塞茨（Hans H. Seitz）的詩〈我的元首〉：「我看見了你；我會想著你的模樣；無論發生什麼事，我都會在你身旁。」[53]

在濃縮版的傳記中，孩子們聽到的故事是，某個人原本沒沒無名，後來卻拯救了他的人民。安妮瑪麗·史提勒（Annemarie Stiehler）在她的著作《寫給德國兒童的希特勒故事》（*The Story of Adolf Hitler Told to German Children*）中寫道：「只要德國人還活在世上，他們就會永遠感念希特勒，他在世界大戰期間從無名戰士，一路奮鬥成為元首，在最迫切的時候，將德國拯救出來。」在一些學校，孩子們每天為元首祈禱：「親愛的上帝，我向祢禱告；請讓我成為一個虔誠的孩子；請祢每天都保佑希特勒；別讓他遭遇任何意外；在我們陷入困境時祢派遣他來；願上帝保佑他。」[54]

鮑爾·耶尼里希（Paul Jennrich）一九三三年出版《我們的希特勒》（*Our Hitler*），他在書中告誡年輕讀者「覺醒起來，跟隨他吧！」年輕人加入了由席拉赫掌管的希特勒青年團，它是唯一一個准許存在的青年組織，一九三四年後，成員迅速增加；三年後，它已成為強制所有德國人參加的組織。他們向元首承諾了愛與忠誠，他們以元首的名義歌唱、遊行、祈禱：「希特勒，你是我們偉大的元首，你的名字讓敵人聞之喪膽。」[55]

無論大人小孩，都被告知「元首永遠是正確的」。德國勞工陣線（German Labour Front）領導人羅伯特・萊伊（Robert Ley）是希特勒堅定的追隨者。他在一九三六年紐倫堡集會上喊出了這個口號。全國各地開始流行起來，寫在許多橫幅、海報和報紙上。[56]

戈培爾、里芬斯塔爾、霍夫曼、魯斯特、席拉赫、萊伊，所有人夜以繼日地宣傳他們的領袖。但是個人崇拜最偉大塑造者一直是希特勒本人，他是主演人，也是舞台總監，他既是演說家，也是公關。他不斷地調整自己的形象。一九三二年後，他在遊行和集會上向數百萬民眾致意，讓自己看起來像是一位與人民很親近的領袖，但他也同樣熱衷於在世界舞台上，把自己塑造成一個偉大的政治家和重要人物。

他一搬進總理府之後，就聘請了一名室內設計師來作一番改造。希特勒很討厭這棟老建築，認為它過度宏偉，象徵這個國家的政治衰敗。隔牆被拆除，讓房間光線變得充足、空氣流通，木質地板也被拆掉，改成乾淨明快的俐落風格。民主聖殿被拆除，一個新的接待大廳建造起來，天花板上鑲嵌著納粹卐字馬賽克，牆上掛著青銅燈。這個神把整座屋子改造成他要的樣子。[57]

幾年後，希特勒最喜歡的建築師史佩爾收到了一張空白支票，準備用來建造一座新總理府，這座巨大的建築將占據整個沃斯大街（Voßstraße）的北側。希特勒視拋光大理石的主廊道如珍寶，它的長度是凡爾賽宮鏡廳長度的兩倍：「從入口走到接待大廳這段漫長的距離，將讓人們領略到德意志國的權力與宏偉！」他的辦公室有四百平方公尺，每當看到客人必須穿過整片寬廣的空間才能抵達他的辦公桌時，都讓這位元首感到樂不可支。[58]

希特勒在慕尼黑的公寓也重新裝修了一番。每一個細節都經過精心設計，連門把手也沒遺漏。他的室內設計師格迪・特羅斯特（Gerdy Troost）把書籍和藝術品都擺在顯眼的位置，營造出一種布爾喬亞的低調奢華。一位訪客形容，「我們宛如置身格拉斯哥的公園台（Park Terrace）」，所有的設計都是為了讓人有安心的熟悉感和安穩的氛圍。[59]

然而，身為一個有教養、值得信賴的政治家，希特勒的主要舞台既不在柏林，也不在慕尼黑。一九三三年，希特勒在巴伐利亞山區的上薩爾茲堡（Obersalzberg）買了一間小木屋，重新裝修後擴建成他的行館貝格霍夫山莊（Berghof）。這一帶阿爾卑斯山度假區在當地被稱為貝希特斯加登（Berchtesgaden）。負責改造希特勒住所和辦公室的特羅斯特，用大量的編織物、豪華的掛毯和現代家具，裝飾了寬敞的大廳和臥房。貝格霍夫山莊的中心是大禮堂（the Great Hall），這一個小型體育館大小的接待室，大廳上方是一扇可以升降的巨大窗戶，可以一覽白雪覆蓋的山色全景。希特勒常在這裡舉行聚會，每一個環節的精心設計在在讓客人留下深刻印象。他們在浩大的空間中感到目眩神迷，接著對那片全德國最大的玻璃窗感到佩服不已，宛如整個山峰景色就近在眼前，毫無阻隔。家具都沿牆擺放，空間的正中央都保持淨空。超大尺寸的沙發很深，讓訪客不得不窩著、斜倚，或坐在邊緣。希特勒則直挺挺地坐在椅子上，他的氣勢主控全場。[60]

屋外，希特勒擺姿勢給霍夫曼拍照，像是從陽台餵鹿、跟狗玩耍、和孩子們打招呼。很快地，就吸引了成千上萬的祝福者和遊客趕來，希望一睹元首的風采。一位來自法蘭克福的女士回憶道：「離元首這麼近，就像做了一場美妙的夢。」到了一九三六年，該地禁止外人造訪，但一些知名人士還是不先通知就來訪，又過了兩年，就連這些人也被禁止進入了。[61]

屋裡，希特勒接待了源源不絕的達官顯貴，有國王和大使，也有宗教領袖和國務卿。許多人都是精心篩選出來的支持者，大多數人都留下了深刻的印象。一九三六年英國前首相勞合・喬治（Lloyd George）訪德，他回國後宣稱，希特勒是「德國的華盛頓」和「天生的領袖」。溫莎公爵與公爵夫人（The Duke and Duchess of Windsor）也曾到此留影。[62]

然而，貝格霍夫山莊也為希特勒提供了理想的舞台，可以好好恐嚇潛在對手。當庫爾特・舒施尼格（Kurt Schuschnigg）前來商討自己國家的命運時，希特勒便安排自己手下中看起來最殘暴的將領們坐在他背後。希特勒沒完沒了地怒罵整整兩個小時，那群將領則用威嚇的眼神瞪著這位奧地利總理。[63]

希特勒畢竟不是墨索里尼，後者曾經成功騙過了一些偉大的領袖。與其說希特勒很迷人，不如說他最擅長的是讓人卸下心防，讓那些第一次跟他見面的人對他產生一種虛假的安全感。希特勒是偽裝大師，他將自己的個性隱藏在他精心建構的形象背後，讓自己看起來謙虛、善良、單純。他很懂如何理解和反映群眾的情緒，同時也知道如何辨認拜訪者的來意，他會調整自己的語氣和舉止來隱藏自己的意圖，淡化他散發的威脅感。一九三二年，美國記者桃樂絲・湯普森（Dorothy Thompson）出版了《遇見希特勒》（*I Saw Hitler*），經過長時間的採訪，她將希特勒描繪成「面目模糊的不具體」人物，而且是那種只會打擊「最弱勢敵人」的「典型小卒仔」，希特勒讀了反倒相當開心。但這位記者也跟其他人一樣低估了眼前的這個小卒仔，所有人都沒有料想到他的能耐，以及他即將幹的事。[64]

希特勒坐擁第三帝國的兩個權力中心總理府和貝格霍夫山莊，他開始追求《我的奮鬥》中提出的願景，不過他的做法比較多是依賴自己的直覺，機會來臨時就抓住，而不是堅守什麼明確的計畫。德國一九三三年十月退出國際聯盟；一九三五年三月重新實行徵兵制，軍隊人數增至許可人數的六倍，這完全違反了《凡爾賽條約》。儘管希特勒承諾維持和平，但他還是帶領國家做好戰爭的準備。一九三六年三月，他首次在國際冒險一搏，派他的軍隊進入萊茵蘭（Rhineland）的非軍事區。他的軍事顧問曾警告這件事有風險，他的軍隊要嚴格遵守，一旦遇到任何法國的抵抗就要馬上撤退。然而，除了國際聯盟薄弱的譴責之外，什麼事也沒發生。希特勒打趣道：「我根本像夢遊者，沿著上帝為我安排的道路行走。」如今他開始相信自己是絕對正確的。[65]

在萊茵蘭的政變重擊了希特勒的反對者。兩週後在一場公投的包裝下，元首和他的人民上演了一場精心策畫的團結大戲，這讓反對者更加孤立。一波恐怖浪潮早已削弱了對黨的批評力量，人民因為一點小違規就被送進監獄。一位名叫羅伯特・索特（Robert Sauter）的普通市民，曾質疑報紙的可信度，結果被監禁五個月。住在路德維希港（Ludwigshaven）的居民保羅・格洛凡尼亞（Paul

Glowania），只是在自己家中表達對該政權的懷疑，被人偷聽舉報而判監禁一年。一九三六年曾在德國旅行數月的美國黑人民權運動家杜博依斯（W. E. B. Du Bois）說：「德國沉默、緊張、壓抑，只能低聲私語，不再有公眾的聲音、反對的意見，也沒有任何討論。」[66]

宣傳機器加上恐怖統治，讓其他人都對納粹黨投下贊成票。即使是一個一千五百人的小鎮，在柵欄上或屋子前，到處都張貼著海報，包括希特勒的巨幅肖像。在布雷斯勞（Breslau）*，每一個商店櫥窗都被要求設置一個希特勒專區，拒絕的店主會被威脅送去集中營待一天。在其他地方，褐衫軍會一一造訪每家每戶，告訴住戶必須貼出多少張海報。不過仍會有人抵抗不從，例如將希特勒的畫像塗滿顏料，或趁半夜時撕毀海報。公投的結果出爐，百分之九十九的人都投了贊成票。一九三六年九月，希特勒在黨內集會上對欣喜若狂的支持群眾說道：「你們在數百萬人中找到了我，可說是我們這個時代的奇蹟；而我找到了你們，這是德國的巨大福氣。」[67]

希特勒現在有了民意的支持，他想要擴大第三帝國的版圖。但為了能夠發動戰爭，他認為經濟必須自給自足。早在一九三三年，德國就限制了出口，實施價格管制，建立糧倉，消費採定量配給。一九三六年戈林被任命為「四年計畫」的負責人，竭盡努力在一九四〇年前實現經濟獨立，結果卻導致全國陷入缺貨問題。美國記者威廉．夏伊勒（William Shirer）在柏林報導稱，由於肉類、奶油、水果和油面臨短缺，惱怒的人們在食品店前大排長龍。國家開始進口一些日常用品的替代品，市面上出現

＊譯注：二戰前為德國城市，二戰後劃給波蘭。

越來越多木漿製成的衣服、煤製汽油、煤和石灰製成的橡膠。對成本敏感的人都會好奇，有多少錢是浪費在宣傳上，更不用說為了建造這位「為人民服務的人」的山莊到底砸了幾百萬元。[68]

現代獨裁者很愛玩一個老把戲：麵包與馬戲（Panem et circenses），但現在的效果卻越來越差，因為所有遊行和集會看起來都一模一樣，演講也是老調重彈。一位評論家甚至直接說：「人民已不再相信希特勒的神奇魔力。」儘管如此，仍有許多人認為，這個國家之所以能掙脫凡爾賽枷鎖，全是希特勒的功勞。希特勒讓他們的國家在世界上重回應有的地位，也讓他們的軍隊恢復了昔日的光榮。[69]

更重要的是，只要搞個人崇拜，就不用擔心這個體系漏氣。人們只會指責黨，而不會責怪他們的領袖。他們越失望，就越覺得希特勒其實只是被下屬故意蒙在鼓裡而已，希特勒只是想把最好的給他的人民。大家都在說，「要是希特勒知道的話」。[70]

希特勒把自己描繪成一個受命運之手指引的夢遊者，他很清楚自己必須讓所有人看到他的光芒仍在閃耀。一九三八年三月，他又再次冒險一搏。早在一九一八年奧匈帝國垮台以前，就有人呼籲奧地利和德國應該統一成一個更大的德國。《凡爾賽條約》禁止德奧合併，並將居民主要是日耳曼人的蘇台德地區（Sudetenland），從奧地利劃出來給捷克斯洛伐克（Czechoslovakia）。一九三八年二月，希特勒威脅奧地利總理要任命納粹支持者擔任維也納的重要職位。總理舒施尼格回國後，卻計畫舉行奧地利獨立公投。希特勒聞之勃然大怒，對他下達最後通牒，並在三月十二日舉兵入侵。那一天，希特勒親自乘著車隊穿過邊界，受到群眾熱烈歡迎。奧地利成了納粹德國的附庸「東省」（Ostmark）。

當時國際社會幾乎沒什麼反對聲浪，讓希特勒開始打蘇台德地區的算盤。但希特勒就像許多賭徒一樣舉棋不定，在自信和自疑之間不斷擺盪。一九三八年九月，他在年度政黨大會上大聲威脅著要發動戰爭。幾天之內，英國首相張伯倫（Neville Chamberlain）到訪上薩爾茲堡，希特勒在貝格霍夫門前的台階上迎接他。三個小時的談話進行到一半，希特勒突然像換了個人般，從想法變幻莫測、威脅著要發動戰爭的自大狂，轉變成一個非常理性的談判夥伴。希特勒保證不會對捷克斯洛伐克動用武力，張伯倫同意轉讓蘇台德地區，並在兩週後簽署了《慕尼黑協定》（Munich Agreement）。「他看起來很不怎麼樣，」首相這麼跟他姊姊說道，「但他言出必行。」張伯倫一離開貝格霍夫，希特勒就高興地拍手。他不費一槍一彈，就占領了蘇台德地區。71

一九三九年四月二十日，希特勒五十大壽。克蘭普勒描述，「為慶祝偉大德國的創造者五十歲生日，連續兩天充滿了飛揚的旗幟、盛大的慶典和報紙特刊，以及無窮無盡的造神」，戈培爾花了好幾個禮拜籌備慶祝活動，他在四月十九日向全國廣播，要求所有德國人跟他一起虔誠地向全能的上帝禱告：「願上天實現德國人民最深切的願望，願元首在未來的歲月中也永遠健康有活力。」不久之後，各黨派的高層都到總理府致上祝福。晚上九點時，元首出現在人群中。成千上萬的人夾道歡迎，從威廉大街一路到夏洛滕堡的希特勒廣場，希特勒還在那裡新闢一段同樣也叫凱旋大道的全新東西向大街。十線道的大街上每隔二十公尺就立起一個圓柱，整個晚上都燈火通明，一束束強光打亮圓柱頂上鍍金的卐字符號和帝國老鷹，在黑色的夜空襯托下脫穎而出。72

生日禮物堆滿總理府的好幾間房間，在半夜的時候一一被拆開。許多禮物都來自他身邊的人。建造凱旋大道的元首御用建築師史佩爾，預計在柏林興建凱旋門（Arch of Triumph），他在其中一間沙龍搞了一座四公尺高的巨大模型。長桌上還堆了一些小型青銅模、白色大理石裸像以及一些舊畫。人民也獻上了禮物，例如農夫送來他們的農產品，一群來自西發利亞（Westphalia）的婦女為元首的士兵編織了六千雙襪子，還有人烤了一個長達兩公尺的生日蛋糕。[73]

真正的慶祝活動在第二天上演。昔日的下士如今以皇帝之姿檢閱著他強大的戰爭機器，讓整個世界都很吃驚。他穿著平日那一套褐色制服，但卻坐在小舞台上覆著紅色長絨毛的寶座上，頂上的遮陽棚裝飾著老鷹和鐵十字架。坦克、大砲部隊、裝甲車隊和上萬名全副武裝的士兵，列隊在凱旋大道上遊行向元首致意，一百六十二架戰鬥機以密集隊形飛越頭頂。[74]

凱旋大道將首都切成兩半，但同時也將希特勒與整個國家的帝國歷史連結在一起。史佩爾設計的這條大道，是菩提樹下大街（Unter den Linden）的延伸，而菩提樹下大街正是當年拿破崙戰爭之後普魯士建造的凱旋大道。凱旋大道是一項宏偉計畫的一部分，柏林將改造成一個千年帝國的首都，一座名為「日耳曼尼亞」（Germania）的閃耀城市，媲美埃及、巴比倫和古羅馬。這項計畫以元首本人構想的原始草圖為基礎，包含一個可容納十八萬人、雄偉的「人民大廳」，而凱旋門到時候會有一百一十七公尺那麼高。史佩爾後來說，希特勒要求他蓋出「世界上最偉大的東西來讚揚他、榮耀他」。[75]

戈培爾忍不住讚嘆：「舉國上下空前絕後地在為元首慶賀。」六年前這個國家還分崩離析，現在似乎奇蹟般地被希特勒統一了。德國記者兼歷史學家哈夫納對納粹政權進行了深入的研究，計算出全國超過百分之九十的人是希特勒的追隨者。[76]

克蘭普勒對此持保留態度，他說：「那時候全國八千萬人都被媒體綁架，每個人都害怕說話，怎麼能怪他們？」希特勒在他慕尼黑的老地盤特雷莎草地廣場（Theresienwiese）發表演說，原本預計會有五十萬人到場，但最後來的頂多二十萬人。「他們站在那裡一副事不關己的樣子。」一個旁觀者表示。大多數的人都是從鄰近的公司和工廠被強行帶到會場。史佩爾自己也記得，一九三九年那時候雖然也是有人很熱衷，但歡呼的群眾完全都是被操控好的。[77]

「希特勒的五十大壽慶生方式如此奢華鋪張，人們可能會真的相信他的聲望在高漲。然而那些真正認識老百姓的人很清楚，可能不完全如此，很多都只是表象而已。」一則批評政權的匿名評論如此寫道。在慶典舉行的前兩週，人們不斷收到通知要求裝飾自己家，不遵守的人就等著被處罰。甚至連教堂都收到宣傳部的具體指示，如何在這個偉大日子裡敲響鐘聲。[78]

無論人民是否像戈培爾宣稱的那樣崇拜元首，他們始終都生活在對戰爭的恐懼之中。當奧地利和平地被併入帝國時，即使是狂熱的追隨者也鬆了一口氣，但他們並不相信《慕尼黑協定》。張伯倫一回到倫敦就受到熱烈歡迎，他手裡拿著一張在風中飄動的薄紙，自信地宣告：「這為我們的時代帶來和平。」歐洲其他地方也有人熱烈歡呼，但並不包括德國。德國人民認為這只是在裝樣子，他們小小聲地說：「大家都不懂希特勒。」[79]

張伯倫原本深信希特勒只是想要吞併蘇台德地區，但事實上，元首希望消滅整個捷克斯洛伐克。他在一九三九年三月十五日行動了，德國、匈牙利、波蘭入侵並瓜分了捷克斯洛伐克。一個禮拜後，美國總統富蘭克林・羅斯福（Franklin Roosevelt）捎了封訊息，要求希特勒保證不會攻擊歐洲其他國家。張伯倫本人就曾宣稱，如果波蘭的獨立受到威脅，英國會出手干預。慶生會的時候，儘管表面上看起來一切都充滿力量也很團結，但其實籠罩著一層厚厚的恐懼。[80]

幾個月後，眾人越來越擔心戰爭爆發，希特勒與史達林簽署了一項同盟協議，為國際社會投下震撼彈。主要的敵人現在成為盟友了，這意味著戰線只有一條。但是希特勒犯了一個致命錯誤，他以為有了蘇聯在背後撐腰，法國和英國就不敢干涉波蘭。這是一場豪賭，但希特勒很相信自己一直以來都有正確的直覺。他樹立了一個命中注定之人的形象，並且對此深信不疑。他駁回了跟他不一樣的意見，包括自己的將軍。戈林曾諫言不需要這樣孤注一擲，希特勒卻回答：「我這輩子每次要賭都是要賭上全部身家。」德國九月一日入侵波蘭西部，蘇聯則於九月十七日入侵波蘭東部。[81]

九月三日，英國和法國向德國宣戰，所有人都震驚不已。霍夫曼說，這場宣戰激起的並不是如一九一四那年的狂熱，而是「極度的絕望」（abysmal despondency）。「這一天，沒有人表達出興奮之情、沒有人歡呼、沒有人扔擲鮮花、沒有人對戰爭一頭熱，也沒有人對戰爭表現出歇斯底里，」夏伊勒在柏林觀察道，「甚至沒有人怪罪法國和英國。」[82]

連希特勒也大吃一驚。霍夫曼發現他「癱坐在椅子上，陷入沉思，臉上流露的盡是懷疑和懊惱」。但他很快又振作起來，因為關於在波蘭迅速推進軍事行動的報告開始源源不斷地傳來。[83]

軍隊入侵後在一週內就抵達了華沙，但柏林的街頭上並沒有人在狂歡。夏伊勒在日記中寫道：「在搭地鐵去電台的路上，我發現大家對這條重大新聞異常地冷淡。」隨著法國和英國的船實施經濟封鎖，幾乎所有商品都受到影響，棉花、錫、石油和橡膠的進口減少了一半，越來越多東西採定量配給，人們只好聽天由命。許多商店，像是糖果店、魚販、雜貨店的櫥窗，原本放的是定量配給的商品，逐漸改放元首的照片、國旗布條，還有勝利的綠色。為了資助戰事，所得稅增加了高達百分之五十。[84]

到了十月的時候，甚至連橡膠套鞋也只夠提供給百分之五的人口。冬天氣溫驟降到攝氏零度以下，一半的人口在嚴寒中受凍，沒有煤炭可用。萊伊透過電台宣讀了一份耶誕宣言：「元首永遠是正確的。服從元首！」[85]

希特勒一九四〇年四月二十日生日那天，不再有教堂的鐘聲響起，因為許多教堂的大鐘都被熔掉去製造子彈了。儘管幾週前占領丹麥和挪威的軍事行動告捷，仍只有七十五位民眾來致上生日祝福，他們站在總理府外等著一睹元首的風采。[86]

希特勒意識到他無法打破經濟封鎖。他再次賭上一切，趁著他的部隊還有足夠補給品時，企圖爭取勝利。一九四〇年五月十日，德國軍隊進軍荷蘭、比利時、法國。德軍輕鬆地以坦克從側翼包抄法國的防禦工事，在六月十四日時抵達巴黎。四天後，德法在國際臥鋪車公司的車廂中簽下休戰協定，那個車廂正好跟法國統帥馬歇爾・斐迪南・佛區（Marshal Ferdinand Foch）一九一八年十一月十一日向德國代表提出休戰條件的時候是同一個車廂。

六個禮拜前傳出要入侵法國的消息時，許多人的反應都很冷淡。夏伊勒評論道：「我見過的大多數德國人，都陷入抑鬱之中。」現在他們都在為希特勒歡呼，稱他是「新歐洲的創造者」（Creator of a New Europe）。希特勒親自監督了勝利閱兵儀式的編排，他堅持認為閱兵「反映了」他的軍隊取得「歷史性的勝利」。當他乘坐的火車緩緩駛進火車站時，在現場已等待了好幾個小時的群眾雀躍地歡呼起來。元首流下了眼淚，激動到說不出話。在他返回總理府的路上，人們擠得水洩不通。「街道上覆滿鮮花，看起來像是五顏六色的地毯，」戈培爾寫道，「整個城市充滿了喜悅。」[87]

舉國上下一片歡騰，所有人都在慶祝休戰。人們一方面為先前對戰爭的懼怕鬆了一口氣，一方面又非常欣喜希特勒實現了計畫。看來，上帝之手又一次指引元首走向勝利。[88]

希特勒在國會大廈發表了一場富有說服力的演說，向英國遞上橄欖枝。這場演說是他最好的一次表演，對英宣戰其實無可避免，他算計著藉此團結渴望和平的人民。他擺動身體，變換聲調，細細斟酌每個用字遣詞，兩眼炯炯有神，說到反諷之處就轉動他的頭，搭配各種手勢，他一方面一副充滿自信的征服者姿態，但同時又巧妙地呈現出他是人民忠誠的僕人，給人一種創造和平的真誠形象。「他可以完全不動聲色地說謊。」夏伊勒說道。這場演說有一部分是演給他的將領們看的，他們一起坐在第一個陽台上。他手一揮，將十二名將軍全升格為元帥。戈林則晉升最高軍階的帝國元帥（Reich Marshal）。[89]

英國拒絕求和。令他們驚愕的是，許多老百姓現在都意識到，戰爭不會很快結束。不列顛戰役（The Battle of Britain）隨後爆發，但是帝國元帥戈林未能成功將英國炸到投降。希特勒採取了另一個計畫，一個他自從寫了《我的奮鬥》後就一直放在心上的計畫，那就是征服俄國。德國非常仰賴史達林的石油和糧食供應。蘇聯看起來很虛弱，他們的軍隊在一九三九至一九四〇年冬天入侵芬蘭失敗後損失慘重。希特勒相信他可以很快取得勝利。一九四一年六月，他再賭了一次，背叛他的盟友，大約三百萬名士兵越過了俄羅斯邊境。

德軍很快就陷入了代價高昂的消耗戰。一九四一年十二月七日，在日本襲擊珍珠港的美國艦隊後，希特勒對美國宣戰，在他的想像中，美國從來就不是一個大國。他顯然低估了美國生產小麥、煤炭、鋼鐵和人力的實力。令所有人聞之喪膽的雙線戰事，如今成了現實。元首對自己的天才太過有自信，無視軍隊最高指揮部的聲音，執意干預戰爭的每一個方面。他一再拒絕從史達林格勒（Stalingrad）這個以他勁敵為名的城市撤軍。數十萬名德國士兵死於這場戰史上最血腥的戰役，剩餘的德意志國防軍於一九四三年二月投降。[90]

戰場遠在天邊，多年來德國人民聽到的消息都說，希特勒是閃電戰大師。一九四三年二月十八日，戈培爾在柏林體育宮發表演講，他告訴人民，全面戰爭現在是不可避免的。無線電廣播轉播了他的講話內容，各家報紙也紛紛轉載。[91]

希特勒從眾人的視線消失。為了平息外界說他健康每下愈況的謠言，一九四三年三月二十一日，他做了簡短的發言。這是一場非常匆促的沉悶演出，有些聽眾甚至以為這是找別人模仿出來的。他的手顫抖得越來越嚴重，這無疑是他不願公開露面的原因之一。他的祕書說，他相信鋼鐵般的意志可以戰勝一切，但卻無法控制自己的手。[92]

在希特勒一九四三年四月二十日生日的前夕，戈培爾在他的年度演講中解釋道，有才能的人不需要在世界舞台的鎂光燈下展示自己。在無止境的工作日和無眠的夜裡，希特勒為了國家的利益而勞心勞力，背負著最沉重的負擔，面對最大的痛苦。[93]

一些人嘲笑戈培爾，其他人則相當震驚。許多人意識到史達林格勒是一個轉折點，德國正在輸掉這場戰爭。針對當權政府的嚴厲批評開始出現，不過大家都很清楚如何表達自己的觀點而不受刑事處分。大家也很清楚，如果犯了重大的戰略錯誤，那麼應該為此負責的只有某個人了，而這個人不把一切都毀滅掉，是不會罷休的。[94]

到了一九四三年夏天，墨索里尼下台，越來越多人開始公開地批評當權政府。人們收聽外國電台，渴望更了解一直進犯的敵軍。越來越少人行希特勒式敬禮。納粹黨衛軍安全部門的一份報告指出，「許多黨員不再配戴黨徽」。被扔出權力核心的外交官哈塞爾（Ulrich von Hassell）表示，越來越常聽到有人說：「真希望首先踏進柏林的是英國人，而非俄羅斯人。」[95]

全面戰爭帶來了更嚴格的配給制，老百姓被迫縮衣節食。不過他們的狀況仍比其他國家的人好多了。波蘭被入侵的時候，猶太人和其他不受歡迎的族群也開始遭到有計畫的殺害。一九四一年，納粹在占領的波蘭境內建立了種族滅絕營，很快地，來自歐洲各地的數百萬名猶太人被關在密封的貨運列車上，送往毒氣室銷毀。他們的財產被沒收、分類、標記，然後送往德國資助戰爭。

紙和紙板也實行配給，霍夫曼的攝影生意卻不受影響，因為國家認為元首的照片是「戰略上不可缺少的」東西。每個月大約有四噸的紙指定要供給他的公司。[96]

一九四四年六月六日，盟軍在諾曼第登陸。包圍的噩夢現在成了現實，兩支強大的軍隊以巨大的鉗形攻勢向德國挺進。希特勒依然深信自己的天才，一直扯他將軍們的後腿，並且痴迷地研究地圖，但由於一直沒有傳出捷報，他越來越懷疑周遭的人。一九四四年七月二十日，幾位軍事將領試圖刺殺他。他們在普魯士的戰地指揮所「狼穴」引爆公事包炸彈，企圖炸死元首。希特勒受到輕傷逃過一劫。這更堅定了他的信念，認為自己是命定之人，若他繼續戰鬥，將會出現某個奇蹟的武器，或者命運突然改變，在最後一刻拯救他和他的人民。

那時他已經變成了另一個人。霍夫曼形容他，是「一個昔日自己的顫抖影子，一艘燒焦的廢船，所有生命、熱血、火焰老早消失殆盡」。他頭髮花白，駝著背，步履蹣跚。史佩爾說，連他隨從的紀律都開始鬆懈。當他進入房間時，即使是他在貝格霍夫最忠誠的追隨者也依然坐著繼續講話，有些人在椅子上睡著，另一些人無拘無束地大聲說話。[97]

一九四五年二月二十四日，俄國人占領了城門，收音機傳來元首的宣言。希特勒預言，戰爭的命運之輪將出現轉機。他遭到各界的嘲笑，甚至黨內人士也對他冷嘲熱諷，其中有人諷刺地說：「又來一個領袖的預言。」士兵們公開說他是「自大狂」。隨著遠處前線的砲火隆隆，老百姓開始從公共建築上取下卐字符號，並且對政府高層固執不投降感到憤怒。其他人把元首的照片從客廳拿走，一位老太太甚至說道：「我把他火化了。」[98]

戰爭的最後幾個月，希特勒躲進了新總理府的地堡。這成了他「逃離現實的最後一站」，史佩爾寫道。但他仍然下令繼續戰鬥，決心為這個不值得他戰鬥的國家帶來死亡和毀滅。[99]

一九四五年四月二十日，希特勒五十六歲生日，敵軍的第一枚砲彈擊中柏林，砲火終究是無情的，兩天後宣傳部就成了廢墟，只剩下一個白色的建築立面。資深可靠的同伴開始棄船逃逸，包含希姆萊（Heinrich Himmler）和戈林。四月三十日，希特勒飲彈自盡。他聽說墨索里尼死得很不體面，為避免自己受到任何褻瀆，他下令將自己的遺體焚化。一天前，他與長久以來的情婦愛娃・布勞恩（Eva Braun）才剛結婚。兩人的屍體後來雙雙被拖出地堡，淋上汽油點燃。

隨後，最堅定的納粹分子出現了一波自殺潮，包括整個戈培爾家族、希姆萊、魯斯特和萊伊。數以千計的老百姓也自殺了。蘇聯紅軍（Red Army）一抵達，一位新教牧師就報告說：「所有虔誠的教徒家庭都自殺了，有些人溺死、有些人割腕或是在家裡自焚。」不過元首的死，並沒有讓太多人感到悲痛，也沒有焦慮的信徒流露出傷心的樣子。「很奇怪，」在聽到廣播宣布希特勒死亡後，漢堡一位婦女說，「竟然沒有人在哭，甚至沒有人看起來很悲傷。」一位年輕人一直以來都很好奇自己的同胞在聽到領導人去世時會作何反應，在聽到電台廣播之後，竟發現大家都「宛如歲月靜好那樣漠不關心」。克蘭普勒觀察道，第三帝國一夜之間就消失了，幾乎沒有人記得。[100]

希特勒一死，整個反抗勢力就瓦解了。蘇聯紅軍對此大感意外，他們原本以為會遭遇他們國內發生過的那種激烈黨內鬥爭，沒想到這裡的人民是那麼的溫順。他們還很驚訝，竟有如此多的人將紅色的納粹卐字旗幟攔腰剪斷，做成共產黨旗。在柏林，敬禮的口號改成了「史達林萬歲！」[101]

第三章

史達林

STALIN

「在莫斯科什麼沒有，列寧最多，」一九二四年，在這位共產主義革命家和國家元首過世幾個月後，法國記者亨利・貝侯（Henri Béraud）觀察道，「比如列寧海報、列寧畫像、列寧馬賽克、燒焦的列寧烙畫、列寧油氈、列寧墨水瓶、列寧桌墊。有專門店在販賣他的半身像，從青銅、大理石、石頭、瓷器到雪花石膏，各種材質、各種尺寸、各種價格應有盡有。更別提還有列寧的照片，比如正式的肖像照、生動的快拍以及新聞影片。」貝侯大膽地說，列寧可能是僅次於墨索里尼，全世界照片最多的國家元首。[1]

甚至列寧人還沒進棺材，他的同志們就已經開始悼念他了。一九一八年八月，列寧剛走出莫斯科一家名字叫「鐮刀與鎚子」（Hammer and Sickle）的工廠，幻想破滅的革命家芬妮・卡普蘭（Fanny Kaplan）走上前向他開了幾槍。其中一顆子彈打中他的頸部，另外一顆射穿他的左肩。儘管傷勢極為嚴重，他還是倖存了下來。他的醫生表示：「只有那些命中注定的人才有辦法從這樣的重傷中大難不死。」不久卻開始出現寫給這位偉大領袖的悼詞，還被印製發行了數十萬份。紅軍的創始人和指揮官托洛斯基（Leon Trotsky）讚揚他是「人類歷史上新時代」的「大自然傑作」，是「革命思想的體現」。黨報《真理報》（*Pravda*）編輯布哈林（Nikolai Bukharin）寫道，他「幾乎具有預言能力」，是「世界革命的天才領袖」。[2]

列寧恢復健康後，這些悼辭才得以止住，但當他的健康狀況最終迫使他在一九二二年於公眾場合缺席時，個人崇拜又捲土重來。跟法西斯和納粹一樣，布爾什維克（Bolsheviks）並沒有什麼計畫或綱領，而是由一位精心挑選的領袖組織起來的。引領了這場革命的是列寧的意志和遠見，還有最重要的是他的直覺，而非半世紀前馬克思所提出的共產主義原則。列寧是革命的化身。如果他無法再親自領導，那他的追隨者就必須借助他的名號，或是聲稱自己從他的革命精神中獲得啟發。[3]

列寧的神格化也取代了民意。即使是在一九一七年十一月他們最受歡迎的時候，布爾什維克黨也只贏得了不到四分之一的選票。他們以暴力奪取權力，而且獲得的權力越大，就越殘暴。卡普蘭的暗殺行動之後，隨之而來的是一場紅色恐怖（Red Terror）。當權政府有系統地針對整個群體發動攻擊，像是罷工的工廠工人，以及逃離紅軍的農民。革命後，數千名神父修女被指為階級敵人而遭殺害，有些人被釘死在十字架上，有些人被閹割，有些人被活埋，有些人被扔進滾燙的焦油鍋裡。整個皇室家族都被槍殺或刺死，他們的屍體被支解、焚燒，最後扔進一個大坑。如果說暴力讓許多老百姓退避三舍，那麼不管是抽象的「階級鬥爭」，還是大部分農村地區的文盲連念都不知道怎麼念的外國用語「無產階級專政」，更是無法贏得他們的認同。然而，將領袖當成聖人來崇拜，至少相當成功地讓人誤以為這個國家和七千萬人民之間建立了某種聯繫。[4]

列寧並沒有指定繼任者，但因為托洛斯基曾反對他提倡的新經濟政策（New Economic Policy），為了約束托洛斯基，便在一九二二年時親自挑選了約瑟夫・史達林（Joseph Stalin）擔任總書記。這個政策有效地扭轉了十月革命後實行的強制集體化，當時工廠工人必須依據法令進行生產，他們的貨物都被國家沒收。

這個被稱作戰時共產主義的體制，讓經濟淪為了一片廢墟。新經濟政策轉回市場，允許個人經營小型企業。停止強制徵收糧食，取而代之的是對農產品徵稅。托洛斯基認為新經濟是對資本家和富農的屈服，要求國家在經濟中扮演更重要的角色。

當上總書記的史達林獲得了巨大的權力，儘管他有一些明顯的缺點。他不是一個厲害的演說家，說話帶著濃重的喬治亞口音，聽起來很蹩腳。他總抓不準節奏，演說的時候也幾乎不伴隨任何動作。而且跟許多他的同事不同，他並沒有在國外流亡多年的革命者光環。他書寫很流利，但不是一個傑出的理論家，無法詳細論述共產主義學說。史達林卻善用了這些缺點，將自己塑造成一個謙虛的僕人，致力於促進更大的利益，跟其他不斷地追求鎂光燈的人形成對比。

他把自己描繪成一個務實的實踐家，而非革命的倡議者。大家都說他有非凡的組織能力、工作能力和堅強的意志，他的對手則經常把他貶為很普通的行政官員，像托洛斯基曾說他是「我們黨內的傑出庸才」。然而，史達林其實是個狡猾、肆無忌憚的操縱高手，他利用別人的弱點把他們變成心甘情願的幫凶；他還是個天才的戰略思想家，政治觸覺敏銳。和希特勒一樣，他關心身邊的人，無論他們的社會地位如何，他都會記住他們的名字與交談過的話；他也知道如何等待時機。[5]

隨著列寧漸漸康復，史達林成了他的中間人，利用新獲得的權力，慢慢拉近與領袖的距離。但他們的關係並不穩定，一九二三年兩人鬧翻了。身體狀況不佳的列寧口述了一系列的紀錄，後來被稱為《列寧遺囑》（*Lenin's Testament*）。這份文件表明，史達林性情粗暴，應該將他從總書記的位子撤換下來。

活著的列寧是威脅，死去的列寧則成了資產。一九二四年一月二十一日列寧去世，那一刻起，史達林下定決心要成為他最忠實的學生。他是核心圈裡第一個進入列寧臥室的人，他戲劇化地雙手捧起死者的頭貼近自己胸膛，慎重地吻著列寧的臉頰和嘴唇。[6]

列寧的木乃伊遺體被放在紅場（Red Square）一個玻璃棺裡好幾個禮拜，那裡的寒冬讓他的遺體完好無缺。下一步該如何處理，黨內卻是意見分歧。俄羅斯有將聖人製成木乃伊的悠久傳統。基輔的洞穴修道院（Monastery of Caves），是隱居的僧侶在十月革命前常常禱告的地方。地下墓穴裡排列著幾十個聖徒，他們的臉被燻黑，瘦弱的雙手放在滿是灰塵的破舊衣服上。將革命領袖製成木乃伊其實帶有宗教色彩，這與列寧妻子在內幾位領導者的無神論觀點衝突。但是在總書記的支持下，時任葬禮委員會主席費利克斯・捷爾任斯基（Felix Dzerzhinsky）的意見勝出。數百萬人來到靈柩前瞻仰，無論是生前還是死後，列寧都要繼續奉獻給勞工階級的人民。[7]

幾個月後春天一到，一群科學家就把列寧的屍體帶走，開始實驗用化學物質防止屍體腐爛。一九二四年八月，列寧再次出現，他那白色大理石般的遺體被放在一個專屬陵墓中展出。貝侯說，大排長龍的崇拜者慕名而來，他們很有耐性、貧窮又迷信，就跟那些「在鍍金的聖像和燃燒著黃色火焰的蠟燭前低聲祈禱」的人一模一樣。[8]

列寧的遺體到手後，史達林開始主張自己擁有列寧言論的所有權。他把列寧研究所（Lenin Institute）納進自己的羽翼下，監督所有重要的列寧文獻出版。不過，列寧的文集並沒有一套既定的學說。史達林在《真理報》上發表了一系列關於列寧主義的講稿，題名為〈論列寧主義基礎〉（Foundations of Leninism），以此表明自己是列寧遺產的保衛者。他寫道，列寧主義是帝國時代的馬克思主義，列寧是馬克思和恩格斯唯一的偉大繼承者。[9]

然而，一九二四年五月黨代表在莫斯科召開會議審查《列寧遺囑》時，史達林遇到了阻礙。兩位黨內大老——季諾維也夫（Grigory Zinoviev）和加米涅夫（Lev Kamenev）——被托洛斯基的野心搞得心煩意亂，在兩人表態支持史達林之後，蘇聯共產黨中央委員會（Central Committee）決定只向委員會代表宣讀文件，而非公諸整個大會。托洛斯基不願在他的奪權之路上表現出分歧，所以並沒有出手干預。臉色慘白的史達林則謙卑地請求免除他的職位，他表現出相當懊悔的樣子，賭中央委員會不敢真的動作。最後是他賭贏了，但內心相當憤恨不平，因為看來他的主子想把他趕出門。[10]

在穩定心神之後，史達林開始在自己身邊聚集一些可靠、忠誠的支持者，其中包含莫洛托夫（Vyacheslav Molotov）、卡崗諾維奇（Lazar Kaganovich）以及奧茲尼基哲（Sergo Ordzhonikidze）。他利用總書記的職權，將對手的支持者全換成自己的親信。他吩咐私人助理負責搜集資訊，並且幫他處理一些見不得人的勾當。史達林的私人祕書列夫・米克利斯（Lev Mekhlis）開始監督史達林公共形象的各種眉角，審查媒體刊登的照片。[11]

一九二四年十一月，史達林把托洛斯基逼入絕境。史達林以列寧門生的形象示人，托洛斯基卻選錯了策略，他出版自己的文集，自恃跟列寧平起平坐。如此一來不僅讓托洛斯基顯得自大，還留下了文字證據，顯示他曾在許多議題上反對列寧。史達林發表了一篇充滿指控的文章〈托洛斯基主義還是列寧主義？〉（Trotskyism or Leninism?），譴責他的對手是「不斷革命論」（permanent revolution）的擁護者，背離了列寧主義的原則。細心的讀者看得出來，這個標題問的是，要選托洛斯基還是選史達林。

史達林還瞄準了托洛斯基對新經濟政策的批評。其他布爾什維克黨員，包括曾幫助史達林挺過《列寧遺囑》風波的中央委員會領袖季諾維也夫以及加米涅夫，都不喜歡轉向市場。史達林逐漸削弱他們的影響力，把他們打為教條主義的左翼分子，他們的思想將導致蘇聯走向滅亡。努力不懈捍衛混合經濟（mixed economy）的布哈林，從旁助他一臂之力。一九二五年，史達林親自向農民代表發表演說。這些農民拒絕在獲得土地契約之前播種。史達林大手一揮，就承諾了二十年、四十年，甚至是永久的租期。當被問及是否將回歸私人土地所有權時，他回答：「我們可以寫下憲法，當然也可以改變它。」這次演說的報導傳遍世界，全世界都認為史達林是一個冷靜、務實，跟人民打成一片的共產黨領袖。[12]

到了一九二六年，托洛斯基、季諾維也夫、加米涅夫被迫組成聯合反對派來抗衡史達林，而史達林也立即反對他們，並譴責他們組成的派系為黨帶來動盪。由於幾年前就已經禁止組織派系活動，托洛斯基被逐出了中央政治局，他的追隨者少到屈指可數。一九二七年十月，在一次中央委員會全員到齊的會議上，托洛斯基再次試圖提起《列寧遺囑》。然而到了那時，許多黨代表已經認為史達林是謙虛、有效率又勤奮的列寧捍衛者。相形之下，被邊緣化的托洛斯基顯得傲慢、吵鬧又自私。史達林反駁他，聲稱三年前共產黨已審閱過這份文件，並拒絕了他的辭呈。史達林擊垮了托洛斯基。現場代表們報以熱烈的掌聲。不到一個月，黨驅逐了托洛斯基及他的幾十名追隨者。一九二八年一月，托洛斯基被流放到哈薩克（Kazakhstan）。一年後，他被逐出蘇聯。[13]

就在這位主要對手被流放之際，史達林開始執行托洛斯基的政策。托洛斯基曾警告要對抗農村的

「新資產階級」。一九二七年年末，糧食供應下降了三分之一，莫斯科和列寧格勒（Leningrad）面臨糧食匱乏的威脅，於是史達林派搜刮小隊進入村莊，下令用槍盡其所能地掠奪任何東西。那些反抗的人被當作「富農」（kulak）迫害。所謂「富農」是個貶義詞，字面上的意思是「富有的」農民，但實際指的是任何反對集體化（collectivisation）的人。這拉開了農村戰爭的序幕，經過幾年之後，終於帶來大饑荒。

黨內那些繼續堅持史達林早期思想的人，包括布哈林在內，都被痛斥為右派。整個黨瀰漫著極度的恐懼，黨員被打成「左翼反動派」或是「右傾者」，一個個被捕入獄，他們的家屋被搜查，親屬被帶走。人們一夜之間消失無蹤。史達林還打擊了經理、工程師和規畫者，甚至有外國人被控蓄意破壞。[14]

在這次黨內大肅清期間，一九二八年五一勞動節組織了一場盛大的遊行。一八八六年芝加哥警察朝訴求八小時工時制的罷工者開火，自那之後起全世界的社會主義者都會慶祝五月一日。在世界各地許多城市，工人們拉著布條和紅旗遊行實屬常見，有時甚至演變成與警察在街頭鬥毆。列寧在政治生涯早期就看到了這類慶祝活動的潛力，他寫道，這些活動可以發展成「偉大的政治示威運動」。一九〇一年五月一日前後，史達林本人就曾捲入在祖國喬治亞（Georgia）首都第比利斯（Tbilisi）發生的一場血腥衝突。[15]

一九一八年，列寧將五月一日訂為法定假日。十年後的一九二八年，史達林修改了勞工法，將五月二日也列為假日。慶祝的節目早在幾週前就開始準備了，莫斯科的主要十字路口豎起巨大木頭和紙板架成的立牌，上面描繪著工人、農民和士兵向著未來走去的樣子。五月一日當天，史達林和他主要的副手出現在列寧陵墓的木造城牆旁，向著花車下一群高舉布條歡呼歌唱的人群致意。隆隆作響的坦克、裝甲車、機槍和探照燈組成的龐大遊行隊伍接著駛進會場，頭頂上還有飛機嗡嗡作響。整個排場都是在展現巨大的組織力量，一切都是寫好的腳本，從上到下無不精心策畫，每一句口號也都有法令批准。成千上萬的人就這樣呆等好幾個小時，只為了能夠穿過廣場看領袖一眼。[16]

到了一九二九年，史達林已經準備好在蘇聯印上自己的標誌。列寧先一步將俄羅斯變成世界上第一個一黨專政的國家，完成了希特勒在一九三三年之後以「一體化」（Gleichschaltung）為名，試圖達成的目標：有系統地消滅黨外的一切組織。其他政黨、工會、媒體、教會、行會和協會全都在國家的控制之下。一九一七年十一月之後，立刻禁止自由選舉，也不再有法治，取而代之的是革命正義和鋪天蓋地的古拉格（gulag）體制。

史達林試圖更進一步永久地改變這個國家的經濟，在短短五年內將一個落後荒蕪的農業國家變成一個工業強國，以極快的速度從無到有建起一座座巨大的工業城市，從國外進口即時可用的工廠、擴建廠房，並開挖新礦坑來滿足煤、鐵和鋼的需求。蘇聯工廠工人一週工作七天，並沒有什麼八小時工時制。農村產出的糧食作物會被拿到國際市場上出售，因為賺取的外匯是工業得以擴張的關鍵。而為了可以榨取更多糧食，農村實行了集體化。村民被趕進國有農場，富農則被排擠在外，大約有三十二萬戶富農家庭被拆散，家庭成員被送往集中營，被迫在礦山工作，或被流放到帝國的邊陲地區。史達林認為，集體化是清除整個富農階級的唯一機會。[17]

在史達林的領導下，現在的黨神聖不可侵犯，黨的路線是不容爭辯的奧祕意志。史達林本人成了那位神聖的偉大領袖（vozhd），這個詞以前是列寧的專有名詞。一九二九年五月一日，當史達林與列寧平起平坐之後，大家不再談論馬克思。一名美國記者記錄道：「在紅場，克里姆林宮城牆對面的那些建築物上，展示著列寧和史達林巨大的面容，他們龐大的全身肖像畫則高高地懸掛在劇院廣場（Theatre Square）的鷹架上，一邊是大都會飯店（Metropole Hotel），一邊是莫斯科大飯店（Grand Hotel）。[18]

一九二九年十二月二十一日，全世界的工人都在祝賀史達林，該黨的喉舌《真理報》稱，接獲「無數通電報」慶賀這位偉大領袖的五十歲生日。在波蘭、匈牙利和義大利，甚至有人從監獄裡偷渡出祝賀的紙條。宣傳機器卻澄清，這不是英雄崇拜，而是全世界數百萬工人在表達對無產階級革命思想的忠誠。史達林就是黨，是所有工人階級的榜樣，他「鋼鐵般的意志盛裝著熾烈的熱情，對勝利執著的信仰奠基在革命性的馬克思主義分析上，無產階級者藐視內戰前線的死亡」，他是謹慎的領袖，他的思想「如探照燈般照亮著未來」。[19]

其他人的阿諛奉承也花招百出，像是史達林的下屬們為他們的領袖譜寫讚歌，個個樂於卑躬屈膝。身材矮壯、蓄著濃鬍的黨祕書卡崗諾維奇（Lazar Kaganovich），稱讚史達林是「列寧最親密、最積極、最忠誠的助手」。奧茲尼基哲（Sergo Ordzhonikidze）則把他的主子描述成列寧真正的、堅定不移的門徒，他有鋼鐵般的意志，將帶領黨邁向世界無產階級革命的最後勝利。[20]

然而，很少人真的見過史達林，最多只有在每年的五一節和十月革命慶祝會時，遠遠地看見他站在紅場的舞台上。那個時候的他看上去幾乎像個雕像，他身材健壯，身穿軍大衣，頭戴一頂軍官大盤帽，擺出一副沉著冷靜的姿勢。他很少出現在新聞短片中，也從不在公共場合說話，收音機裡一次也沒播過他的聲音。他的照片由私人祕書嚴格管控，一切標準化。即使在海報上，史達林也顯得冰冷而遙遠，他象徵著一個以堅定意志推動革命的人。[21]

這十年來，史達林從一個不起眼的政委，變成不可質疑的領袖。但他多次被迫與強大的反對勢力作戰。列寧在把最高權力交給史達林後，卻改變了主意，在遺囑中要求他下台，這份遺囑成了史達林日後揮之不去的陰影。天才辯論家和受尊敬的紅軍領袖托洛斯基，也是個難纏的對手，他一次又一次地挑戰史達林。純粹的報復心以及冷酷的算計驅動著史達林不斷前進，但多年來，他也開始心生不平，認為自己是受害者。這位「心懷怨恨的勝利者」（A victor with a grudge）變得永遠都無法信任周圍的人。[22]

雖然史達林已經習慣擺出嚴厲、冷漠、高高在上的樣子，但他很快地開始培養更人性化的另一面。托洛斯基的流亡讓局勢變得更詭譎，史達林像是在看守一隻被關在籠子裡的獅子。托洛斯基一到國外，就試圖表現得比史達林更像列寧主義者。他開始出版《反對派公報》（*Bulletin of the Opposition*），以他對政治運作的詳細了解來報導黨領導層內部的爭議。一九三〇年他的自傳《我的人生》（*My Life*）以俄語和英語出版，書中把史達林描繪成一個平庸、忌妒心強、狡猾的人物，祕密策畫的陰謀背叛了革命。托洛斯基重述了《列寧遺囑》：「史達林粗魯、不忠誠，而且很會濫用他從黨機器那獲得的權力。應該要除掉史達林，避免黨分裂。」史達林曾創造了托洛斯基主義這個詞，現在托洛斯基反過來大肆推廣史達林主義。[23]

一年前，在史達林五十歲生日之際，他的喬治亞同志阿維爾・耶努吉澤（Avel Enukidze）就講了一些很有人情味的故事，融合一些史達林神話的元素。史達林是一名鞋匠的兒子，一個早熟而有天賦的學生，但也是一個被趕出神學院的年輕叛逆者。他並不愛慕虛榮，擅長用很簡單的話向工人解釋複雜的問題，工人們暱稱他為「索索」（Soso）。他堅守著布爾什維克主義，全心奉獻給革命事業。耶努吉澤稱：「史達林到死都始終如一。」[24]

史達林不僅僅是黨的領袖，他還是共產國際（Communist International, Comintern）的實質領導者，他將指引世界無產階級革命前進的方向。然而與托洛斯基不同的是，他在國內外的形象都一直保持神祕而遙遠。一九三〇年十一月，史達林邀請合眾國際社（United Press）的新聞記者尤金・萊昂斯（Eugene Lyons）到辦公室見他。萊昂斯經常旅行，曾在蘇聯官方通訊社塔斯社（TASS）的紐約辦事處工作，他是從莫斯科幾十名記者中被精心挑選出來的人。史達林面露微笑地在門口迎接，他帶有一點靦腆的模樣，立刻讓記者放下了心。萊昂斯報導稱，領袖那蓬亂的小鬍子襯得他黝黑的面孔也和藹可親起來。從他輕鬆的舉止、樸素的打扮、沒有任何裝飾的辦公室，到中央委員會總部安靜而有序的走廊，一切都非常的簡樸。史達林仔細傾聽，謹慎回應。「你是獨裁者嗎？」萊昂斯終於問出口了。「不，我不是。」史達林溫和地回答，並且解釋道，黨內的所有決定都是集體的，沒有一個人可以自己發號施令。「我喜歡這個男人。」萊昂斯走出來時興高采烈地說，還寫了一篇文〈史達林笑了！〉，由史達林親自編輯。這篇阿諛奉承的文章登上了世界各地主要報紙的頭版，「揭開了低調的克里姆林宮之神祕面紗」。[25]

史達林在採訪中插入了一段親密的家庭故事，談及他的妻子和三個孩子。一週後，休伯特・尼克伯克（Hubert Knickerbocker）採訪了史達林的母親，一位穿著灰色羊毛連身裙的普通婦女。她喜形於色地說：「索索一直是個好男孩！」她非常高興能夠談論到自己最愛的話題。[26]

後來越來越多有聲望的知識分子跟進，一直在宣傳史達林善良、簡樸、謙遜的形象，說他儘管手握著巨大權力，但並不是獨裁者。一年後，社會主義作家蕭伯納（George Bernard Shaw）在莫斯科受到了儀隊列隊歡迎，當局還為他辦了一場慶祝七十五歲的生日宴會。他走訪全國各地，參觀了模範學校、監獄和農場，遇到的村民和工人都非常認真地讚揚黨和他們的領袖。他親身體驗的一切其實都是史達林精心布置的。兩個小時後，這位愛爾蘭劇作家認為，這位獨裁者是一個「可愛又幽默的傢伙」，並宣稱，「他沒有惡意，也沒有騙人」。蕭伯納畢生都崇拜這位暴君，直到一九五〇年他死於病榻，壁爐架上還掛著他偶像的畫像。[27]

寫過拿破崙和俾斯麥傳記的著名作家埃米爾・路德維希（Emil Ludwig），亦在一九三一年十二月與史達林見過面，同樣也被史達林的簡樸打動，認為他雖然擁有如此大的權力，卻「絲毫不因此感到自滿」。但關於這位簡樸之人如何勉為其難接受數百萬人崇拜的故事，寫得最淋漓盡致的大概是法國作家亨利・巴比塞（Henri Barbusse）。他一九一八年搬到莫斯科，並加入了布爾什維克黨。一九二七年，他第一次見到史達林的時候，就完全被迷住了。巴比塞寫了一篇頌揚的文章，被翻譯刊登在《真理報》。一九三二年他們又再次見面，蘇聯共產黨中央委員會的文化和宣傳部仔細調查了巴比塞。巴比塞在巴黎成立世界反戰及反法西斯委員會。一九三三年十月，巴比塞收到史達林寄來巴黎的三十八萬五千法郎，相當於今日的三十三萬美元。法國文學家安德烈・紀德（André Gide）也曾會見過史達林，套句他的話來說，那些「寫作方向正確」的作家都可以發大財。[28]

史達林為他的作者提供傳記所需的資料，而他在宣傳機器中的手下負責監督每一個細節。在一九三五年三月出版的《史達林：這個男人眼中的新世界》（*Stalin: A New World Seen through One Man*）一書中，巴比塞把史達林描繪成一位新的救世主，一個在紅場上的每場遊行中都有數百萬人高呼其名的超人。然而，即使身邊有這麼多人崇拜他，他仍然保持謙遜，把每一次的勝利都歸功於他的老師列寧。他的薪水只有區區五百盧布，家裡只有三扇窗戶。他的大兒子睡在餐廳的沙發上，小兒子則睡在壁龕裡。他只有一位祕書，相比之下，英國前首相勞合・喬治僱用了三十二名祕書。即使在私人生活中，這個「坦率又聰明的人」依然是個「簡樸之人」。[29]

從巴比塞到蕭伯納，這些外國名人幫史達林解決了他個人崇拜的核心矛盾：蘇聯應當是無產階級專政，而非個人專政。在共產主義的論辯中，只有法西斯獨裁者如墨索里尼、希特勒，宣稱過他們的話高於法律，他們的人民就是服從於他們意志的子民。因此，即使日常生活的各個面向都充斥著史達林的個人崇拜，但說他是獨裁者可萬萬不行。表面上看起來都是人們不顧他的意願，拚命頌讚他、要求要見他，而他只能百般無奈地在紅場遊行時在數百萬人前拋頭露面。[30]

他的形象在各方各面都與他的對手成對比。希特勒和墨索里尼總是在他們的追隨者面前叫嚷、咆哮，史達林在黨集會上則是非常低調，坐在擁擠的最末排位子不發一言地靜靜觀察。他們很愛向人民發表看法，史達林則傾聽人民。他們隨著情緒起舞，史達林則理性地仔細斟酌每一個用詞。史達林的話很少，所以大家都很珍視他，並向他學習。正如路德維希所言，他的安靜仍傳達著力量，他的「沉默是一種不可承受之重」，隱隱蘊含著一絲威懾。[31]

巴比塞說，雖說史達林可能只有一名祕書，但是在一九二九年他五十歲生日之後，他利用整個黨機器來助長自己的派系，各種海報、肖像畫、書籍、半身像數量開始激增。一九三〇年夏天，第十六次共產黨黨代表大會上，史達林講了七個小時的話，這場大會變成了向史達林效忠的表白大會，如今，無論是在國會內部、報紙上還是廣播中，讚揚成了義務。[32]

農村正在執行一場殘酷的集體化運動，一九三二年饑荒最嚴重的時候，列寧和史達林的雕像更是隨處可見。在烏克蘭、烏拉山、窩瓦河、哈薩克和西伯利亞部分地區，估計有六百萬人餓死，因為大量的糧食、牛奶、雞蛋和肉類都被賣到國外，為五年計畫提供資金。當地的人民即便只能吃草、啃樹皮，仍要為他們的領袖歡呼。[33]

一九三〇年，史達林在第十六屆國會受到熱烈的歡迎，「猛烈又持久的掌聲變得越來越冗長」。四年後，第十七屆國會更誇張了，速記員記錄著「震天響的鼓掌聲」，還有人狂吼「我們親愛的史達林萬歲！」這次大會被譽為「勝利者的會議」（Congress of Victors），所有代表一同慶祝集體化農業和快速工業化的成功。但是背地裡，成員們對史達林的做法頗有怨言。有些人雖然公開地讚揚他，但其實很擔心他的野心。甚至有謠言說，反對他繼續在任的票太多了，以致他得銷毀一部分的選票。[34]

但史達林對這一切都不做反應，他很有耐心，總是在逆境面前表現出一種無所畏懼、刻意忍讓的樣子。一九三四年年末，一名刺客槍殺了列寧格勒的黨書記基洛夫（Sergey Kirov）之後，史達林開始採取極端措施。這也標誌著「大整肅」（Great Terror）的開端，曾經違抗過史達林的黨員都被逮捕了。一九三六年八月，季諾維也夫和加米涅夫是第一批遭受作秀公審的人，他們最後被判有罪並處以死刑。陸續還有其他人遭殃，包含布哈林和另外二十名被告，他們被控是「右派和托洛斯基派」的人。超過一百五十萬名老百姓被祕密警察誘捕、審問、拷打，而且常常很草率地就予以處決。一九三七年和一九三八年是這場運動的高峰，每天平均有一千人被處死刑，他們都被指控為階級的敵人、破壞分子、反動派或投機分子，其中有一些人是被自己的鄰居或親戚舉報出來的。[35]

在大清洗的過程中，各種個人崇拜更盛行了起來。一九三四年，史達林不是唯一一個受到下屬讚揚的人，到了一九二〇年代末期，幾乎每一位領導人，甚至是當地企業的董事，都命令他們的工人在公共假日的時候歡天喜地高舉他們的畫像。有些領導人成了小史達林，在自己的地盤模仿著他們的主子，製作可以讓自己名傳後世的肖像畫和雕像，身邊圍繞著歌頌他們的馬屁精。伊凡．魯緬采夫（Ivan Rumiantsev）就是個例子，他自己就是一個馬屁精，一九三四年曾讚揚史達林為天才。他自視為西部地區的史達林，逼迫一百三十四座集體農場以他的名字命名。一九三七年春天，魯緬采夫被指控為間諜遭到槍殺。[36]

有時候政治局的委員會以他們的名字命名整個城市。除了史達林格勒，還有莫洛托夫（Molotov），或是奧茲尼基哲（Ordzhonikidze）。等到哪個領導人失寵了，城市的名字就會被草率修改掉，比如像是命運多舛的城市托洛斯克（Trotsk），以及季諾維斯克（Zinovevsk）。但到了一九三八年，只剩下一個人能與史達林的名字相提並論，那個人就是米哈伊爾・加里寧（Mikhail Kalinin），他是蘇聯名義上的主席，一九一九至一九四六年的國家元首。他的職位純粹是象徵性的，但他的表現令人欽佩，盡忠職守地簽署史達林的每一項法令。即便自己的妻子因為稱史達林為「暴君和虐待狂」而被逮捕，他也完全無動於衷。[37]

一九三四年六月，「勝利者的會議」開完三個月後，史達林開始監督國家宣傳機器的方方面面。他的形象變得更是無所不在。有一個美國訪客發現，「在莫斯科新地鐵站工地周圍的大型廣告牌上、喀山（Kazan）的公共建築外牆上、店裡的神聖角落（Red Corner）、警衛室和監獄的牆上、商店、克里姆林宮、大教堂、戲院，總之就是各個角落」都可以看到大型的肖像畫。[38]

史達林在忙著簽署死刑執行令和主導作秀公審的空檔，接見一些作家、畫家、雕塑家和劇作家。史達林將「社會寫實主義」（socialist realism）風格強加在整個藝術界，將藝術的個人特質抹滅殆盡。藝術必須吹捧革命。童話故事因為不屬於無產階級而被禁止，孩子們只能讀跟牽引機和煤礦有關的書。委員會審查文本和圖像時必須符合蘇聯的意識形態，一位歷史學家將蘇維埃的這種文化稱之為「鏡廳」（hall of mirrors）。既然史達林是革命的化身，是他們中最光芒耀眼的人，「工人們會在史達林斯克市的史達林廣場上的史達林工廠的史達林文化之家舉行的一次會議上，寫信給史達林，也就一點都不令人意外了」。[39]

以這位偉大領袖為名的城市有五個，史達林斯克只是其中之一，其他四個為史達林格勒（Stalingrad）、史達林納巴德（Stalinabad）、史達林諾（Stalino），以及史達林納葛斯克（Stalinagorsk）。還有一些大型公園、工廠、鐵路、運河也以他為名。在第一個五年計畫期間，從白海一直開鑿到波羅的海列寧格勒的史達林運河（Stalin Canal），全程都是由囚犯施工建造而成，於一九三三年開通。材質最硬的鋼鐵被稱為「史達林鋼」（stalinite）。萊昂斯寫道：「每一份印出來的專欄、每一塊廣告牌、每一台收音機，你都可以聽到他的名字。他的形象無所不在，在草坪上用鮮花拼出來的字裡、在路旁的電燈上，或是在郵票上；幾乎每家店都可以買到熟石膏和青銅做的史達林半身像、畫著粗糙史達林畫像的茶杯，以及石版印刷與照片明信片。」[40]

政府宣傳海報的數量從一九三四年的兩百四十張減少到一九三七年的七十張，但隨著人們開始越來越關注領袖，印量又增加了。偶爾也會出現一些普通人的圖片，但一定會跟領袖有關，例如抬頭凝視著領袖、舉著領袖的畫像遊行、正在研究領袖的文本、向領袖敬禮、歌頌領袖，並追隨著領袖邁向烏托邦的未來。[41]

無所不在的史達林，開始懂得露出慈祥的微笑了。畢竟「勝利者的會議」在一九三四年就宣布實現社會主義，而史達林本人在一年後也宣稱「生活變得更快樂了」。面帶微笑的史達林有時被崇拜他的人群包圍，有時接受了興高采烈的孩子們獻上的鮮花。其中一張照片被印製了上百萬份，照片中的史達林在一九三六年克里姆林宮的一次招待會上，從一位名叫潔莉亞．馬克伊佐娃（Gelia

Markizova）的小女孩手中接過鮮花（小女孩的爸爸後來被視為人民的敵人而遭槍殺）。史達林是霜爺爺（Grandfather Frost），俄羅斯的耶誕老人，他和藹微笑地看著孩子們慶祝新年，世上的所有一切似乎都是史達林送的禮物。比如說公共汽車、拖拉機、學校、房屋、集體農場，全都是他賜予的，他是一切萬物的最終分配者。即使是成年人也是他的孩子，史達林就是父親，或更確切地說是「小父親」（batiushka），這是人民對那些關心臣民福祉的沙皇的暱稱。一九三六年十二月，在作秀公審最激烈的時候通過了蘇聯新憲法，又稱為「史達林憲法」（Stalin's Constitution）。[42]

每一個新的表達方式，都是上面的人設計的。一九三五年，年輕作家亞歷山大・阿夫登科（Aleksandr Avdeenko）演講結束時，向蘇聯致謝。後來史達林的私人祕書列夫・米克利斯（Lev Mekhlis）來找他，建議他應該要感謝史達林。幾個月後，蘇聯廣播上播放著阿夫登科在巴黎的世界作家大會上的發言，每句話的結尾都加了「感謝史達林！」以及「感謝史達林，這是我的榮幸！」阿夫登科的事業蒸蒸日上，後來連續三次獲得史達林獎。[43]

至於那些不那麼幸運的作家，則被送進了全國鋪天蓋地的集中營系統古拉格。一九三四年，俄羅斯最偉大的詩人之一奧西普・曼德施塔姆（Osip Mandelstam）因向密友背誦了諷刺領袖的詩而被捕入獄，幾年後死於中轉營。其他還有一些詩人、哲學家、劇作家，都直接被槍斃了。

照理來說，人們越是崇拜領袖，大眾文化就應該會有越多相關作品，所以勞工族群創作了一大堆的詩作和歌曲。一位來自蘇聯達吉斯坦的婦女如此奉承道：「山谷之上，是山峰；山峰之上，是天空。可是啊，史達林，天空再高，也無法高於你的思想。星星和月亮都無法與太陽爭光，但在你閃亮的心靈面前，就連太陽也變得蒼白無光。」集體農場裡的農民賽迪克・克瓦其亞（Seidik Kvarchia）創作了一首史達林之歌：「這個男人迎敵無數，他救助孤兒、寡婦和老人；所有敵人在他面前都會嚇得發抖。」[44]

儘管政府精心的設計讓人民不可思議地自動自發發揮創造力，但到了一九三九年，一切創作還是被同一套說法取而代之。官方報紙、演說家和詩人全都唱著同一首讚詩，讚揚這位「無與倫比的天才」、「偉大而受人愛戴的史達林」，是「全世界工人階級的領袖和激勵者」，「偉大而光榮的史達林，是世界革命的領袖和傑出的理論家」。人民知道在公共集會上什麼時候該拍手，也知道在公共場合什麼時候要提到他的名字。重複才是關鍵，而不是創新，意思是過多的奉承也可能是危險的。詩人遺孀娜傑日達・曼德施塔姆（Nadezhda Mandelstam）指出，史達林並不需要其他形式的狂熱，他希望人們不帶任何信念地服從他的意志。每一個用詞、每一張照片，都要符合黨國機器的規定，而且往往要先通過史達林心腹亞歷山大・波舍克雷比雪夫（Alexander Poskrebyshev）這一關。不過史達林本人也會忍不住去逐字逐句檢查，他會鑽研社論、編輯演講內容和評論文章。一九三七年，他巧妙地刪除了塔斯社一篇關於五一遊行報導中，「我們這時代最偉大的人」這句話。史達林像個園丁，不斷地修剪自己的個人崇拜，他這裡剪一點那裡剪一點，為的是讓它能在對的季節蓬勃發展。[45]

當史達林發現時機成熟了，就開始提及「史達林主義」這個詞彙。卡崗諾維奇（Lazar Kaganovich）是第一個真正的史達林主義者，據說是他在一九三〇年代早期與史達林共進晚餐時提議：「將列寧主義萬歲，改成史達林主義萬歲！」史達林謙虛地婉拒了，然而自一九三六年十二月五日新憲法通過開始，這個說法就越來越頻繁出現，因為「我們的憲法是馬列史達林主義」。幾週後的新年前夕，奧茲尼基哲在題為「我們的國家是無敵的」的演講中使用了這個說法，他在一片掌聲中向眾人闡述，史達林是如何以「馬列史達林主義」激勵了一億七千萬人的軍隊。[46]

史達林一九二四年的演講集結成冊出版成同名的《論列寧主義基礎》，在一九二九年後暢銷走紅，到了一九三四年，這位領袖的各種著作發行量已超過一千六百萬冊。可是那是列寧主義，不是史達林主義。史達林需要一本《我的奮鬥》這樣的書來幫他造神，但卻沒有官方版本的傳記。每一位可能幫他作傳的寫手都認為這項任務非常艱鉅，因為這位領袖的人生歷程永遠都在改版。將一位死去的政委從照片上抹去是一回事，不斷修改一本傳記則是另一回事。甚至連巴比塞的書在一九三五年出版後就失寵了，只因為書中提及那些曾被逮捕過的領袖。[47]

如果你讀過《全聯盟共產黨（布爾什維克）歷史：簡明教程》（*The Short Course on the History of the All-Union Communist Party*），就會知道為什麼。這本書闡明了從馬克思及恩格斯到列寧和史達林一脈相承的歷史，黨的每一段歷史都有清楚描述，讓讀者看到，以列寧與其追隨者史達林為代表的正統歷史，竟然遭到一群狡猾的反黨集團反對。不過這些反黨集團都在通往社會主義的道路上被成功消滅了。這本《簡明教程》是一九三五年受史達林委託編寫出來的，在一九三八年九月大張旗鼓地出版之前，史達林曾要求修改了數次，並對全書進行了五次的編輯。要看史達林如何被神化為智慧泉源，這本書堪稱權威著作，僅在俄羅斯就賣出超過四千兩百萬冊，被翻譯成六十七種語言。[48]

一九三九年十二月二十一日，史達林六十歲。六個月前，柏林的領導高層為了向希特勒致上誠摯祝福，而在總理府外大排長龍。莫斯科則是上演了一場卑躬屈膝的世紀大戲，黨領導高層在《真理報》上發表了長達十二頁、冗長的讚美詩。內務人民委員部新首腦貝利亞（Lavrentiy Beria）裝腔作勢地稱他：「我們時代最偉大的人」。卡崗諾維奇公開聲明：「史達林，是歷史火車頭的偉大司機。」政治局委員阿納斯塔斯・米高揚（Anastas Mikoyan）則稱：「史達林是今日的列寧。」整個蘇聯最高蘇維埃主席團寫道，史達林是「我們國家和全世界勞工中最受愛戴的人」。也因為他是「列寧任務的偉大延續者——史達林同志」，所以他們授予史達林社會主義勞工英雄勳章。[49]

史達林要求自己下屬卑躬屈膝，要求人民必須狂熱地愛戴他。他們從蘇聯的每個角落寄來禮物。史達林是他們終極的照顧者與經濟支柱，這是他們夢寐以求的機會，可以向史達林表達他們不朽的感激之情。如潮水般湧來的各種作品，有孩子們的塗鴉、工廠的照片、業餘人士的繪畫和半身像、崇拜者的電報，夠在《真理報》刊一整個月。革命博物館還會選一些當作展品陳列，以此證明人民的忠誠。[50]

希特勒是眾多外國祝福者中的一位。「在您六十歲大壽這天，請收下我最誠摯的祝賀。在此我想向您致上我最美好的祝福。願您身體健康，並且與友好的蘇聯人民共創美好未來。」[51]

史達林和希特勒，在將近十年的時間裡對彼此既防備又欽佩。長刀之夜後，史達林認為：「希特勒也太厲害了吧！」希特勒則是對他那場「大整肅」印象深刻。不過史達林也是仔細讀過《我的奮鬥》的，包括書中提到要將俄羅斯從地圖上抹去的那些段落。希特勒也寫道：「永遠不要忘記，當今俄羅斯的統治者都是血染雙手的罪犯。我們對付的可是人渣。」[52]

一九三八年九月簽訂《慕尼黑協定》後，史達林下令停止「大整肅」。其中的主要劊子手尼古拉・葉若夫（Nikolai Yezhov）十一月時遭到整肅，由貝利亞取而代之。此時的史達林身邊早已充斥著馬屁精。領導層每一個潛在的反對者都淪為整肅運動的受害者。任何不夠熱絡在支持黨路線的人，都會被視為不忠，特勤組織甚至會抓那些保持沉默的人。史達林沒有朋友，只有屬下；他沒有盟友，只有奉承諂媚的人。結果，他獨自一人負責做所有最終決定。

一九三九年八月二十三日，史達林與希特勒簽署了一份互不侵犯條約，震驚了全世界。讓德國免於兩線作戰，蘇聯也可以坐視資本主義國家自相殘殺直到筋疲力竭。幾週後，隨著蘇聯入侵了波蘭半邊的領土，條約中暗藏的祕密才終於浮上水面。

希特勒還讓史達林在芬蘭為所欲為，一九三九年十一月，蘇聯襲擊了這位小鄰居。原以為勝利可以輕鬆到手，最後卻變成了血腥的僵局，超過十二萬蘇聯軍民傷亡。很顯然之前的大整肅也削弱了紅軍的兵力，當時有三萬名軍官成了史達林整肅運動的犧牲品，五名元帥中有三名被處決。一九四〇年三月雙方簽署了一項和平條約，不過這個過程卻令克里姆林宮嚇出一身冷汗，因為芬蘭正好暴露了蘇聯的軍事弱點。[53]

原本國家精心營造愛好和平的聲譽也毀了，國際聯盟把蘇聯趕出行列。國外一些認同社會主義理想的人，如今把史達林看作是希特勒的同路人。

史達林嚴重誤判了局勢。為了準備應對德國的防線，他入侵了波羅的海三國愛沙尼亞、拉脫維亞和立陶宛，把它們變成蘇聯的保護國。這個計畫一如既往地短視，只因為他相信希特勒會在法國踢到鐵板。但是德軍不到五週的時間就抵達了巴黎，希特勒因此以為已經提早守住了德國的側面戰線，便把坦克車轉向蘇聯。到了一九四一年五月，史達林的情報單位發現，德國邊境沿線集結了大量軍隊。史達林憑藉著經驗和直覺，認為這純粹只是挑釁。歷史學家羅伯特・瑟維斯（Robert Service）寫道，史達林在過度自信的情況下，不知不覺釀出了「二十世紀最嚴重的錯誤軍事決策」。[54]

當三百多萬德軍湧過邊境時，史達林正躺在離莫斯科兩百公里外鄉間別墅的床上。參謀總長朱可夫（Georgy Zhukov）曾多次警告，入侵迫在眉睫。他打電話給史達林，史達林才急忙趕回克里姆林宮，但史達林卻依然認為這是一個陰謀，直到幾個小時後，德國大使證實了，德國與蘇聯正處於戰爭狀態。史達林憂慮欲狂，但很快地鎮靜下來，將他的政治委員湊在一起成立了最高司令部。然後他就離開克里姆林宮，跑回他的鄉間別墅躲藏了好幾天。

德國坦克奔馳在俄羅斯西部廣闊的平原上，兵分兩路向北方的列寧格勒和南方的基輔進擊。德軍一路上受到許多蘇聯人的歡迎，人民將他們當作來解放他們的人，尤其是在烏克蘭，數百萬人在饑荒期間挨餓。但希特勒卻視他們為墮落的種族，活該淪為農奴。

一九四一年七月三日，史達林在廣播上發表談話，要蘇聯人民為戰爭做好準備，不過他呼籲的是愛國主義而非共產主義。據一名外國觀察人士稱，人們聚集在城市廣場上收聽廣播，「現場氣氛一片凝重，所有人都屏著呼吸，以至於史達林聲音的每一個變化都聽得一清二楚」。講話結束後，沉默又持續了好幾分鐘。一夕之間，他在國內外都成了自由的捍衛者。駐莫斯科記者亞歷山大・韋斯（Alexander Werth）回憶道：「蘇聯人民此刻覺得自己有一個可以依靠的領導人了。」[55]

重新掌權的史達林，下令保衛每一個城鎮直到最後一刻，完全不顧其他將領們的建議。他沒有下令從基輔進行戰略撤退，而是任由烏克蘭首都被包圍，讓五十萬軍隊就這樣圍困在裡面。但一個月後冬季來臨，加上俄羅斯軍隊的激烈抵抗，德國無法再繼續進攻莫斯科。一九四一年十二月，美國參戰，局勢重新對蘇聯有利。截至目前，已經有兩百多萬名紅軍被殺，三百五十萬名紅軍被俘。

史達林在發表廣播演講之後，雖然並沒有完全消失無蹤，但在戰爭的頭幾年他只現身過幾次。他不再為報紙撰稿，也很少在公共場合發言，他錯過了每一個激勵鼓舞人民的機會。《真理報》偶爾會刊登一些照片，照片中可以看見他頭戴軍帽，別著一顆紅星，身為陸軍司令的他，制服上裝飾著華麗的肩章。但與其說他是在偉大愛國戰爭中領導人民的最高指揮官，不如說他似乎更像這場戰爭的抽象象徵。新聞並沒有報導他的個人活動或家庭狀況。一名外國記者指出，這樣保持低調有一個好處，當公眾對領導人知之甚少，他的形象就不會有在現實幻滅的問題。[56]

直到史達林格勒保衛戰（Battle of Stalingrad）之後，一九四三年二月戰爭才扭轉了情勢，終結了對高加索油田的威脅，史達林重回舞台中央。他提拔了許多軍官，還授予自己蘇聯元帥的頭銜。報紙上充斥著新稱號，像是「史達林主義戰略」、「史達林軍事思想學派」，及「史達林的軍事天才」。每一次打了勝仗之後，廣播中就會莊嚴地播出他的宣言，並以禮砲致敬。一九四四年被紀念為「十次史達林突擊」之年。[57]

史達林蓄著灰白鬍子，有著一頭銀髮，他將自己塑造成世界舞台上的關鍵人物，是偉大、尊貴的政治家。在克里姆林宮一間鋪著木質地板的房間裡，他與一群外國達官顯貴在一起。當他的下屬簽署條約時，他就站在後面。他與英國首相邱吉爾和美國總統富蘭克林・羅斯福（Franklin D. Roosevelt）共同出席了德黑蘭（Tehran）、雅爾達（Yalta）和波茨坦的首腦會議，一同規畫戰後的世界。當他穿著元帥的長大衣、很有威嚴地跟這些人坐在一起，被視為世界上最偉大的政治家時，他的笑容回來了。[58]

在史達林辦公室裡進進出出的世界偉人們都對他讚不絕口。邱吉爾說道：「我越見他就越喜歡他。」可他不知道史達林有多鄙視和看輕他。美國人則是有志一同；輕信史達林的羅斯福認為，史達林的性格中有某種超越革命者的東西，他其實是一位「基督徒紳士」（Christian gentleman）；羅斯福去世後繼任總統的杜魯門（Harry S. Truman）則在日記中透露：「我跟史達林很處得來。他很誠實，而且聰明得要死。」他的國務卿詹姆斯・伯恩斯（James Byrnes）也這麼認為：「他其實是個非常可愛的人。」史達林把外國記者迷得團團轉，他們常稱他為「喬叔叔」。[59]

就連一些史達林自己的人民也喜歡他。整個一九三〇年代都籠罩在恐怖統治和政治宣傳中，數百萬人挨餓、入獄，或被處決。史達林是這一切人類苦難的罪魁禍首，只有最魯莽的外國仰慕者才會相信，那些他製造出來的受害者，是真心崇拜他的。娜傑日達・曼德施塔姆被迫在莫斯科郊外小鎮斯特魯尼諾（Strunino）的一家紡織廠找工作，她就發現，當地人在「大整肅」期間其實非常忿忿不平，經常稱史達林為「麻子臉的傢伙」。但後來那場慘絕人寰的戰爭卻把幾乎所有人都整得不成人形，侵略者所做的事遠遠超乎了一般戰爭，無所不用其極地折磨、謀殺、奴役老百姓，決心摧毀這些他們眼中的低劣種族。[60]

許多城市都餓到屈服，光是列寧格勒長達二十八個月的圍城戰中，就有一百萬人喪生。被占領區中有七百多萬平民被殺，這不包括還有四百萬人死於飢餓或疾病，約有兩千五百萬人無家可歸，七萬個村莊從地圖上消失。或許這就可以理解，為什麼有些人會崇拜史達林，會需要有一個人可以去仰靠。宣傳機器把史達林和祖國連結成同一件事。他是一場正義之戰的領導者，是紅軍的最高統帥，不僅解放了祖國，還為人民報仇。[61]

然而，儘管戰爭奇蹟般地提高了他的聲譽，但大部分的民眾看來還是並不怎麼買單。宣傳機器不斷地投射一個強大又睿智的領袖形象，要團結群眾一起對抗共同的敵人，但顯然是效果不彰。某位英國記者花了一個星期搭火車從摩爾曼斯克旅行到莫斯科，一路上與數十名士兵、鐵路工人和來自各行各業的市民聊天，史達林的名字一次也沒人提過。[62]

對一黨專制國家的不信任在農村最是根深柢固。農村的年輕人經常被徵召入伍，許多新人都是信教的村民，他們的家書後面都要寫上「耶穌基督萬歲」。一九三九年，他們之中一些人搗毀了列寧和史達林的半身像，把政治輔導員搞得很崩潰，只有軍隊中的宣傳人員才會那麼在乎史達林。但在一九四一年下達了某項無情的命令後，人們最在乎的對象就變了。一九四二年七月，史達林發布了第二二七號命令：「不准退縮！」將那些不服從或退卻的人視為叛國者。特種部隊部署在前線後方，專門射殺那些落隊者，看看士兵是要死在希勒特的手中，還是死在史達林的槍下。該政權基本上對自己士兵的生命簡直視若無物。那些在戰鬥中受傷或殘缺的人最終得到的是無情的對待，許多人被圍捕並驅逐到古拉格。[63]

紅軍至少大換血了兩次，但史達林大概比希特勒有更多的人和坦克可以犧牲。在前往德國首都柏林的途中，軍隊大量地燒殺擄掠強姦，這些行為往往得到了包括史達林在內的指揮官批准。[64]

史達林隻手指揮作戰，就跟他一人決定任何事一樣。最早的傳記作者之一艾薩克・多伊徹（Isaac Deutscher）說：「他實際上是自己的總司令、自己的國防部長、自己的軍需官、自己的供應大臣、自己的外交部長，甚至是自己的禮儀官。」紅旗在柏林升起，他是偉大的勝利者。然而史達林變得更加偏執，非常不信任軍隊。真正的英雄其實是總參謀長和最高統帥部副統帥的朱可夫，他曾率領軍隊西進攻下希特勒的堡壘。在莫斯科，人們稱他為「我們的聖喬治」，是首都的守護神。一九四五年六月二十四日，朱可夫引領著紅場的勝利閱兵遊行，不過他非常了解他主子的脾性，在致詞中不忘稱史達林為「天才的船長」。官方不斷讚揚「我們偉大的天才和軍隊領袖史達林同志，我們的歷史性勝利應歸功於他」。同月，史達林授予自己最高榮譽，頒給自己大元帥的頭銜。[65]

一年後，他的同志在被嚴刑拷打下供出了罪證，朱可夫被流放到偏遠地區。他的名字成了不可提起的禁忌。一九四六年後，勝利日的慶祝活動暫停舉辦，所有士兵、軍官、將軍寫的回憶錄都被禁止。在官方的戰爭歷史中，每個人都成了配角，只有史達林一個人在閃耀。一九四七年，一本史達林的《略傳》（*Short Biography*）高調出版，目標讀者是一般民眾。這本與巴比塞一九三五年出版的偉人傳記非常相似，而且到了一九五三年已賣出一千八百萬冊。有關偉大的衛國戰爭（Great Patriotic War）的那一章，沒有隻字片語寫到他的將軍們，甚至也沒有提到朱可夫，反而通篇將勝利歸功於史達林。[66]

戰爭期間，史達林任由謠言來來去去，但戰爭一結束，這些謠言立刻就不攻自破。數以百萬計被迫成為德國人俘虜的俄羅斯人，被視為骯髒和潛在的危險。這群「叛徒」不是被送進集中營，就是被槍斃。史達林還擔心外來思想汙染了其他人。

三個盟國之間的緊張關係發展成一九四七年的冷戰，進一步加劇了內部壓力。在一場由史達林精心策畫的運動中，日丹諾夫（Andrei Zhdanov）強制推行正統思想。從文學、語言學、經濟學、生物學到醫學，若是國外的東西一律攻擊，本土的就大加讚賞。史達林親自介入了幾場科學的辯論，擺出一副仲裁者的姿態，說是為馬克思主義服務。史達林在《真理報》一篇萬言書中暗示，俄語是未來的語言，抨擊某位重要語言學家是反馬克思主義者，並將他解職。一九四八年，他還痛斥遺傳學是一門外來的資產階級科學，生物學研究因此陷入停頓。十多年來，史達林支配著底下怕事又巴結的臣民。現在他把整個科學領域整肅得服服貼貼，只提拔那些奉承他是天才的人，並將那些持不同意見的教授送進古拉格集中營。研究原子彈的單位是唯一的例外，他們獲得了無限多的資源。[67]

對史達林的個人崇拜，也開始變得越來越有效率。史達林不僅解放了蘇聯，還占領了大半個歐洲。從北部的波蘭到南部的保加利亞，紅軍將這一大片的占領區變成了附庸國。那些被稱為「小史達林」的未來領袖，從莫斯科飛往各地，監督各自國家的殖民統治狀況，比如說，瓦爾特・烏布利希（Walter Ulbricht）被派去東德，博萊斯瓦夫・貝魯特（Bolesław Bierut）去波蘭，拉科西（Mátyás Rákosi）負責匈牙利。起初史達林命令他們小心行事，所以進度緩慢，不過到了一九四七年，各地的特情組織都開始監禁真實和想像中的敵人，或是把他們送進集中營。共產黨還開始將學校國有化，解散獨立組織、破壞教會。史達林海報、肖像、半身像和雕像的需求直線上升，新的臣民必須崇拜遠在克里姆林宮的主子，華沙譽之為「波蘭堅定的朋友」，東柏林則譽之為「德國人民最好的朋友」。[68]

雖然他本人的健康每下愈況，逐漸淡出了公眾生活，但國內為榮耀史達林而建造的雕像和紀念碑依然大量增加。一九四九年他七十歲，個人崇拜來到了巔峰。他在莫斯科大劇院（Bolshoi Theatre）慶祝生日，探照燈打在一幅身著全套軍裝的巨大史達林像上，由氣球懸吊著高掛在紅場上空。第二天，數百萬面小紅旗在莫斯科上空飄揚，還有許多布條上寫著「榮耀歸於偉大的史達林」。當局分發了大約兩百萬份海報和數千幅肖像畫，許多肖像畫在夜燈下映照著。《真理報》自豪地宣稱，截至目前為止，總共有三十八座中亞的山峰上有史達林的半身像。第一座出現在一九三七年，當時是由登山者把一座雕像扛上了蘇聯最高的山峰上，這座山名叫「史達林峰」（Stalin Peak）。[69]

禮物被裝飾著紅旗的專門列車運往莫斯科。但與以往不同的是，如今史達林的生日變成了全球性的事件。來自各地社會主義陣營的人們，爭相表達他們對克里姆林宮領袖的愛戴之情，因為他是國際共產主義運動的領導者。世界各地總共寄來了超過一百萬封信和電報。《真理報》每天都要刊登上百篇賀文，直到一九五一年夏天，問候的風潮才漸漸消停。老百姓的簽名也是不可或缺。在捷克斯洛伐克，約有九百萬人將他們的名字集結成三百五十六冊，整合成一封祝賀信。北韓比他們更誇張，總共蒐集了一千六百七十六萬七千六百八十個簽名，填滿了四百冊大部頭書。[70]

禮物洶湧而至，有東歐的工人送來了一架飛機、幾輛汽車、一台火車引擎和一輛摩托車。中國則運來了一尊西元六世紀女戰士花木蘭的宏偉雕像，還有一粒刻著史達林肖像的米粒。普希金博物館（Pushkin Museum of Fine Arts）展出不少精心挑選出來的禮物，包括兩百五十尊雕像和五百尊半身像。許多禮物堪稱奇觀，其中最吸引人的，大概就是史達林辦公室裡那塊七十平方公尺、編織了史達林肖像的地毯了。[71]

生日當天，史達林在東歐領導人和毛澤東的簇擁下現身，後者十月的時候才剛得意洋洋地宣布中華人民共和國的成立。而幾個月前，蘇聯第一顆原子彈試驗成功，史達林成為全球超級大國的領導人。這是一場權力的大秀，社會主義陣營退到了鐵幕後面，標示著冷戰的一個轉折點。

史達林繼續整肅異己，至死方休。很難論定他有多偏執，但他似乎越老越無情。即使是對家人也不例外，因為史達林希望自己高高凌駕於所有人之上，像遙遠的天神一般保持神祕，最好別讓任何人清楚他的個人歷史，而最清楚這部分的人就屬他的親戚了。一九四八年，他的妻妹安娜・阿麗盧耶娃（Anna Alliueva）被驅逐出境十年。她出版了一本回憶錄，裡頭呈現了史達林早年看來相當平凡無奇的一面。所以除了他的孩子之外，他的親戚沒有一個是安全的。這可嚇壞了他身邊的人，只能彼此相互爭寵，乞求他仁心大發。而史達林卻是對他們威脅利誘、羞辱他們、玩弄他們的恐懼或是讓他們自相殘殺。一九四四至一九五〇年間，被關在古拉格的人數上翻了一倍，高達兩百五十萬人，新的清洗運動持續殘酷地展開。在幾次的大清洗之間，史達林批准了更多奢華鋪張的紀念碑來榮耀自己。一九五一年七月二日，他在窩瓦—頓運河（Volga–Don Canal）上用三十三噸的青銅為自己立了一座雕像。史達林知道最後的日子近了，他開始把自己冊封為神。[72]

一九五三年三月一日，人們發現史達林倒臥在地板上，渾身濕透。他腦子裡有一根血管破裂了，但沒有人敢在他臥室裡驚動他。醫療救助也晚了很久才來，因為他的隨從很擔心打錯電話。三天後，史達林逝世。他的遺體經過防腐處理後公開展示，成群的哀悼者為了看望他們的領袖最後一眼不斷推擠，以致後來場面失控，數百人在恐慌中被踩死。三月九日國家精心策畫了隆重葬禮，而後他被安葬在列寧身旁。鐘塔的鐘聲響起，禮砲擊發。整個國家的每一列火車、公共汽車、電車、卡車和小汽車都停了下來。紅場上一片靜默。一位外國記者觀察道：「一隻麻雀從陵墓上空飛過。」官方公布正式消息，接著國旗緩緩升回滿旗。當局的既得利益者紛紛發表悼詞，其中最能言善道的當屬史達林獎的得主鮑里斯・波列沃伊（Boris Polevoi）與吉洪諾夫（Nicolai Tikhonov）。葬禮上，無數的人民悲痛欲絕。一個月後，史達林的名字從報紙上消失了。[73]

第四章

毛澤東

MAO ZEDONG

史達林出席了在莫斯科大劇院慶祝自己七十歲的生日晚會，鎂光燈下的他站在毛澤東和赫魯雪夫中間。毛澤東看起來很嚴肅，他一方面敬畏這位克里姆林宮的對手，一方面很不滿自己受到的待遇。他本以為自己身為帶領四分之一的人類走上共產主義道路的偉大革命領導者，會受到隆重的歡迎，殊不知他抵達莫斯科雅羅斯拉夫火車站（Yaroslavsky Station）時，只看見兩位史達林的屬下，他們甚至沒有陪同他前往下榻地。史達林曾答應給毛澤東一個簡短採訪，讚揚他在亞洲的成果，但幾個月來，蘇聯對中國共產黨的成就隻字不提。

生日宴會結束後，毛澤東就被打發到首都郊外一棟鄉間別墅裡等待正式的接見。一等就等了好幾個禮拜，會面被取消，打電話也沒有人回應。毛澤東失去了耐心，咆哮著抱怨，他可不是大老遠跑來莫斯科「吃喝拉撒睡」的。等待的時間一天天過去，他不得不意識到，自己在這個以史達林為中心的共產主義兄弟會中，地位是多麼的卑微。[1]

在過去二十八年來，中國共產黨一直仰賴莫斯科的金錢支助。毛澤東這位高瘦俊朗的二十七歲年輕人，在一九二一年從共產國際那裡收到第一筆現金兩百元，足夠支付他到上海參加共產黨成立大會的旅費。但是這筆錢是有附帶條件的。因為列寧發現，布爾什維克主義的原則在歐洲以外的地方沒有什麼吸引力，他要求共產黨與對手國民黨結成統一戰線，打倒外國勢力。他這話不無道理，因為這個國家有超過四億八千萬人口，但幾年來，黨員一直只有少少幾百人。

一九二四年，中國共產黨加入了國民黨，後者也從莫斯科那得到軍事援助。這兩黨的結盟本身就暗潮洶湧，兩年後，蔣介石領導下的國民黨從南方基地發動了一場軍事行動，試圖從地方軍閥手中奪取政權，進而統一全國。在毛澤東的家鄉湖南，他們聽從俄國顧問的指示，資助農民協會，期望能煽動一場革命。貧窮的村民利用這個機會把整個世界搞得天翻地覆，瓦解了農村的社會秩序，他們掌握了權力，批鬥有錢有勢的人，製造恐怖統治。某些人死於刀下，某些人身首異處。當地的牧師被打成「帝國主義走狗」，雙手反綁，脖子上掛著一根繩子，被迫遊街示眾，教堂則被洗劫一空。[2]

這一切讓毛澤東大開眼界，他被眼前的暴力迷住了。「他們把仕紳階級打倒在地」，他在一份關於農民運動的報告中欽佩地寫道，還做了一個大膽的預言，未來「將有幾萬萬農民從中國中部、南部和北部各省起來，其勢如暴風驟雨，迅猛異常……他們將衝破一切束縛他們的羅網，朝著解放的路上迅跑。一切帝國主義、軍閥、貪官汙吏、土豪劣紳，都將被他們葬入墳墓」。[3]

多年來，毛澤東一直在努力尋找出路。年輕時候的他如飢似渴地閱讀，自詡為國民黨的文膽。他曾做過圖書館管理員、教師、出版人和勞工運動家。他終於在農村找到了他的使命。儘管他目前在黨內還不是個人物，但他將會是那個帶領農民走向解放的人。

國民黨對農村地區的暴力敬而遠之，很快就退出了蘇聯模式。一年後，一九二七年四月，蔣介石的軍隊進入上海，發動了一場血腥清洗，處決了數以百計的共產黨人。中國共產黨轉為地下化。毛澤東帶領一支由一千三百人組成的雜牌軍進入山區，尋找能讓他登上權力寶座的農民。

毛徹底顛覆了意識形態，拋棄了城市的工人，轉而支持正統馬克思主義者不屑一顧的農民。被流放到偏遠的山區之後，他和他的追隨者花了數年時間學習如何調動貧農的原始力量來推翻當權政府，掠奪當地資源，並控制越來越多的大片土地。他們成了游擊戰的專家，利用伏擊和突襲來騷擾他們遲鈍的死對頭國民黨軍隊。

一直以來，他們的意識形態也跟上海的地下中央委員會衝突，後者與工廠工人的關係密切。有些人對毛的非正統策略不以為然。黨的軍事事務由周恩來掌管，他是一個溫文儒雅、受過良好教育的年輕人，形容毛的軍隊是「到處流竄的土匪」。然而到了一九三〇年，毛開始引起史達林的注意。毛很懂得如何對付農村的「富農賤民」，也知道如何打敗競爭對手。他一心一意地追求權力，野心勃勃，善於操縱人類感情，他運用高超的政治技巧，在政治界如魚得水。但整肅過程同時也是殘忍的。像是江西富田就發生某一個營約一百多名軍官反抗他的領導，結果全被關在竹籠裡，全身一絲不掛，飽受折磨，其中許多人被以刺刀殺死。[4]

一九三一年十一月七日，適逢十月革命紀念日，毛澤東宣布在江西山區建立蘇維埃共和國，由莫斯科出資。這是一個國中之國，發行自己的貨幣和郵票，首領就是毛澤東，統領著大約三百萬人。上海中央委員會的成員也加入了行列，但是他們對游擊戰抱持著批評的態度。他們剝奪了毛的陣地，把前線的指揮權交給了周恩來。結果是一場災難，當時蔣介石痛擊紅軍，迫使共產黨人在一九三四年十月逃亡。他們穿越中國一些最險惡的地形，艱苦跋涉九千公里，這就是後來著名的「長征」。

毛澤東藉著長征的機會重新掌權。在去陝西黃土高原遙遠偏僻的山區延安的路上，他以江西蘇維埃的挫敗為藉口奪走競爭者的權力，他趕走周恩來，奪回紅軍的主導權。

原本軍隊有八萬六千人，在一九三五年十月抵達後只剩八千人，但剩下的人都是忠心耿耿的追隨者。毛澤東總是很會蠱惑人心，他視長征為某種宣言書：「它向十一個省內大約兩萬萬人民宣布，只有紅軍的道路，才是解放他們的道路。」[5]

這並不完全是在虛張聲勢。毛指望來一場世界大戰，希望藉此引發一場全球革命。他知道自己已經引起了史達林的注意。幾個月前，莫斯科改變了外交政策，越來越擔心德國或日本的攻擊。一九三一年，日本入侵了自然資源豐饒的滿洲。滿洲這塊土地相當遼闊，從北京以北的長城一直延伸到西伯利亞。其與蘇聯之間的邊界紛擾從未停歇，包括空域進犯。到了一九三五年七月，共產國際公開稱東京為「法西斯敵人」。[6]

就像十多年前的領袖列寧一樣，現在史達林也鼓勵國外的共產主義者嘗試與當權者統一戰線，而非試圖推翻他們。但這個戰略需要提高共產黨領導人的權威。因此，一場對毛澤東全面性的讚揚運動開始了。共產國際讚揚他是世界共產主義運動的「旗手」之一。那一年晚些時候，《真理報》發表了一篇名為〈毛澤東：中國勞工人民的領袖〉（Mao Zedong: Leader of the Chinese Working People）的長篇頌詞，隨後又出版了一本小冊子，題為《中國人民的領袖和英雄》（*Leaders and Heroes of the Chinese People*）。毛澤東就是「偉大領袖」（vozhd），這個頭銜過去只用來稱呼列寧和史達林。[7]

毛澤東趁機借題發揮，幾個月後，經過仔細思考，他邀請一位來自密蘇里州（Missouri）充滿理想的年輕記者艾德加・史諾（Edgar Snow）來拜訪延安。記者來訪受到非常大的禮遇，全程都是「安全、隱密、熱情、隆重」的接待。史諾在共產黨大本營待了幾個月，毛向他講述了他神話般的人生故事，談論到他的童年、青年和革命生涯。毛還會檢查並修改史諾寫的每一個細節。[8]

一九三七年，《紅星照耀中國》出版後一炮而紅。這本書向世界介紹了中國共產黨的神祕領袖，他是「一個精通中國舊學有成就的學者，他博覽群書，對哲學和歷史有深入的研究，他有演講和寫作的才能，記憶力異乎常人，專心致志的能力不同尋常，個人習慣和外表落拓不羈，但是對於工作卻事無巨細都一絲不苟，他精力過人，不知疲倦，是一個頗有天才的軍事和政治戰略家」。[9]

毛澤東雖出身貧困，但憑藉著純粹的意志力和自尊心站了起來，堅定地為受到羞辱的同胞奮鬥。他是個生活簡單的人，住在黃土洞裡，自己種菸葉。他腳踏實地，亦具反叛精神，有活躍、質樸的幽默感。他不知疲倦地奮鬥，他是個詩人、哲學家，也是個偉大的戰略家。更重要的是，他是命中注定之人，被歷史力量召喚去復興他的國家。史諾稱：「他非常有可能成為一個非常偉大的人。」[10]《紅星照耀中國》這本書引起了轟動，出版一個月內就在美國賣出了一萬兩千冊，並且立即出了中譯版，毛澤東成了家喻戶曉的名字。這本書封面上的毛澤東，頭戴著一頂別著一顆紅星的軍帽，這張照片成了一個經典代表。[11]

史達林曾要求共產黨與國民黨結盟。毛澤東十分清楚蔣介石沒有與他合作的打算，所以很快表明他願意組成一個「廣泛的抗日民族統一戰線」。他還要求史達林再提供兩百萬盧布的軍事援助。[12]

由於對日戰爭的威脅越來越大，這項提議讓毛澤東看起來像是最關心國家命運的領導人。一九三六年十二月十二日，蔣介石被自己的同盟者扣押，被迫停止剿共。*這場休戰是一場及時雨，讓毛澤東有時間在新的統一戰線下建立自己的力量。

---

*譯注：即西安事變，又稱雙十二事變。

一九三七年七月降下了更多好運，當時日本從滿洲越過邊境，幾週之內就占領了北京。接下來的幾年裡，日本軍隊做了共產黨永遠也做不到的事情，他們攻擊、摧毀，甚至驅逐沿海主要城市的國民黨軍隊。一場又一場可怕的戰鬥接連發生，蔣介石在上海的精銳部隊連續三個月受到敵軍坦克、海軍砲火和飛機的攻擊。成千上萬的人死於上海戰役。南京的命運甚至更糟，一九三七至三八年的冬天，日本人有組織地在國民黨首都殺害和強姦平民。

整段期間，共產黨人安穩地待在內地。到了一九四〇年一月，根據周恩來自己的報告，死傷人數已超過一百萬，其中紅軍死傷不超過三萬一千人。蔣介石政府被迫撤退到四川的臨時首都重慶。在美國因珍珠港事件加入戰爭之前，大約有三千噸的砲彈在數百次的空襲中投到這座城市。[13]

延安則一顆子彈都沒有吃到。毛的游擊戰略躲在戰線後方，一直受到猛烈的批評，但史達林站在毛澤東這邊。一九三八年夏天，莫斯科當局要求黨員團結起來支持他們的領袖，打擊那些希望戰勝領袖的人。幾個月後，克里姆林宮稱毛澤東為「英明的戰略家」和「傑出的理論家」。《紅星照耀中國》的節略版匆匆付印。[14]

毛澤東首次不再需要面對勁敵，他趁機改寫過去。在一九三八年秋天舉行的一次全體會議上，議程的第一個項目就是關於他建黨十七年歷史的報告。光是講完這本一百五十頁的報告，就歷時了三天。毛澤東將過去與他作對的人一一列舉出來，稱他們為「右派機會主義者」或是「左派機會主義者」。一些人被指控為托洛斯基主義者。這是第一版正規的中國共產黨歷史，訴說著黨一直以來犯了一系列違反正確道路的錯誤，直到毛澤東終於取得勝利，帶領紅軍長征到延安。[15]

毛的下一步是將自己塑造成一個理論家，這部分他得到了陳伯達的協助。陳伯達這位年輕人曾在莫斯科受過訓練，書生氣十足但野心勃勃，後來成為毛的影子寫手。他們兩人一起撰寫了一本題為《新民主主義》的小冊子，於一九四〇年一月出版。書中將共產黨描繪成一個廣泛的戰線，努力團結包括資產階級在內的所有「革命階級」。毛承諾實行多黨制、民主自由和保護私有財產，但這完全是虛構的計畫，卻吸引了廣泛的群眾支持。[16]

在接下來的幾年裡，無數的學生、教師、藝術家、作家和記者被這個更民主的未來所吸引，而湧入延安。但毛澤東對這些抱持自由思想的人們持懷疑態度，要求他們必須絕對忠誠。一九四二年，他主導了一場整風運動。歷史學家高華說道，這個運動的目的在於「以暴力震懾全黨，造成黨內的肅殺氣氛，以徹底根絕一切個性化的獨立思想，使全黨完全臣服於唯一的、至高無上的——毛澤東的——威權之下」。[17]

毛澤東精心策畫了整個運動，監督每一件事、每一個細節，但他讓自己的追隨者康生站在舞台中央。康生是一個陰險的人，留著八字鬍，戴著厚重的眼鏡，總是穿著黑色的衣服。他曾在莫斯科接受訓練，在史達林發動大整肅期間曾幫助祕密警察消滅數百名中國學生。在他的監督下，延安發生了無數例的政治迫害，人們被迫相互揭發。數千名嫌疑人士被關押、調查、拷打、整肅，有時還會被處決。晚上總可以聽到從窯洞裡傳來令人毛骨悚然的鬼哭狼嚎。[18]

整風運動結束時，超過一萬五千名所謂的敵方特務和間諜被起底。毛澤東任恐怖運動橫行，自己則扮演一個謙遜、冷漠但仁慈的領導人角色。然後他再介入制止暴力，讓康生承擔責任。那些在這場災難中倖存下來的人，將毛澤東奉為救世主。[19]

毛還成立了一個中央總學習委員會，成員包含了他的親密盟友，例如不苟言笑、行為拘謹，後來成為黨第二號人物的劉少奇。中央總學習委員會管理延安的一切，確實將共產黨轉變成毛澤東的個人獨裁。過去與毛澤東作對的領導階層成員被羞辱、被迫寫供詞，並公開為他們的錯誤道歉。周恩來就是其中之一，他極力為自己辯護，說自己永遠支持毛澤東。但這遠遠不夠，歷經了一系列的批鬥，最後不得不稱自己是一個缺乏原則的「政治騙子」。自我批鬥過程相當殘忍，但周恩來是毛澤東的忠實助手，他成功地走過了磨難，決心永遠不再反對毛。跟史達林不同，毛澤東很少槍斃自己的政敵，只會讓他們在永無止境的時間裡，夜以繼日地證明自己的忠誠。[20]

一九四三年七月一日，中國共產黨成立二十二週年紀念日，毛澤東宣稱整風運動「確保了黨在思想上和政治上的一致性」。這為日後無限上綱的個人崇拜開了方便之門。所有人都要稱讚毛澤東，所有人都要學習「毛澤東思想」，首度提出這個概念的人是一位蘇聯培育的思想家王稼祥。阿諛奉承的佼佼者非劉少奇莫屬，他稱讚毛澤東是「偉大的革命領袖」和「馬克斯列寧主義大師」。劉少奇讓所有圍在領導身邊的人奉承得更起勁，紛紛稱讚他是「偉大的革命舵手」、「大救星」、「天才戰略家」和「天才政治家」。美國記者白修德（Theodore White）以及賈安娜（Annalee Jacoby）認為，這些推崇備至的話語是「令人作嘔的奴性」。當毛澤東講話時，那些脾氣暴躁的游擊隊硬漢們會認真地做筆記，「好似在汲取知識之泉」。[21]

中國共產黨的喉舌《解放日報》在毛澤東的監督下，登出大字標題：「毛澤東同志是中國人民的大救星！」到了一九四三年年底，毛的畫像隨處可見，跟馬克斯、恩格斯、列寧和史達林並排擺在一起。印著他頭像的徽章分發給黨內菁英，大禮堂外牆還出現了毛澤東的金色浮雕頭像。為了榮耀他，人人開始唱：「東方紅，太陽升，中國出了個毛澤東。他為人民謀幸福，他是人民的大救星。」[22]

在隔了十七年之後，一九四五年四月黨代表大會終於再次召開。數百名代表在整風運動中遭受迫害，其中一些人被忠於毛的人取代。毛澤東被選為最高機關的主席，得到所有人的讚揚。毛澤東思想被載入黨章。劉少奇在開幕致詞中多次提到主席的名字，吹捧他為「中國有史以來最偉大的革命家和政治家」，而且是「中國有史以來最偉大的理論家和科學家」。毛澤東終於夙願以償，把黨變成了自己意志的工具。[23]

一九四五年八月十五日日本投降，毛澤東控制了中國北方農村地區的九十萬大軍。幾天前史達林向日本宣戰，派遣了近一百萬軍隊越過西伯利亞邊界，占領了滿洲和朝鮮半島北部，在三十八度線等待盟軍加入他們的行列。毛原本有個宏偉計畫，想從遙遠的上海煽動暴亂，但史達林最關心的是確保美軍撤出中國和朝鮮半島。為了實現這個目標，他在中蘇條約中承認蔣介石是統一中國的領導人。

然而，在滿洲的蘇聯軍隊悄悄地把農村交給了從延安湧入的共產黨人。蘇聯幫助毛將他的游擊隊轉變成強大的戰鬥機器，建立十六個軍事機構，包括空軍、砲兵和工程學校。一些中國軍官到蘇聯接受進階訓練，後勤支援也乘著飛機和火車抵達。光是在北韓，就有整整兩千輛貨車投入任務。[24]

另一方面，美國在一九四六年九月對它們的戰時盟友蔣介石實施了武器禁運。蔣介石堅信，如果不控制滿洲這個工業重鎮和戰略門戶，中國將永遠無法保衛自己，所以他持續向該地區派遣精銳部隊。毛澤東也不甘示弱，堅決要在一場無情的消耗戰中，不惜一切代價擊敗他的敵人。

一九四八年，共產黨開始圍攻滿洲的城市，以飢餓逼迫城市投降，最終導致十六萬市民死於飢餓，長春陷落。北京不願落入同樣的命運，不久後也投降了。宛如骨牌一般，其他城市一個接一個倒下，完全抵抗不了共產黨的戰爭機器。蔣介石和他的軍隊逃去了台灣。一九四九年年底，歷經長期的血腥軍事征服，中華人民共和國宣告成立。[25]

紅旗在北京上空飄揚之際，一幅倉促畫成的毛澤東圖像也出現在紫禁城正門上。在接下來幾個月裡，毛主席的畫像開始出現在學校、工廠和辦公室，並且必須依據精確的指示，正確地展示畫像。他下巴那顆突出的痣，成了他的註冊商標，人們待之如佛像一般虔誠。毛澤東思想成了必修課，各行各業的成年人都得回學校上課，仔細閱讀官方教科書，學習新的正統思想。學生、士兵、囚犯和辦公室職員每天都要傳唱許多革命歌曲，像是〈毛主席是各族人民心中紅太陽〉或是〈頌歌獻給毛主席〉等等。在街角、火車站、宿舍、餐廳和所有主要機構也安裝了擴音器，播放著這些曲調。每年舉行兩次精心設計的閱兵儀式，毛主席會在天安門廣場的講台上一一檢閱進場的士兵、騎兵、坦克和裝甲車。[26]

隨著個人崇拜興起，出現了一個以蘇聯為樣板的嚴酷政權。「蘇聯的今天就是我們的明天」是當時重要的口號。毛澤東仿效史達林，認為獲得財富和權力的關鍵在於農業的集體化、私有財產的消除、對老百姓生活的全面控制，以及在國防投入巨額開支。[27]

原本在《新民主主義論》中提出的承諾，一個接著一個被打破。新政權的第一個行動就是推翻農村的舊秩序，假借土地改革的名義，村民們被迫在集體批鬥大會上毆打和驅逐自己原來的雇主，指責他們是「地主」、「暴君」、「叛徒」。有一些人是出於樂趣，但許多人是別無選擇，因為他們自己也可能變成批鬥目標。將近兩百萬人被清算而亡，更多人被汙衊為「剝削者」和「階級的敵人」。他們的財產被分配給了參與批鬥的人，窮人和黨之間締結了一個以鮮血簽訂的契約。[28]

城市裡的人，依據各自對革命的忠誠度，被畫上「階級成分」，區分成「好」、「中」、「壞」三大類。不同的階級標籤決定了一個人獲得食物、教育、醫療和就業的途徑。那些被打上「敵對」標籤的人，一輩子都會背著汙名，而且標籤是會傳給子孫的。[29]

一九五〇年十月至一九五一年十月，發生了「鎮壓反革命運動」，當權政府開始對「反革命人士」、「間諜」、「土匪」和其他阻撓革命的人士進行大整肅。毛澤東將殺人的指標設在人口的千分之一，但在一些地區，遇害者的數量是這目標的兩到三倍，而且往往是胡亂殺人。第二年，前國民黨政府的公務員遭到大規模清洗，商業界也被迫就範。黨外活動的所有組織，舉凡宗教團體、慈善團體、獨立商會、民間協會等，到了一九五三年都被取締殆盡。[30]

文字獄確保藝術家和作家服從黨的命令。那些被認為不良的書籍會送進巨大的篝火中燒掉，或是製成一噸又一噸的紙漿。國內最大的出版社之一商務印書館，在一九五〇年夏天時有大約八千種出版物；一年後，只有一千兩百三十四種被評為可被「大眾」接受。

史達林發明的社會寫實主義強加在視覺和文學藝術的每一個領域。只是最重要的主題不是史達林，而是毛澤東。毛的作品、散文、詩歌、演講、思想和格言錄大量粗製濫造，從廉價的平裝本到昂貴的鍍金版都有。大量文宣品出版，宣傳著壓迫和解放之路的故事，有時內容甚至是取自毛的話語和手寫字。報紙和雜誌也廣泛傳播他的智慧，主席的照片占據頭版。[31]

一九四九年，主席親自挑選了一位名叫侯波的攝影師。她十四歲就入黨了，很快地，她的照片就被大量印製，像是〈開國大典〉（一九四九年）、〈毛澤東暢游長江〉（一九五五年）、〈我們的朋友遍天下〉（一九五九年）等都是二十世紀流傳最廣的照片，其中一些經過大幅度修飾。[32]

雖然沒有公園、街道或城市是以毛為名，但身為東方哲學之王，他反倒為自己打造了一座更無形的紀念碑，其核心思想是把馬克斯列寧主義的理論與中國革命的具體實踐結合起來。由於中國與俄國兩地風土民情截然不同，毛澤東並沒有直接照搬馬克思主義，而是在其監督下發展出中國式的馬克思主義。一九五〇年十二月，毛主席先是發表了《實踐論》，隨後一九五二年四月又發表了《矛盾論》。「兩論」都是在講馬克思、恩格斯、列寧和史達林辯證唯物主義哲學的發展。儘管幾乎沒有什麼原創性，但馬克思主義中國化的思想卻引起了國內外崇拜者的注意。[33]

毛還自詡為文藝復興人，集哲學家、聖人、詩人於一身，以及沉浸在中國傳統的書法家。當傳統詩歌從書架上漸漸消失之際，毛主席的詩句卻廣泛流傳，以《毛主席詩詞十九首》最為經典。這本詩集實際上有二十一首，但取名為十九是因為毛主席相當崇敬《古詩十九首》。這立刻引發了一場毛主席作品學習風潮，學識淵博的教授和黨委書記爭相稱讚這個「文學史上的歷史性創舉」。[34] 雖然毛澤東的詩歌只比同樣喜歡玩押韻的史達林好一點，但他確實有天賦。無論是「婦女能頂半邊天」、「革命不是請客吃飯」、「槍桿子裡面出政權」，或是「帝國主義是紙老虎」，這些簡潔的口號紅遍半邊天，家家戶戶都琅琅上口。他的座右銘是「為人民服務」，帶著筆勁的白色字跡襯在紅色的海報或公告上隨處可見。他的豪邁題字用來命名政府建築，美化公共紀念碑，以及裝飾馬克杯、花瓶和日曆。直到今日，《人民日報》上的報頭題詞仍是毛體字。[35]

毛澤東和史達林一樣，是一個遙遠、如神一般的存在，他很少公開露面，也很少發表談話，整個人深藏在昔日皇帝的紫禁城。但他擅長搞政治，經常與黨內各個層級的成員會面。他的外表會騙人。他給人的印象總是溫和、謙遜、像爺爺一般慈愛地關照別人。他不擅長演講，說話時帶著濃重的湖南口音，但他很健談，知道如何讓聽眾放鬆下來。他走路和說話速度都很慢，總是很莊重的樣子。他時常微笑、和藹可親，「他看起來如此溫和，很少有人注意到他冷漠、打量的眼睛，也很少有人注意到他內心不停地在盤算著什麼」。當他走進會議室時，在場的人都必須起立鼓掌。[36]

毛澤東以史達林為榜樣，但史達林擔心隔壁出現一個強敵，威脅自己在社會主義陣營的統治地位。史達林讓他連續等了好幾個星期之後，才於一九五〇年簽訂《中蘇友好同盟互助條約》（Treaty of Friendship, Alliance and Mutual Assistance），但他也削減中國第一個五年計畫的資金，警告毛說他在經濟集體化方面走得太快了。

一九五三年史達林逝世，對毛澤東來說無疑是一場解放。毛主席終於可以加快集體化的步伐，他在年底之前對糧食實施了壟斷政策，迫使農民以國家規定的價格出售糧食。兩年後，中國引進了類似蘇聯國有農場的集體所有制。他們從農民手中奪回土地，將村民變成了聽命於國家的奴僕。政府徵用了小商店、私營企業和大型工業，城市中的所有商業和工業，都變成了國家的一部分。隨著集體主義運動不斷增強，社會主義的盛行卻對經濟產生了毀滅性的影響，引發廣泛民怨。[37]

一九五六年，毛澤東遭遇了挫敗。二月二十五日，蘇聯共產黨二十大的最後一天，赫魯雪夫在克里姆林宮召集了一次臨時的祕密會議。在連續四個小時的演講中，他譴責了史達林為國家製造了大量的不信任、恐懼和恐怖。他義正詞嚴地抨擊史達林，認為他應該為殘酷的大整肅、大放逐、未經審判的處決，以及忠於黨的無辜人士所遭遇的酷刑負責。赫魯雪夫還指責史達林「好大喜功」，在其統治期間鼓勵個人崇拜。觀眾席上鴉雀無聲，演講結束後也沒人鼓掌，因為許多代表都被嚇得魂飛魄散，震驚不已地離開會場。[38]

這次演講的內容也送至其他國家的共產黨，引發了連鎖反應。在北京的毛主席被迫防禦起來，因為毛澤東就是中國的史達林，是人民共和國的偉大領導者。這份祕密講稿只會讓人民對毛的領導地位產生質疑，尤其是動搖大家對他的崇拜。蘇聯的去史達林化無疑對毛的權威構成了挑戰。正當赫魯雪夫承諾要將國家權力返還給政治局時，劉少奇、鄧小平、周恩來和其他領導高層也紛紛公開表示支持集體領導制。他們還利用赫魯雪夫對國有農場的批判，試圖減緩集體化的速度。這一切看來，毛主席似乎被邊緣化了。[39]

一九五六年九月召開的中共第八次黨代表大會上，黨章刪除了毛澤東思想，並且反對個人崇拜。毛面對赫魯雪夫挑起的困局時別無選擇，只能接受這些措施，甚至在大會召開前幾個月就表示贊成。但私底下毛主席可是大發雷霆，抱怨劉少奇和鄧小平聯手操控了大會議程，把他推向二線。[40]

毛再次得勢是匈牙利革命的時候。一九五六年十一月，蘇聯軍隊鎮壓了布達佩斯的反叛者，毛主席批評匈牙利共產黨自作自受，他們未能傾聽民怨、任由民怨惡化，導致失去控制。毛偽裝成一個民主主義者，站在老百姓那一邊，要求讓非黨員人士也能夠表達他們的不滿。一九五七年二月，他要求黨允許「百花齊放、百家爭鳴」，鼓勵老百姓自由地暢所欲言。

毛嚴重錯估了情勢。他原本預期能夠獲得大量奉承，結果非但沒人去罵黨怎麼移除了毛澤東思想，反而寫下了支持民主和人權的簡潔口號，一些人甚至要求共產黨放棄權力。成千上萬的學生和工人走上街頭，要求民主和言論自由，民眾的強烈不滿把毛叮得滿頭包。他讓鄧小平來主持這場運動，後來這場運動把五十萬名學生和知識分子打成了決心摧毀共產黨的「右派分子」，許多人被發配進邊陲地帶的勞改營。[41]

雖然毛的這場賭局適得其反，但至少促使他和他的同志們再次團結在一起，決心鎮壓人民。重回黨權力中心的毛，熱衷於推動農村徹底集體化。一九五七年十一月，他和其他來自世界各地的共產黨領導人應邀出席在莫斯科舉辦的十月革命四十週年紀念會。毛為表示對赫魯雪夫的忠誠，公開承認他才是社會主義陣營的領袖。

但毛的內心深處認為，自己才應該是那個領導所有社會主義國家的人。即使是史達林在世的時候，毛也認為自己是一個更堅定的革命者，畢竟是他領導了全世界四分之一人口走向解放。他既是中國的列寧，亦是中國的史達林。當赫魯雪夫宣布蘇聯將在肉類、牛奶和奶油的人均生產方面趕上美國時，毛也接受了挑戰，宣布中國在十五年內，將在鋼鐵生產方面超過當時的主要工業強國英國。毛決心超越赫魯雪夫，推動大躍進，把蘇聯比下去。

大躍進是毛主席試圖搶蘇聯風頭的第一次嘗試。農村的人們被大量聚集起來，形成所謂的「人民公社」。他把農村裡的所有男男女女都變成龐大軍隊裡的步兵，夜以繼日地為改變經濟而勞動。他認為這樣可以讓國家迅速超越蘇聯。毛深信自己已找到了通往共產主義的正確道路，他將成為救世主，帶領人類走向一個人人富裕的世界。

毛利用這個運動，再次讓個人崇拜捲土重來。他在一九五八年年初一系列的黨內會議上逼迫政敵屈服。「你沒有個人崇拜怎麼行？」他反問道。「正確的東西，我們必須崇拜，永遠崇拜，不崇拜不得了，真理就在他們手中，為什麼不崇拜呢？」毛澤東解釋道，「一個班必須崇拜班長，不崇拜不得了」，這才是「正確的個人崇拜」。[42]

他的一番言論馬上受到忠實追隨者的熱烈回應。上海市長柯慶施激動地說：「我們相信毛主席要相信到迷信的程度，我們服從毛主席要服從到盲從的程度！」[43]所有的高層領導，有時也要進行自我批判。像是周恩來就不斷地被貶低和羞辱，被迫三次在黨的領導面前檢討自己的錯誤。最後，他告訴眾人，毛主席是「真理的化身」，黨之所以會犯錯誤，是因為沒有遵照主席的偉大領導。[44]

周恩來被允許留任，但黨內許多人可沒那麼幸運。整個省分的領導層都被推翻，幾乎所有地方的反黨分子都被清洗掉。光是雲南省，一場審訊就整肅了數千名黨員，其中包括黨高層十五分之一的人。[45]

毛堅持所有人都要忠貞不二，搞得人人都在拍馬屁。結果最後一切決定變成是毛主席說了算，而他往往沒有考慮後續影響。到了一九五九年夏天，大躍進顯然已釀成了災難。國防部長彭德懷在廬山會議上給毛主席寫了封批評信，口氣相當溫和，卻被毛主席解釋為在背後捅刀子。彭被打成「反黨集團」的頭子，其所有具影響力的職位都被免除。劉少奇起身對毛主席大加讚揚。劉說道：「我們中國黨，中國黨中央的領導，毛澤東同志的領導，是不是最好的領導、最正確的領導？我看是可以這麼說的。如果還不滿意，還要更正確一點，既不『左』，又不『右』，那麼，請馬克思、列寧來是不是會更好一些？我看也許可能更好一些，也不見得，也許更壞一些。」正如毛的醫生所說，毛「渴望愛戴和讚揚。他在黨內受到的恥辱越多，他就越渴望得到認可」。[46]

林彪也為毛主席辯護，他用虛弱、拔高的嗓子指責彭德懷是「偽君子」、「陰謀家」、「野心家」。一九四八年林彪親自下令圍攻長春，往後被公認是內戰中最傑出的戰略家之一。他骨瘦如柴、面色蒼白，總是害怕流水、風和寒冷，僅僅是水流的聲音就會讓他腹瀉。他在會上繼續誇口道：「只有毛主席能當大英雄，別人誰也不要想當英雄，你我離的遠得很，不要打這個主意。」[47]

私底下，林卻比彭有更多批評，他在私人日記中透露，大躍進是「憑幻想胡來，是蝕本生意」。但他很清楚，維持自己權力的最佳方法，就是繼續對毛主席獻媚吹捧。林老早以前就意識到對毛主席歌功頌德的重要性，因為「他自我崇拜，自我迷信，崇拜自己，功為己，過為人」。[48]

任何對大躍進持保留態度的人都會受到追究，大約有三百六十萬名黨員被劃定為「右傾機會主義分子」或是「小彭德懷」而遭到清洗。取而代之的都是一些冷酷無情、肆無忌憚的人，他們根據北京的風向調整自己的立場，不擇手段從農村獲取糧食。[49]

結果，大躍進並沒有讓中國經濟超越蘇聯，反而成了二十世紀最慘烈的災難之一，無數的人被迫勞動、被毆打或甚至餓死。一九六〇年十月，毛澤東終於放棄了他宏偉的計畫，然而經濟卻花了一年多的時間才慢慢復甦。[50]

一九六二年一月是毛的光芒最黯淡的時候，來自全國各地大約七千名領導幹部聚在一起檢討大躍進的失敗。謠言滿天飛，指責毛主席上當受騙、不會算術，是個危險人物。一些代表認為他要為平民遭遇的大規模饑荒負責。劉少奇自己也為農村的慘狀感到相當震驚。在會中，他甚至提及了「人禍」一詞，引起眾人一陣譁然。林彪再次為毛挺身而出，盛讚大躍進是中國歷史上前所未有的成就。他說：「毛主席的思想總是正確的。他總是在實際的周圍，圍繞著實際，不脫離實際。」周恩來後來也站出來，將一切的錯誤都攬在自己身上。[51]

毛主席對林彪很滿意，但對其他人都持懷疑態度。他的權威岌岌可危，害怕自己死後也會有人像赫魯雪夫批判史達林那樣對待他。

他早在一九六二年八月就採取行動，為後來的文化大革命奠定基礎。他宣稱，到處都有反革命力量試圖把國家帶往資本主義道路。他以「千萬不要忘記階級鬥爭」為口號，進行了社會主義教育運動。一年後，毛號召全國人民「向雷鋒同志學習」，雷鋒是一位年輕的戰士，他將一生都奉獻給了人民。雷鋒死後遺留下來的日記記錄了他的先進思想，後來在全國出版發行供大眾學習。雷鋒寫道：「可以說在我的周身的每一個細胞裡，都滲透了黨的血液。」他甚至幻想見到毛主席：「我在昨天晚上做夢就夢見了毛主席。他老人家像慈父般撫摸著我的頭，微笑地對我說：『好好學習，永遠忠於黨，忠於人民！』我高興得說不出話來了。」[52]

工人和村民寫了一封封熱情洋溢的信，刊登在中國各地的報紙上，無數個會議上都在頌揚雷鋒是模範共產黨員。市面上出現了一些戲劇和電影，也有許多歌曲創作，其中有些歌甚至改編成了幾十種版本。講故事的人在村子走動，用雷鋒對主席的愛去迷住不識字的村民。北京軍事博物館舉辦了一場雷鋒展覽，入口處的大螢幕上寫著毛澤東的書法，鼓勵參觀者「向雷鋒同志學習！」對老百姓來說，雷鋒是窮人的毛澤東，讓人更容易理解的毛澤東。他要來激勵被大饑荒折磨到心如死灰的人民，並且讓他們對階級敵人的仇恨日益加深。[53]

林彪因在廬山會議的表現而取代了彭德懷，繼任國防部長的位子，在軍中推動學習毛澤東思想。士兵們被要求背誦毛文章選集的一些短篇。一九六四年一月，這些語錄編選油印出版，之後又增補修訂，在解放軍部隊內部發行。封面是俗麗的紅色塑膠封皮，尺寸只有手掌大小，很容易放進軍裝標準的口袋裡。林彪從雷鋒日記中引了一段手寫題字：「讀毛主席的書，聽毛主席的話，照毛主席的指示辦事，做毛主席的好戰士。」一九六五年八月，《毛主席語錄》（又稱「小紅書」）又出了再版，發行了數百萬冊，發放範圍不再限於軍隊。[54]

毛沉浸在一片奉承中，命令全國人民向林彪和人民解放軍看齊。「人民解放軍的價值，」他說，「在於其政治意識形態是正確的。」軍隊開始在公民社會中扮演更重要的角色，還在政府單位中設立政治部門，致力於宣傳毛澤東思想。軍隊配合社會主義教育運動的目標，營造出一種更加尚武的社會氛圍。農村地區開設了給學生和工人的軍事「夏令營」。小學孩童會學習使用空氣槍，拿蔣介石和美國帝國主義者的畫像來練習射擊。年紀大一點、背景可靠的學生則可以參加軍事訓練營，學習如何投擲手榴彈和實彈射擊。一九六五年夏天，上海有一萬多名大學生和五萬多名中學生參加了為期一週的夏令營。[55]

一九六四年十月一日，軍隊為慶祝國慶日，在天安門廣場組織了多個合唱團和身穿軍裝的芭蕾舞演員，共同演出一場具有紀念意義的節目。一尊巨大的毛主席人像現身揭開遊行的序幕，後頭的遊行隊伍伴隨著〈毛主席，我們心中的紅太陽〉的旋律行進。當局稱，全國人民要「用毛澤東思想武裝起來」，才能戰勝「資本主義和封建主義的復辟，以及國內外敵人的攻擊」。兩週後，中國引爆了第一顆原子彈，晉身世界超級大國之列。[56]

一九六六年春天，毛澤東準備好要發動文化大革命。這是他第二次企圖成為社會主義世界的歷史軸心。之前帶來災難的大躍進是為了經濟轉型，這一次毛澤東將重點放在文化上。赫魯雪夫當初單槍匹馬就徹底扭轉了強大蘇聯的政策，還在一九五六年時攻擊史達林，並且提議與帝國主義陣營「和平共處」，毛澤東認為追根究柢是因為文化被忽視了。雖然資本家走了，他們的財產被沒收了，但是資本主義文化仍占據主導地位，使得上層的少數人有可能侵蝕並最終顛覆整個體系。

列寧發動了偉大的十月社會主義革命，為全世界無產階級開了一個先例。但是後來像赫魯雪夫這樣的現代修正主義者篡奪了黨的領導權，把蘇聯帶回到資本主義復興的道路上。無產階級文化大革命可視為國際共產主義運動歷史上的第二階段，保衛無產階級專政，對抗修正主義。在中國，毛主席引領被壓迫及被踐踏的人民走向自由，是驅動著共產主義未來的基石。毛澤東繼承了馬克思列寧主義，保衛了馬列主義，且將馬列主義發展到一個新的階段，也就是「馬克思列寧毛澤東思想」。這一切跟史達林沒有半點關係。[57]

這些說法聽起來都很天花亂墜，但毛澤東也利用文化大革命來擺脫他真實和想像中的敵人，尤其是一九六二年檢討大躍進的代表們。

十年前，毛誤判情勢，讓知識分子在「百花齊放」的時候暢所欲言。這一次他準備得更充分了。首先，他讓國家處於警戒狀態，一九六六年五月時逮捕了四名政黨領導人，指控他們是「反黨集團」，一直在復辟資本主義的陰謀。六月一日時，全國各地的班級停課，所有學生都被放出來批鬥他們的老師。

各級學生在社會主義教育運動中，已歷經多年的思想灌輸。在黨機器的鼓勵之下，他們騷擾、揭發、羞辱甚至折磨有嫌疑的階級敵人。但有一些人走過頭，開始把矛頭指向領導層的黨員。當時毛主席並不在北京，便由鄧小平和劉少奇派出「工作組」去懲罰那些人。七月中，毛才回到首都。他沒有支持他的兩位同志，反而指責他們鎮壓學生、「搞獨裁」。劉鄧都被邊緣化，林彪取代劉少奇成為黨的第二號人物。

「造反有理」成了毛的鬥爭口號，造反的學生也奉為圭臬。一九六六年八月開始出現紅衛兵，他們身穿臨時製作的軍服，手持小紅書，發誓要保衛毛主席，執行文化大革命的任務。八月十八日凌晨，近百萬名抗議者湧向天安門廣場，等著見毛主席。太陽漸漸從廣場東方升起，身著寬鬆軍服的毛澤東現身在城樓上。在場群眾頓時歡騰起來，揮舞著手中的小紅書。[58]

一九六六年八月至十一月間，毛主席陸續八次會見了約一千兩百萬名紅衛兵。到了最後，人數已多到紫禁城前的巨大廣場都容納不下，他改乘坐一輛敞篷吉普車穿越城市，一次會見夾道歡迎的兩百萬名學生。每一次的會見都經過嚴密的安排，無論在組織紅衛兵成群結隊地遊行，或是由六千輛卡車的車隊半夜運送到廣場，出於安全理由並不會事前通知。所有人被要求坐成一排，一連等上幾個小時。當毛主席終於現身的時候，他們全跳起來，伸長脖子拚命向前衝去，高聲歡呼著：「毛主席萬歲！」[59]

許多人一看到毛主席就欣喜若狂，有一些人則感到失望，也有人很害怕。但所有人都知道該做什麼，該說什麼，例如每次在北京群眾集會後媒體、電台和電視台不斷宣傳的那句關鍵句子：「今天我是世界上最幸福的人；我見到了偉大領袖毛主席！」[60]

九月十八日，第一次集會結束時，林彪做了場長篇講話，號召激動的青年們「打破一切剝削階級的舊思想、舊文化、舊風俗、舊習慣」。

他們狂熱地身體力行，到處焚書、掀翻墓地裡的墓碑、拆毀廟宇、破壞教堂，大肆地攻擊所有象徵過去的標誌，甚至包括街名和招牌。他們還開始抄家。僅在上海，就有二十五萬戶人家被抄，無論是普通的書籍、家庭照片、古銅器還是珍貴的卷軸，所有的舊東西無一倖免。[61]

在打倒舊世界文化的同時，毛主席宣稱，將創造新的無產階級文化。所有人都心知肚明，所謂「新文化」就是對毛主席的崇拜。最顯而易見的崇拜方式，就是喊一連串的標語口號。各種標語口號變得隨處可見。親歷者指出：「過去總是有很多這類的標語口號，但是現在的數量超過以往任何時候。每一面乾淨的牆面都必須認真地刷上毛主席語錄或是尊敬他的話。」當時最流行的口號像是「偉大導師、偉大領袖、偉大統帥、偉大舵手」、「毛主席萬歲！」等等。商店、工廠、學校都掛起了這類標語，有一些是從樓頂上一路披掛下來。公車、貨車、汽車和廂型車的車身，也都漆上了毛語錄。[62]

在這個紅通通的新世界裡，人的所有感官都受到了轟擊。紅衛兵站在臨時搭建的講台上，高聲號召人民參加革命。他們向旁觀路人發表言詞激烈的演說，時不時引用一段毛主席語錄。在天上，國內航班上的空姐也會向乘客發放跟《小紅書》相關的讀物。最可怕的就屬擴音喇叭。一直以來擴音喇叭被運用在宣傳活動中，但如今它們從早開到晚，而且總是以最大音量播放相同的語錄內容。紅衛兵還在警察崗亭裡念毛語錄，擴音器將聲音傳到大街上。城市裡到處都是遊行的革命青年，他們高唱著革命歌曲，歌頌毛主席和他的思想。廣播也放著同樣的歌曲，並用擴音喇叭傳播到農村、學校、工廠和政府機關。當時最流行的一首歌叫〈大海航行靠舵手〉，另一首是〈毛澤東思想放光芒〉。[63]

在這波崇拜風潮中，人人都唯恐落後。隨著越來越多事物被劃入「封建」或「資產階級」，老百姓越來越常改買一些不會出政治問題的商品。整個印刷部門都轉去生產個人崇拜的物品，毛的照片、徽章、海報和書籍都成了風靡一時的熱賣品。

為了滿足人們對照片、肖像畫、海報和書籍的需求，僅在上海就新建了七家工廠，總面積達一萬六千四百平方公尺，相當於三個足球場的大小。在江蘇省，工業廠房被改造成可以印製小紅書。生產紅墨水的工廠也夜以繼日地工作，但依然供不應求。[64]

《小紅書》的封面必須是鮮豔的大紅色。到了一九六八年，光是這類封面所需的塑膠就用掉了四千公噸之多。早在一九六六年八月，商務部就已經限制生產塑膠鞋、塑膠拖鞋和塑膠玩具，全國的工廠都要為宣傳毛澤東思想做出貢獻。[65]

然而，計畫經濟再怎麼掙扎也難以滿足大眾需求。比如說毛澤東徽章，一九六八年全國生產量每個月超過五千萬個，但仍供不應求。地下黑市開始蓬勃起來，與官方競爭。有些政府機關為自己的員工生產徽章，但在利益的驅使下，也遊走在法律邊緣地帶做起買賣。此外還出現了地下工廠，專門生產徽章給黑市。他們與國營工廠搶奪稀有資源，不僅偷竊鋁桶、燒水壺、鍋和盆，甚至把工廠裡塗在貴重機器外面的鋁製保護層刮下來生產徽章。[66]

徽章的款式百百種，有些是用壓克力玻璃、塑膠或甚至竹子粗製而成，有一些是精心以手工著色的瓷徽章、大多則是鋁製的，上面用金色或銀色畫著毛主席的側面像，而且永遠都是左半邊臉。就像《小紅書》一樣，徽章也成為對毛主席表示忠誠的象徵，而且要配戴在正對心口的地方。在文化大革命的頭幾年，徽章是私人財產中最熱門的交易品，出現各種資本主義的投機手段。由於從其他工業產品中移轉了過量的鋁原料，逼得毛在一九六九年下令停止生產：「還我飛機。」這股徽章風潮這才迅速消退，直到一九七一年林彪去世後則基本上停止了。[67]

文化大革命的第一階段是殘酷的派系鬥爭，普通百姓、黨員幹部和軍事領導人對文化大革命真正目的其實意見分歧。不同的派系彼此對立，他們都同樣確信自己代表了毛澤東的真實聲音，使得整個國家陷入了內亂。很快地就發生人們在街上用機關槍和高射砲互相攻擊。不過真要說起來，還是毛主席最狠。他任意而為，一手摧毀了數百萬人的生命。他常常前一手介入拯救一個忠誠的追隨者，後一手又將一個近身的同志扔進狼群。當他宣告某個或另一個派系是「反革命」，單單這一句話，就決定了無數人的命運。他的判決也可能一夕之間翻盤，暴力永無止境地循環，人們爭相證明自己對毛主席的忠誠。

一九六七年夏天，暴力事件越演越失控，毛主席終於出面干預。他全國走透透，呼籲起「大聯合」。十月一日，一場團結一致的戲碼上演，五十萬名士兵遊行穿過天安門廣場，領在他們前方開路的，是一個指明了前進方向的巨大銀色塑膠毛澤東雕像。成千上萬的老百姓也被迫跟著遊行，許多人還跟自己不同派系的成員分在同一隊。[68]

毛澤東思想學習班到處開班授課。多年前，毛澤東思想背後有中國人民解放軍在撐腰，如今他們利用毛澤東的個人崇拜來維持社會秩序和紀律。用林彪的話說，個人崇拜會團結「全黨、全軍、全民」。一九六八年三月，一場名為「三忠於四無限」的運動興起。這場運動把對毛的個人崇拜推向了新的高度，要求人民絕對忠於毛主席、他的思想和「無產階級革命路線」。人們在學校、辦公室和工廠裡為毛主席設立了祭壇。偉大舵手的巨幅畫像上，有一排白色大字寫著「毛澤東是我們心中的紅太陽」，背景是鮮豔亮麗的紅色。太陽光線從頭像四射出來。各地的老百姓每天早晚都要在毛主席的畫像前鞠躬，所謂「早請示，晚彙報」：早上起床要先向他請示，晚上下班後再來向他彙報。[69]

甚至還出現了一種表達忠誠之意的「忠字舞」，人們伴隨著歌曲〈敬愛的毛主席〉跳著簡單的舞蹈動作，手臂從自己的心臟伸向毛主席的肖像。國家電視台整個晚上都在播放這些歌曲和舞蹈。一個巨大的半身像占據著畫面中心，電器製造的光芒從背後向四方輻射出去，彷彿神明一樣的能量照耀著整個空間。[70]

毛澤東的半身像和雕像也如雨後春筍般湧現。光是上海就有六十多萬件，材質大多是死白一般的石膏，有的也會用鋼筋混凝土、鋁和鍍錫鐵。雕像一個比一個宏偉高大，有的高達十五公尺，最矮也有三公尺。許多稀有的資源就耗在這些的較勁之中。一九六八年，上海就用掉了九百噸的鍍錫鐵板。鋼鐵協會轉向用不鏽鋼來建造紀念碑，斥資十萬元人民幣。[71]

一九六八年夏天，毛所稱的「革命委員會」接管了黨和國家，文化大革命第一階段告一段落。革命委員會的人主要是軍隊幹部，實權集中在軍隊手中。接下來的三年裡，軍隊全面且深刻地介入了政府管理的工作，士兵負責監督學校、工廠和政府單位。他們還組織了一系列的清洗行動，懲罰了所有在一九六六至一九六七年文革高峰時期公開發表言論的人。首先是數百萬名「不良分子」，包括學生和其他一直相信毛主席的話的人，被趕去農村「接受貧下中農的再教育」。接著，在全國各地搜捕「間諜」、「賣國賊」和「叛徒集團」，成立專門委員會來審查這些所謂的敵人與其他老百姓和黨員之間的關係。一場反貪腐運動更是迫使人民屈服，因為幾乎所有人的一言一行——比如無意間撕毀毛主席的海報，或是對計畫經濟提出質疑——都可能是犯罪。[72]

為了證明自己對主席的忠心程度，舉國上下都被迫譴責同事、朋友、鄰居和家庭成員。一場又一場毫無意義、出乎預料的清洗不斷發生，撕裂了整個社會，製造出一個個孤立、溫馴、只忠於主席的人。各地的頑固分子無不被迫接受再教育，像是給一般老百姓上的毛澤東思想學習班，或是黨員幹部進行勞動改造和思想教育的五七幹校。一九六九年四月，中國共產黨第九次全國代表大會通過了一部新憲法，確立了「馬克思列寧主義毛澤東思想」為黨的理論基礎，並重申毛澤東思想是國家的思想指導方針。毛主席終於推翻了一九五六年九月第八次全國代表大會的決議。如今，劉少奇早已被開除黨籍，他和其他幾十位老黨員被指責是「埋藏在黨內的叛徒、內奸、工賊，是罪惡累累的帝國主義、現代修正主義和國民黨反動派的走狗」。六個月後他在單獨監禁中死去，死時披頭散髮，滿身褥瘡。他們重新選了一個中央委員會，其中自一九五六年遺留下來的人不到五分之一。[73]

然而，毛也對軍隊日益提防，尤其是對在軍中首倡學習毛澤東思想的林彪。毛利用林彪發動及維持文化大革命，但這位元帥卻趁勢擴大自己的權力，將自己的親信安置在軍隊的重要位子。一九七一年九月，他在一場神祕的飛機失事中喪生，軍隊對老百姓生活的控制隨之告終，軍隊隨後也遭到清洗，淪落成文化大革命的犧牲品。

毛的個人崇拜與林彪和中國人民解放軍是息息相關的，如今幾乎在一夜之間就降溫了。中國與蘇聯的關係變得更加疏遠，甚至在一九七二年轉向了美國。那年為了迎接尼克森來訪，全國各個城市都被整頓了一番，海報撤掉了，反帝國主義的口號也消失了。上海的市容被改造換新，原本和平飯店對面牆上寫著巨大的標語「不可戰勝的毛主席思想萬歲」，被一群婦人奉命抹除，重新刷上了新口號「世界人民大團結」。櫥窗裡所有跟毛主席有關的東西都被撤掉了。數千尊雕像全被移走，低調地送去回收。[74]

毛主席本人也打扮得很體面。他和尼克森這次的會晤是一次重大的宣傳盛典。這一消息震驚了全世界，看來冷戰的天秤逐漸偏離了蘇聯。毛在北京洋洋自得地說，美國像隻「猴子變人，還沒變過來，還留著尾巴」。他把世界上最強大國家的領導人尼克森貶低成前來天朝進貢的使節。很快地，歐洲、拉丁美洲、非洲和亞洲國家的領導人紛紛湧來北京，爭取中國的認可。[75]

毛主席在位的最後幾年，仍繼續利用一個派系去對付另一個派系。當周恩來被診斷罹患癌症時，毛澤東拒絕批准他接受治療，一九七六年年初將他推上了死路。毛澤東自己後來也在一九七六年九月九日的午夜迎來了死亡。人們聚集在學校、工廠和辦公室一起聆聽官方宣布。那些感到解脫的人必須不露聲色。來自四川的學生張蓉就是這樣，她一度狂喜到麻木。圍繞在她身邊的其他人都哭了，她也得表現出正確的情緒，否則難保不被人揪出來。她把頭埋在面前一位婦女的肩膀上喘氣抽泣不止。[76]

她不是唯一一個在演戲的人。在中國，為死去的親人哭泣，甚至跪倒在棺材前，是傳統孝道的必要表現。不哭的人，會被視為有辱家族門風。有時在重要人物的喪禮上，喪家會僱演員來大聲哭喪，讓其他哀悼者在哭的時候不會感到尷尬。過去，人們已經習慣了在批鬥大會上輕而易舉地製造無產階級的憤怒；現在，許多人也知道如何在需要的時候哭泣。

私底下，人們幾乎沒有一點惋惜。在雲南省會昆明，酒類一個晚上就賣光了。一位年輕女子回憶起當年她父親邀請了他最好的朋友到家裡來，鎖上門後打開了他們僅有的那瓶酒。第二天，他們一起去了公祭，那裡的人心碎一般地哭天搶地。「我當時還小，我被大人們的表情搞糊塗了。每個人在公共場合看起來都很悲傷，可我父親在前一天晚上卻樂得很。」[77]

有些人——特別是在文革中受益的人——感到由衷的悲痛，不少真正的信徒依然忠心耿耿，特別是一些年輕人。二十二歲的艾曉明*渴望加入共產黨為社會主義作出貢獻，她傷心得幾乎哭暈了。[78]然而在農村，鮮少有人哭泣，據安徽一名貧困的村民回憶：「當時沒有一個人哭。」[79]

毛澤東和史達林一樣都進了陵墓，只不過史達林後來被移出紅場，他卻一直躺在毛主席紀念堂中。他的肖像依然高高懸掛在北京，並且印在人民共和國的每一張紙幣上。毛澤東利用個人崇拜將其他人變成了諂媚者，強迫所有人實現他的隨心所欲。他讓黨的領導高層一起成了他罪行的幫凶，使得他們和他們的繼任者必須串通一氣，避免重蹈赫魯雪夫的覆轍，繼續保衛毛澤東在人民心中的偉大形象永遠不破滅。

---

*譯注：中國公民社會活動家，亦是紀錄片工作者。

第五章

金日成

KIM IL-SUNG

一九四五年十月十四日，群眾聚集在平壤一個運動場上，準備歡迎蘇聯紅軍的到來。半年前，史達林在雅爾達會見羅斯福，同盟國的談判左右了朝鮮半島的命運。朝鮮半島自一九一〇年起就是日本的殖民地。同盟國同意共同占領朝鮮半島，在最後一刻決定沿著北緯三十八度線將朝鮮一分為二，平壤成為蘇聯控制下的北韓臨時首都。

那一天，在蘇聯官員的陪同下，金日成發表了首次公開講話。當列別捷夫將軍（General Lebedev）介紹他出場時，現場觀眾一陣騷動，因為人們印象中這個名字應該是一名傳奇的游擊戰士，這位偉大的愛國者十年前曾遊蕩在滿洲，侵擾日本敵人。但是這個金日成看起來一點都不像什麼戰士，他才三十三歲，一臉少不更事，緊張地死死抓著稿子。目擊者稱，他看起來「就像一家中國餐館送外賣的小夥子」，剪著短髮，穿著一套對他的矮胖身材來說太小的藍色西裝。他用單調的聲音，結結巴巴地念完充滿馬克思主義術語的講稿，大力讚揚史達林。群眾議論紛紛，有謠言指稱他是一個冒牌貨，是受蘇聯控制的傀儡。這對一個準備崛起並統治北韓的人來說，可謂出師不利。[1]

金日成出生於基督教家庭，他的父親是傳教士。一九一九年金七歲的時候，為了逃避殖民者壓迫，他與家人跟隨其他無數的朝鮮人越過邊境進入滿洲。一九三一年，日本人趕上了他們，把滿洲變成一個傀儡國家。那年金日成十九歲，他加入了中國共產黨。後來朝鮮游擊隊竟被懷疑為日本人從事間諜活動，他們之中有一千多人在一連串殘酷的清洗中遭受拷問和折磨，數百人喪命。金日成也被捕了，不過他在一九三四年被證明無罪。[2]

當時，金日成是朝鮮僅存的共產黨員之一。他很快接手指揮幾百名游擊戰士，在滿洲和朝鮮邊境進行突襲。一九三七年六月，他和手下一起襲擊了小村莊普天堡（Pochonbo）的警察部隊，那個地方離白頭山（Mount Paektu）僅僅四十公里。據信，聖山白頭山是第一個朝鮮王國創立者的出生地。儘管這場襲擊行動在戰略上無足輕重，依然吸引了廣泛的新聞報導，因為這是共產黨首次在朝鮮境內發動攻擊。痛恨殖民統治者的民眾少說有數百萬人，日本人將金日成列入頭號通緝犯名單，他頓時變得家喻戶曉。[3]

到了一九四〇年，金日成成了滿洲最想捉拿的叛亂者，被迫越過邊境逃入蘇聯。他和他的追隨者都受到蘇聯紅軍的庇護、訓練和教育。一九四二年，他晉升為上尉，但三年後，他被剝奪了進一步提高聲譽的機會，無法以勝利者之姿進入平壤。生性多疑的史達林將重責大任轉交給更值得信任的「蘇維埃朝鮮人」，與莫斯科有長期聯繫的那一派。日本投降一個月後，金日成和他六十名游擊隊員找到進入朝鮮的方法，他們從港口城市元山市（Wonsan）登陸，但對金日成來說，這種回國方式很憋屈，因為他不是國家的解放者，而是一個穿著外國軍裝的卑微上尉。他堅持這趟回家的旅程要保密。[4]

在平壤，他花時間跟蘇聯官員混熟，提供他們食物和女人，利用自己的關係將他的追隨者安插進公共安全機關的重要職位上。蘇聯的臨時政府需要一個有名無實的領導人，他們選擇了曹晚植。被譽為「朝鮮的甘地」的曹晚植，是一名基督教民族主義者，數十年來一直倡導非暴力的獨立道路。他非常受人尊敬，但他與蘇聯的合作顯然是做表面功夫，他只用自己的方式行事。後來他拒絕接受蘇聯的五年託管，蘇聯忍無可忍，於一九四六年一月將曹晚植軟禁。這反而讓金日成有機會出場，史達林在候選名單上勾出了他的名字。唯一的競爭者是獨立運動人士朴憲永，他在解放後創立了朝鮮共產黨。[5]

蘇聯幫助金日成樹立自己的形象，洗刷了一九四五年十月留給人民的壞印象。平壤掛滿了金日成的畫像，與史達林的肖像並排在一起。人們開始讚揚他年輕有為，歌頌他神祕的過去。金日成努力面露微笑，讓自己看起來和藹開朗。他變得很謙虛，時常對人們說：「我不是將軍，我是你們的朋友。」一位採訪者稱，自己被他眼中閃耀的「天才之光」所震懾。一九四六年八月迎來一個關鍵的時刻，在朝鮮勞動黨成立大會上，金日成被譽為「偉大的領袖」、「民族的英雄」和「朝鮮人民的領袖」。小說家韓雪野（Han Sorya）稱他為「我們的太陽」，不像過去日本的太陽那樣總是壓迫殖民地臣民要向其低頭。韓雪野很快就成了金日成實行個人崇拜的主要推動者。6

金日成一獲得莫斯科的認可，就將蘇聯模式強加到社會的各個階層。工廠收為國有，並開始實施激烈的土地改革。金日成是一切的核心，他在全國各地為臣民提供建議，像是如何在陡峭的土地上耕種，或是如何提高生活水準。他創造了一九四六年的大豐收，還控制了冬季的洪災。農村舉行許多集會，村民們藉由歌曲、演講和信件表達對金將軍的感激之情。與此同時，卻估計有一百萬人（約占北韓總人口的百分之七至八）用腳投票，財富跟人才都外流至南韓。7

金日成的革命功績人人皆讚不絕口。一九四六年，一篇翻譯自《共青團真理報》（*Komsomolskaya Pravda*）的短篇傳記中反覆提到，普通老百姓認為這位多年來一直躲避日本人追捕的游擊戰士擁有超自然力量：他可以在空中飛行，還可以在山間挖隧道。兩位俄國人吉托維奇（Gitovich）和伯索夫（Bursov）採訪了金日成和他的游擊隊員，向世人介紹金的父母親。他的父親是一位忠誠的教師，也是一位革命分子，曾兩次入獄；他的母親則是個能幹狡猾的同謀，在屋子周圍藏著武器供給兒子。不過，第一個歌頌金日成「凱旋歸國」的人是北韓作家韓在德（Han Chae-tok），他把金日成描繪成一個「朝鮮英雄」，從十七歲就開始站在解放運動的前線。他的說法於一九四八年出版成書。[8]

普天堡那次的突襲事件後來被奉為傳奇，甚至被有「北韓馬雅可夫斯基」之稱的（Korea's Mayakovsky）詩人趙基天（Cho Gi-cheon）寫進史詩中。一九四七年出版的《白頭山》（*Mount Paektu*）將這個地區描繪成充滿奇幻故事的神祕地域，故事在講述沉睡的戰士等待起義，準備解放他們的土地，以及革命領袖從一座山跳到另一座山。[9]

到了一九四八年，鐵幕即將落下，世界分成了兩個陣營。朝鮮半島以三十八度線為界，出現了兩個截然不同的政府，和平統一的可能性越來越渺茫。南方的李承晚是共產主義的反對者，在美國的支持下贏得了五月分的第一次總統選舉。幾個月後，一九四八年八月十五日，也就是朝鮮從日本解放出來整整三年後，大韓民國（The Republic of Korea，亦稱南韓）在首爾宣布成立。北方的金日成則於九月九日宣布成立朝鮮民主主義人民共和國（Democratic Republic of North Korea，亦稱北韓）。

金日成從將軍變成了至高無上的最高領導人。民主主義人民共和國建立後，他有了另一個頭銜「首領」（Suryŏng），相當於用來稱呼史達林的「領袖」（vozhd）。他的照片如今出現在書籍和期刊的首頁。他的演講不計其數，都被登在報紙上。五一節那天，成千上萬的人聚在一起讚美史達林和金日成。在宣傳機器不斷地吟詠之下，人民團結起來支持他們的領袖。[10]

北韓是一個高度軍事化的國家，但隨著與南韓發生衝突的可能性越來越大，一九四八年二月又成立了一支由莫斯科提供裝備和建議的朝鮮人民軍。蘇聯軍隊在年底前就撤出了，運送了兩百輛坦克、卡車、大砲和輕型武器。

所有一黨專政的國家都一樣，軍隊是屬於黨的，而非人民。金日成是最高指揮官，他決心擴大革命，要將南韓從李承晚與其「美國反動派」手中解放出來，進而統一朝鮮。一九四九年三月，他找史達林商談，但史達林對此表示反對。金日成只得沮喪地看著毛接管中國，帶領全世界四分之一的人類進入社會主義陣營，而他自己的國家繼續處於分裂狀態。

金日成一再纏著史達林，但史達林並不急於與美國公開發生衝突，到了一九四九年底，他才開始有點動搖。當時美國人並沒有干涉中國的內戰，幾乎是放棄了在台灣的蔣介石。一九五〇年一月，當美國表示朝鮮並不在其太平洋防禦範圍內之後，史達林終於點頭，但拒絕出兵，「即使全世界都沒人要理你，我也不會幫你任何忙的。要協助的話就去找毛澤東吧」。毛同意了，還反過來要求史達林提供必要的海空軍力量去入侵台灣。[11]

一九五〇年六月二十五日，北方發動了一場全面的空戰和陸戰。南韓裝備不足，只有不到十萬名士兵，美國又拒絕提供李承晚裝甲、反坦克武器和口徑大於一〇五毫米的大砲。他的部隊幾週內就潰不成軍了。曾有那麼一小段時間，金日成看起來像個軍事天才，解放區到處都看得到他的畫像。[12]

然而，金日成的盤算整個大錯特錯。他和他的顧問原本一開始還指望獲得民眾的支持，可是大多數的南韓人都保持中立，沒有人在歡呼或是揮舞紅旗。美國也沒有因為害怕與蘇聯發生更大衝突而睜一隻眼閉一隻眼，相反地，他們召集聯合國，宣布和平已經被打破，並派遣軍隊支持南韓。他們在一九五〇年八月就扭轉了局勢。兩個月後，道格拉斯・麥克阿瑟將軍（General Douglas MacArthur）率軍抵達三十八度線。他本可以就此停火，但卻決定一路推進到與中國接壤的邊境，完全無視中國對安全的顧忌。

這對金日成來說是一場災難。十月時，毛出手救援，在夜幕的掩護下派遣數十萬軍隊越過邊境。他們出其不意地襲擊敵人。但在一連串捷報後，他們很快耗盡了補給線。一九五一年夏天，三十八度線附近陷入了血腥的僵局。

金日成不得不為這次潰敗找一個替罪羔羊，他將矛頭指向黨內的二號人物何凱（Ho Kai）。何凱在蘇聯出生長大，是一個很有才華的管理者，他從零打造出黨機器。他是金日成最親密的盟友、保護者也是監護人。單憑這一點就夠讓人想除掉他了，但更重要的是，何也是莫斯科在平壤的人。既然中國的勢力與蘇聯相抗衡，金日成要出擊就無後顧之憂了。他先是要求何負責肅清黨內，然後他再回頭指責何做得太過火，在其他領導人面前羞辱何，剝奪其職務，並開除黨籍。那些被驅逐的數十萬黨員，金日成則予以復職。那些人幾乎都是沒有文化的村民，所有人都擁戴金日成為他們的救世主。[13]

戰爭讓人們團結一致服從領袖，金日成的個人崇拜在一九五二年不斷加溫，儘管當時的轟炸變得越來越激烈。四月十五日金日成四十歲生日，他出版了一本簡短的傳記，是所有人的必讀書籍。全國各地都在開設學習班，工廠和學校慶祝金日成生日的方式，就是「熱情地灌輸自己」領袖的思想。在普天堡和萬景臺（Mangyongdae）建起了向他致敬的紀念堂，後者是他的出生地，位於平壤郊外的一個小山丘。[14]

群眾狂熱的奉承讓潛在對手不得不低頭。黨內三位最傑出的領導人發表了對金日成的讚歌，稱許他是與列寧和史達林齊名的「偉大領袖」。讚美給得最節制的人是朴憲永，他是首爾朝鮮共產黨的創始人，一九四八年移居北韓擔任外交部長。[15]

史達林樂於見到帝國主義陣營不斷耗損，將戰爭延長了兩年。在史達林死後幾個月，雙方終於在一九五三年七月宣布停火。這場地緣政治的大博弈，金日成只是一枚棋子。

戰後的邊界沒有改變，但多達三百萬人在這場現代數一數二殘酷致命的戰爭中喪生。朝鮮半島大部分地區都成了廢墟，北部幾乎什麼都沒剩下。

金日成卻宣稱打了勝仗。打從一開始，宣傳機器就把這場「祖國解放戰爭」（Fatherland Liberation War）描述成一場正義的防衛戰，美國是這場戰爭的侵略者。之所以能成功阻止帝國主義殖民朝鮮半島，要歸功於「偉大領袖」。這種說法當然是個天大謊言，但由於人民不斷地被灌輸這樣的觀念，而且還與外界完全隔離，這個謊言也變得可信了。十多年來，這個一黨制國家不斷擴大管控，連人們可以讀什麼書、說什麼話、可以住在哪裡或去哪裡旅行都要管。維安人員開始持續監視每個人，並且將異議分子分散送往北部偏遠荒涼山區的勞改營。[16]

北韓不僅變成了一個與世隔絕的王國，整個社會也處於長期圍困狀態，不斷面對來自四面八方敵對勢力入侵的威脅。宣傳機器永無止境地重複宣傳這樣的訊息，但是在敵人手中忍受多年蹂躪的老百姓心中也確實這麼認為。

北韓是一個飽受戰爭創傷的社會。在宣傳戰中，這位「偉大領袖」被描繪成一個慈父般的人物，一群飽受砲彈之苦的人民簇擁著他，尋找他們生活的指引。儘管如此，這場敗仗仍然讓黨內一些政敵蠢蠢欲動。金日成對朴憲永就很提防，這位外交部長一年前並不是很熱衷於說他好話。朴憲永還擁有大量的追隨者，這些人都是一九四五年以前曾待過北韓地下抵抗組織的成員。金日成在一九五三年三月時將他們逮捕。身為史達林上進的好學生，金日成安排了一場作秀公審，不管罪名有多離奇，十二名被告全在國際媒體面前順從地認罪。他們被判有罪，處以死刑。這完全轉移了眾人的注意力，讓人不去注意戰爭帶來的破壞。[17]

金日成亦跟隨史達林的腳步重建他的國家。北韓成了社會主義陣營大量援助的受益者，這些援助全部用於加速工業化和農村集體化。但金日成一如以往地急就章，到了一九五五年，已經出現饑荒蔓延的跡象，經常可看到孩子們赤腳在雪地裡乞討。整個北方村莊的人民都擠在一起，努力捱過冬季。蘇聯和中國再次介入緊急援助，運來了二十萬噸的糧食。[18]

然而北韓即使仰賴蘇聯，馬克思、列寧和史達林的畫像需求仍慢慢減少了。一九五四年八月十五日國慶日的閱兵儀式上，沒有出現任何相關物品。另一方面，蘇聯大使卻抱怨道：「在每個火車站、每個部會、每家飯店，都充斥著比金日成本人還巨大的肖像。」歌曲和詩頌揚他的智慧；他的標語以粗體字寫在橫幅上，懸掛在學校、工廠和辦公室。連他曾去過的地方、甚至他曾休憩過的石頭，都變成了電影謳歌的對象。[19]

金日成無處不往。他是一個坐不住、精力充沛的領導者，對每一個細節都斤斤計較。他視察學校、巡視合作社、參觀工廠、甚至臨時出現在地方會議主持議程，所有行程都被詳細地報導，報紙上還刊登了許多照片。金日成到處「蒞臨指導」，對養蜂、果園維護、灌溉技術、鋼鐵生產和建築工作方面提供建議。據估計，從一九五四至一九六一年，他一共旅行了一千三百次。全國都在出版並且仔細研讀他的指導。一九五六年初，新義州製漿廠自某次「偉大領袖」來訪後，開始每天舉行會議專門研討他的指導。[20]

他在無數的工人和村民面前證明自己，將自己變成一個活生生的傳奇人物。他是一個傾聽者，總是關心人民的福祉，密切詢問他們的生活；在探訪老百姓以及會見他們的家人時，他會做筆記。他不吝施予恩惠。當工人們寫信感謝他的領導，他也回信祝賀他們事業有成。[21]

然而，在閃亮的宣傳表面下，與個人崇拜如影隨行的是恐懼，因為凡對「偉大領袖」有一絲不敬，即使再細微都會受到嚴厲的懲罰。有受害者因為用印著金日成照片的報紙包裝一本書而被判五年徒刑。另外還有人因修飾了一張做得不好的海報，就被送進勞改營五年。一位村民抱怨糧食被徵用，指著一幅領導人畫像大喊：「你們在無謂地折磨人民。」結果被判七年監禁。還有數千名受害者因類似的罪行被判刑。[22]

領導人越是引人注目，他的同僚越是被迫生活在他的陰影之下。接連不斷的奉承讓黨內政敵的任何批評都不造成威脅。但是當一九五六年赫魯雪夫開始譴責個人崇拜，讓他們看到一個可以拉下金日成的機會。北韓駐莫斯科大使李相朝（Yi Sang-jo）向外交部官員抱怨，他的領導人在自己身邊安插滿馬屁精，累積越來越多權力，並讓官媒把自己捧成一個從十二歲起就領導革命鬥爭的天才。一個月後，金日成訪問莫斯科，受到赫魯雪夫的斥責，被要求改革。他謙虛地接受了建議。[23]

一九五六年八月，國內的批評者大膽地在共產黨中央委員會中槓上金日成。他們抨擊他在經濟施政的表現，嘲笑他的下屬無能，並指責他把太多權力集中在自己手中。他們更直言批判個人崇拜，並呼籲召開第二十屆代表大會倡導改革。但是多年來，金日成已在中央委員會裡塞滿了年輕忠誠的追隨者，當他的政敵發表演講時，那些人就在一旁叫囂、吹口哨，然後投票否決他們的提案。

金日成把最後攤牌逆轉成自己的優勢。他譴責他的競爭對手是「派系主義者」（factionalists），將他們解職或開除黨籍。他們之中許多人是出生在蘇聯或中國，由於擔心有生命危險，好幾個人逃離北韓，到他們出生的國家尋求庇護。這令莫斯科和北京感到不安，兩方都意識到自己在平壤的影響力正在減弱。他們派了一個聯合代表團到北韓去施壓，金日成再次虛心接受了建議，並於九月召開另一次中央委員會會議。他平反了政敵，並在去史達林化的問題上做出了象徵性的表態。

一個月後，一九五六年十月，布達佩斯發生的起義拯救了金日成。蘇聯的坦克消滅了匈牙利爭取自由的努力，社會主義陣營的改革戛然而止。接下來的兩年，金日成覺得自己被認可，剷除了所有批評他的人。逃亡國外人士的家人都人間蒸發，很可能都被處決了。[24]

一九五七年十月，社會主義陣營的領導人聚會慶祝十月革命四十週年，當時毛澤東將金日成拉到一旁，表達了自己對聯合代表團感到遺憾。兩位領導人都反對去史達林化。金日成沒有放過任何一個好機會，他趁機要求毛澤東撤兵。整個北韓當時有一千萬人口，戰爭結束後繼續留守北韓的中國士兵就占了大約四十萬人。這些占領軍力在一九五八年十月撤離。金日成終於從兩個最強大的支持者蘇聯和中華人民共和國中獨立而出，成為自己國家的主人。

成千上萬形形色色的「派系分子」、「陰謀家」被逮捕，遭受公開批鬥、指控、羞辱，有時會被毆打，甚至還有人被當眾處決，這場全國淪陷的獵巫運動，讓人不禁想起中國「百花齊放」之後的清洗運動。在莫斯科舉行的第二十次代表大會之後，某個科學院裡的嫌疑犯只因為堅持從官方出版物上刪除「我們敬愛的領袖金日成」這句話，就被他同事批鬥了十二天。有無數的人最後進了監獄或勞改營。[25]

一九五七年，全體人民依其對黨的忠誠度分成三個階層。這個區分系統被稱為「出身成分」（songbun），源自於中華人民共和國於一九五〇年發明的「成分」。排在「核心階級」與「動搖階級」之下的是「敵對階級」，占總人口的百分之二十。「出身」在哪個階級決定一切，包含一個家庭能獲得多少食物、是否能受教育，以及日後的就業。跟中國的狀況一樣，北韓所實行的這個種姓制度也是由父母傳給孩子。有些人被驅逐到農村，他唯一的罪行是有親戚移居南韓。對黨的忠誠很快就變成了對「偉大領袖」的忠誠。[26]

毛主席有大躍進，「偉大領袖」則有「千里馬」。「千里馬運動」在一九五八年夏天展開，這個名字源自神話中一匹一日可以跑一千公里的飛馬。這個運動的目的是，在沒有蘇聯和中華人民共和國的經濟援助下，推動北韓走向未來。金日成相信，意識形態的激勵比物質獎勵更能鼓勵北韓人民努力工作，實現經濟上的自給自足。他喊出「以千里馬的速度向前奔馳」，要北韓工業生產以不到兩年的時間趕上並超越日本。其做法與蘇聯和中國如出一轍，不遵守規定的工人會被打為「破壞者」。「千里馬運動」又帶起了一波新的鎮壓浪潮，僅在一九五八年十月至一九五九年五月之間，就有大約十萬人被揭發為「敵對和反動分子」。[27]

當金日成的政敵都消失，過去也被改寫了。早在一九五五年三月，宣傳機器就開始把蘇聯和中華人民共和國的痕跡從歷史抹去，轉而集中火力吹捧「革命群眾」對國家解放的貢獻。一九五六年，一座革命博物館在平壤開幕。它只有一層，整個五千平方公尺的空間專門用於展出關於金日成的反日行動。到了一九六〇年博物館又擴建成兩倍大，但這麼多展間裡面，只有寥寥幾個跟蘇聯有關的陳列櫃。這裡有十二尊「民族解放者」金日成的大型雕像迎接來訪的客人。[28]

一年後，一九六一年九月召開的第四次黨代表大會是金日成的重大轉折點。他已成功消除所有反對聲音，並鞏固了黨內的追隨者。幾個月前，他利用中蘇之間的裂痕，分別向兩邊獻媚，各簽了一份彼此衝突的條約，加強對南韓和美國的防備。金日成鞏固權力的布局似乎大功告成。[29]

許多年來，金日成很少公開露面，大部分的任務都委派給下屬。但他仍無所不在，他的語錄刊登在每一份報紙上。從土木工程到分子生物學，各個領域的每一份出版物都必須提到他的作品。他的演講內容被編成文集發行，一些選集作品有翻譯出版。在他仁慈的注視下，全國各地每個辦公室和教室，所有人都在研讀他的話語。另一方面，馬克思、恩格斯、列寧變得乏人問津。[30]

一九六三年九月九日，北韓舉行了盛大的閱兵典禮，慶祝建國十五週年。在開幕演講中，沒有隻字片語提到蘇聯。當金日成的巨大雕像被抬著穿過平壤街頭時，眾人喊著口號：「這一切都是我們自己的努力。」[31]

然而，就像所有出色的獨裁者那樣，金日成必須要將自己塑造成某種意識形態的奠基者。他的著作人人都在研讀，但他仍需要建立一套以自己為名的「主義」。一九五五年十二月，正當蘇聯和中國忙著向北韓緊急輸送糧食時，金日成提出了他自己的「主體思想」（Juche Thought）。「主體」（Juche）這個詞大致意思即「自力更生」（self-reliance）。這個詞看似是專有名詞，但其實概念很簡單，即人民是自己命運的主人，靠著自力更生，可以實現真正的社會主義。素來堅持物質條件是歷史變革主要動力的馬克思列寧主義，被徹底推翻了。[32]

多年來，儘管「千里馬運動」核心概念是要達到經濟自給自足，北韓也一直在喊獨立和自力更生，但是主體思想很少被提及。一九六五年四月，隨著中蘇關係破裂，金日成在亞洲和非洲的萬隆會議（Bandung Conference）十週年之際訪問了印尼。這是金日成第一次踏出社會主義陣營，他利用這次訪問來表明自己是第三世界不結盟國家的領導人。他在雅加達詳細談到了主體思想的基本原則。在反帝國主義鬥爭中，他毫不掩飾地主張應該脫離蘇聯和中華人民共和國獨立出來。[33]

在國內，主體思想則是另一回事。一九六六年十月，在重工業飛速發展十五年後，連金日成的一些追隨者也開始要求改善老百姓的生活水準。這個國家再一次陷入餓死的邊緣。首都平壤已經好幾個月沒有見到食用油和肉類了。[34]

金日成視民生訴求為一種威脅，要求將主體思想奉為北韓的官方意識形態。他想要建立一個一統的意識形態體系，即所謂的「意識形態和意志的統一」，藉此來領導革命。他要求全部的黨員無條件服從。一九六七年，批評他的人都遭到清洗。[35]

隨著金日成的話語變成唯一準則，用來稱呼他的名號變得越來越誇張。他被譽為「四千萬人口之國的天才領袖」、「國際共產主義工人運動的傑出領袖」。他在一九四五年八月把祖國從殖民統治的枷鎖解放出來，在韓戰的時候對美國帝國主義進行了「無數次報復」，迫使他們屈服。他是非洲、拉丁美洲和亞洲受壓迫者的紅色信號。一位奈及利亞詩人在《平壤時報》（*Pyongyang Times*）上寫道：「金日成是紅太陽。」[36]

他的個人崇拜涵蓋了他的家族。國家安全部的劇團演出了一部廣為流傳的話劇，講述的是「金日成之母、我們的母親」的「英雄事蹟」。整個家族的革命歷史可以往上追溯到他的祖父、祖母和他的一位曾祖父，他的父親則被封為革命的聖徒。[37]

一九六七年，在主體思想的旗幟下，四年來第一次慶祝五一節。現場沒有掛外國國旗。三角錦旗有黃色、綠色，還有國旗的藍色，但完全沒有紅色。幾匹巨大的飛馬進場拉開了遊行的序幕，後面跟著數不勝數的「偉大領袖」畫像和肖像。遊行的布條上寫著「一切靠我們自己的努力」或「團結靠自力更生」等口號標語。活動結束時，參加者隆重地唱了一首金日成之歌，並持續好幾分鐘反覆有節奏地詠唱著他的名字。[38]

北韓並沒有發生文化大革命。金日成跟其他獨裁者一樣為文革在中國引起的混亂感到困惑。但是，隨著主體思想不斷被捧高，一切帶有資產階級文化氣息的東西都受到攻擊。約有三十萬名「政治上不可靠」的家庭成員被帶離首都平壤。情歌和愛情故事被禁止；歌手和音樂家講述民間故事的流行戲劇成為禁忌；古典音樂，包括貝多芬，是違禁品。連尼古拉・奧斯特洛夫斯基（Nikolai Ostrovsky）

一九三六年出版的社會主義寫實主義小說《鋼鐵是怎樣煉成的》也成了審查下的犧牲品。一九六八年五月北韓採取更徹底的措施，沒收了所有外國書籍，研究馬克斯和恩格斯的原著被視為「不可取的」事。被抓來的人在集會處、演講廳和專門的自習室（有時被外國人稱為「膜拜室」〔cult room〕）研讀及背誦金日成的作品，來表現自己的狂熱忠誠。[39]

局勢的緊張程度日益加劇，漸漸形成一種肅殺的氛圍。一九六七年五月舉行的閱兵儀式，同時也在展現北韓的軍事實力，反坦克砲、高射砲和榴彈發射器轟隆隆地駛過首都。「讓我們解放南韓吧！」以及「讓我們武裝全體人民！」等口號定下了基調。戰爭處在山雨欲來的氛圍中，城市和村莊定期舉行空襲演習，連病人和老人都要被迫步行數公里到地下隧道避難。[40]

人們攜手合作，舉國上下都團結在一起，沒有什麼比戰爭威脅更能讓人民的注意力集中在領導人身上了，然而，一九六二年發生的黨員變化也是緊張局勢加劇的原因之一。金日成清洗掉所有政敵，然後提拔自己的年輕將領擔任要務。這某種程度上是在回應南韓一九六一年五月成功的軍事政變，同時再次點燃以武力征服統一朝鮮半島的願望。這幾年來，他的將領們加強軍事力量、武裝人民，把這個國家變成一個「堅不可摧的堡壘」。

然而一九六八年一月時，他們做得太過火了。他們先是派了一支游擊部隊到首爾執行暗殺南韓總統朴正熙的任務。結果任務失敗，幾名突擊隊員當場被殺。幾天後，他們又一時衝動，扣押了美國情報船普韋布洛號（Pueblo）。八十三名船員被監禁虐待了十一個月，致使兩國之間的戰爭幾乎一觸即發。[41]

金日成在公開場合向負責普韋布洛號抓捕任務的官兵們表示祝賀，但在歷經長時間談判結束這場險劇後，他悄悄地從自己的黨派團體中開除了十二名最高級別的軍官。要指揮一個強大的軍事團體，官兵們再怎麼忠誠，也無法讓獨裁者感到心安。這個結果標誌著一九六〇年代軍武政策落幕了。

一九六九年，許多致力於經濟發展的年輕追隨者受到提拔。金日成的家族成員開始填補一些高級職務的空缺。例如他的弟弟成了第四級的高官。他的妻子接任朝鮮民主女性同盟（The Korean Democratic Women's Union）的委員長。一九七二年五月，東德和蘇聯編纂了一份金氏家族掌權者名單，總共有十二位。[42]

一九七二年四月十五日，金日成六十歲。慶祝活動的籌備早在幾個月前就開始了。一九七一年十月，宣傳機器宣布要在全國各地建造榮耀「偉大領袖」的紀念碑。興建聖壇紀念革命戰場，在石頭上刻著詩句，紀念他曾站過的地方。新闢公路、橋梁和堤防。為了感謝他「蒞臨指導」，每個省、每個主要城市、工廠、礦山和農業合作社都豎起了紀念碑。人們自願二十四小時工作，晚上的時候就靠人工照明，沒有人想落後進度。他們的個人犧牲，就是愛「偉大領袖」的真摯表現，也是對他如此厚待人民的回饋。[43]

金日成的出生地萬景臺，年度朝聖活動來訪的學生和工人高達一百三十萬人。這座城市歷經重建，在許多角落紀念他人生的重大歷史時刻，比如說他曾與父親一起坐過的地方、他的滑雪道、他的摔角場、他喜歡釣魚的地方、他的鞦韆，甚至他曾坐在底下的那棵樹。這裡還展示了他家人使用過的木犁和木耙，以及他吃飯用的黃色碗。更往北至普天堡市和茂山（Musan），這兩地是「偉大領袖」曾對抗日軍的歷史現場，一共立了二十三座歷史紀念碑。[44]

公共工程的規模總是極其鋪張。大量的資源都被轉用於週年紀念計畫。這些計畫需要大量的水泥，於是他們停止運送原本簽好合約要運到蘇聯的水泥，還把所有礦工找去挖水泥，結果讓發電廠的存煤用光，整個城鎮陷入一片黑暗。[45]

平壤整個改頭換面。韓戰期間，平壤被夷為平地，但城市規畫者趁機將這座城市變成「偉大領袖」的紀念碑。過去幾年出現了兩旁種滿樹木的林蔭大道，公園、噴泉和花壇點綴其中。一座新的金日成廣場於一九五四年動工，在六十大壽慶典前及時完工。在這片廣闊的花崗岩地面上，金日成的銅像巍然矗立。

然而，最壯觀的紀念建築出現在俯瞰全城的萬壽臺（Mansudae）山崗上。十五年前，革命博物館僅有五千平方公尺，如今整個翻新，變成一個宏偉的紀念碑，占地五萬平方公尺，有九十多個展廳。博物館前有一尊「偉大領袖」的雕像，一隻手放在髖部上，另一隻手張開手掌伸向前方，像是在指示著未來。這座雕像有二十公尺高，是北韓有史以來最巨大的雕像，晚上時被泛光燈打亮，在城外好幾公里的地方都能看到。[46]

活動前幾週，「向領袖獻禮運動」展開。每個人可以藉這個機會，自願達到比平時更高的生產指標來表達對領袖的愛。住在日本的韓國人送來的禮物，也會在生日之前抵達首都，像是數百輛進口車，包括賓士轎車，還有卡車、推土機、挖土機，以及彩色電視、珠寶、絲綢和其他奢侈品。[47]

八月十五日，博物館隆重開幕，約有三十萬名遊客肅穆安靜地穿梭於眾多展廳。這裡布置了七個展區，向人民展示「偉大領袖」的生平故事，從初期與日本人的抗爭，到如今站上國際舞台的成就。展出的物品琳琅滿目，像是金日成的手套、鞋子、腰帶、帽子、毛衣、鋼筆、地圖和小手冊、著名戰役及著名會議的立體模型、著名場景的繪畫。到處都是雕像，而且每一尊雕像都得到金日成本人的認可。[48]

博物館也展出紀念章，這些紀念章雖然早在兩年前就已經出現了，但現在廣泛流行起來。第一批徽章總共兩萬枚，從中國運來及時趕上了慶祝活動。紅色徽章上的「偉大領袖」表情嚴肅，很久之後才出現了面帶慈愛微笑的版本。起初，這些徽章是所謂的「黨章」，只有高級官員在配戴。但不久之後，每個人都被要求別上，而且位置永遠是左胸前的口袋上。[49]

六個月後，一九七二年十二月，通過了一部新憲法，將主體思想奉為至高無上的準則，「偉大領袖」的思想實質上取代了馬列主義。當時還出現了一個新職位。除了黨主席，金日成被任命為共和國總統，他同時是國家元首和武裝部隊的指揮官，有權發布命令、赦免、締結或廢除條約。這部新憲法不僅讓金日成可以一手掌握各級政府，還表示他的權力已經悄悄地從黨擴及整個國家。[50]

北韓一直是一個封閉的國家，平常除了社會主義陣營的使館人員之外，幾乎看不到外國人。所有人都受到監視。不過，金日成的六十大壽派對是個亮相做公關的好時機，有來自三十個國家的代表團參加慶典。[51]

這也是第一次有美國記者受邀訪問北韓。這位萬中選一的美國記者名叫哈里森．沙茲伯里（Harrison Salisbury），多年來他一直在蘇聯和阿爾巴尼亞做報導。他抵達的第二天早上，就搭著一輛嶄新的賓士轎車繞行平壤。他被帶去參觀模範學校、工廠和農場。從田裡工作的快樂村民到幼稚園裡自信的孩童們，這裡的一切都讓他印象深刻。孩童們歌詠著「偉大領袖」的榮耀：「這世上沒有更值得羨慕的事了。」[52]

這位慈父般的大元帥伸出雙手歡迎沙茲伯里的到來。他跟史達林和毛澤東一樣，踏著緩慢的步伐渾身散發著一股莊嚴之氣。而且，他同樣很懂得如何微笑，讓他的客人放鬆。他有時大笑，有時輕聲地笑，偶爾在發表意見時轉向他的同志尋求支持。到了最後，沙茲伯里認為金日成是一位「極其精明又富有遠見的政治家」。

照相機拍下了沙茲伯里和金日成會見時的場景，畫面是精心安排過的，第二天報紙上刊登的版本已看不到坐在他們中間的翻譯人員，完全不留痕跡。一週後，另一名美國記者抵達北韓。隨著北韓謹慎地打開國門，越來越多遊客到訪。[53]

一九六五年在雅加達時，金日成以不結盟國家的擁護者自居，在蘇聯和中華人民共和國嚴重分歧的時候，向第三世界獻殷勤。一九六八年夏天，蘇聯領導的二十五萬大軍入侵捷克斯洛伐克，鎮壓了該國的民主改革運動之後，北韓拒絕出席在莫斯科舉辦的共產黨和工人黨國際會議（International Meeting of Communist and Workers' Parties）。金日成公開援引主體思想來對抗莫斯科，宣稱國家革命優先於國際革命。「偉大領袖」的報紙文章、小冊子和傳記簡史在國外出版，在瑞典、英國和美國的主要報紙上都刊登了全版廣告。這一系列的宣傳工作主要是把金日成塑造成一個天才、一個在國際有名的領袖，他開創性地把馬列主義發展成一套對全世界革命民族具有啟發意義的著作。[54]

在接下來的幾年，北韓嘗試一切機會，與曾對蘇聯持保留態度的國家建立關係，像是一九七一年九月與南斯拉夫，以及一九七六年八月與塞席爾共和國。趁著中國在文化大革命期間的封閉時期，平壞成千上萬的群眾經常夾道歡迎外國政要來訪。金日成本人也會出國，他出國旅行的活力，就跟在自家國內遊覽一樣旺盛。一九七五年，他進行了兩次重要的訪問，在十幾個國家接受外國記者的自由採訪。他很努力結交國外朋友。[55]

這種魅力攻勢很大程度上與聯合國有關。聯合國終於在一九七五年承認了北韓。但整個一九七〇年代，金日成持續把自己塑造成第三世界的領導人。北韓資助了大約五十個國家兩百多個組織研究主體思想。一九七四年東京舉辦了一場「主體思想國際研討會」，「金日成主義」一詞終於正式出現。其中最盛大的會議是在一九七七年九月，當時來自七十三個國家的代表應邀前往平壤，參加由「偉大領袖」親自主持的一系列金日成主義研討會。與會者必恭必敬地聆聽，沒有一個人提出問題。[56]

到了一九七八年，金日成意識到，他在國外推廣主體思想的努力非但沒有贏得尊重，反而淪為笑柄。運動戛然而止。海外學習中心的資助停止，外國記者的採訪機會也減少了。北韓對第三世界的短暫支持宣告結束。[57]

在國內，金日成被認為是世界舞台上的關鍵人物，是一位偉大、有影響力的政治家，對每一個國際問題都有發言權。一九七八年國際友誼展覽館（International Friendship Exhibition Hall）在妙香山（Myohyangsan）開幕。妙香山是一座在平壤以北約兩小時車程的聖山。這座龐大的建築外表像一座傳統的寺廟，裡頭陳列了「偉大領袖」多年來收到的無數禮物。例如，史達林和毛澤東送來的裝甲車、前蘇聯總理馬林科夫送的黑色豪華轎車、老卡斯楚的鱷魚皮公事包、希奧塞古的熊皮，還有像是大象牙、咖啡壺、菸灰缸、花瓶、燈、筆、地毯等等奇珍異寶，這些都在在證明金日成受到全世界領導人的敬重。到了一九八一年，電視每晚播放的國際新聞，大約有百分之九十都在報導跟「偉大領袖」有關的外國研討會、會議或出版的消息。全世界是如此地崇敬他。58

金日成六十歲生日之後，對領袖宣誓忠貞不二成了日常。他六十三歲時，廣播和電視不斷報導，工人在每天早上開始工作之前會先宣誓效忠，手裡拿著一本他的語錄集，在他的肖像前鞠躬；下班時，他們再一次鞠躬致意。黨員們也開始宣誓效忠於他的兒子金正日，一個掌管黨中央委員會、胖乎乎、三十多歲的年輕人。59

金正日的放大照片開始出現，他總是擺出和他父親一樣的姿勢。一九七六年二月十六日，大約一萬五千名兒童和青少年在平壤體育館慶祝金正日三十四歲生日。更明顯的大概是，接下來幾年裡人們不得不注意到，開始有一些高層領導人從一些公開場合消失了。一九七七年十二月，一些人遭到清洗。金日成正在清除那些反對任命他兒子為法定繼承人的人。一九八〇年十月，金正日獲選為勞動黨排名第四高的領導人。60

身為兒子的首要任務，就是要表現出對父親的忠誠。一九八二年四月，為紀念「偉大領袖」的七十歲生日，他協調建造了幾座紀念碑。在金日成廣場的正對面，聳立著一座高達一百七十公尺的花崗岩巨石。這座「主體思想塔」的頂部有一個重達四十五噸的紅色火炬雕塑，晚上會發光。在平壤以北不遠的地方，一座以巴黎凱旋門為樣板的平壤凱旋門落成。平壤的凱旋門由兩萬五千五百五十塊花崗岩組成，分別代表著這位國家解放者七十年人生的每一天。在他的指引下，「金日成主義」一詞取代了主體思想。

「偉大領袖」漸漸地退出舞台。越來越少到處蒞臨指導，也越來越少演講，連採訪都變得罕見。他依然會旅行，為了恢復友好關係，仍會到蘇聯和中國進行友好訪問。這時，個人崇拜進入了全新的紀元。一九五八年，有十九棵樹被人發現上面刻著抗日戰爭期間革命戰士的碑文。但到了一九八〇年代，人們又發現了九千棵碑文樹，全部都是偽造的。每一棵樹都是一個神化的象徵物，所有碑文連在一起變成：「獨立朝鮮總統金日成萬歲」、「天賜偉人」、「金日成是世界革命的領袖」。黨員和部隊現在都到這些地方去朝拜。好幾百棵樹頌揚著領袖的出生：「韓國萬歲！偉大的太陽誕生了！」一九九〇年，「敬愛的領袖」金正日慶祝生日時，人們在北韓的聖地白頭山上空看到了一道神祕的彩虹。[61]

一九九四年七月八日，「偉大領袖」心臟病發過世，享壽八十二歲。三十四個小時後，人們在辦公室、學校和工廠裡，聆聽著身著黑衣的播音員宣達落落長的訃告。所有人都哭了，儘管沒人知道誰是發自內心的，誰不是。醫療團隊在現場協助那些暈倒的人。接下來幾天，許許多多的悼念者聚集在萬壽臺山崗的金日成巨型雕像前面。有人捶著自己的頭，戲劇性地昏厥在地，或是扯掉衣服，假裝憤怒地向天空揮舞著拳頭。所有人都在努力表現得比別人更悲傷。電視上沒完沒了地播映著同志們傷心欲絕的畫面，例如有飛行員在駕駛艙內哭泣、水手們用頭撞擊船桅。當局宣布哀悼期為十天，祕密警察監視著每個人，觀察人民的面部表情，傾聽他們的聲音，以此衡量每個人的誠意。一個五歲的孩子在手裡吐口水，用口水弄濕臉，想讓自己看起來像是在哭。在「敬愛的領袖」的注視下，「偉大領袖」的遺體安放進一座巨大的陵墓。無論生前死後，國家主席的頭銜永遠保留給金日成。一如立在所有主要城鎮的新紀念碑「永生塔」所示，偉大領袖「永遠和我們在一起」。[62]

第六章

杜瓦利埃

DUVALIER

亨利・克里斯多福城堡（Citadelle Henri Christophe）是美洲最大的堡壘，像一艘巨大石船的船頭，從山頂的叢林伸出來，裡面可以容納五千人。一八〇六至一八二〇年間，前奴隸、海地反叛軍的主要領導人亨利・克里斯多福（Henri Christophe）建造了這座堡壘。多年來他一直在杜桑・盧維杜爾（Toussaint Louverture）手下戰鬥。杜桑是一位傳奇人物，他把法國殖民地的奴隸起義轉變成爭取獨立的群眾運動。一八〇二年，杜桑逝世，但兩年後，他那訓練有素的龐大軍隊成功擊潰殖民者，建立了世界上第一個黑人共和國。不久之後，他的中尉讓—雅克・德薩林（Jean-Jacques Dessalines）成了皇帝，不過只統治了一小段時間，就在一八〇六年被暗殺了。[1]

隨後發生了一場權力鬥爭，結果國家一分為二。南方由「混血人種」（gens de couleur）所統治，他們是廢除奴隸制之前已經自由的人。昔日的奴隸則去了北方，一八一一年，克里斯多福在那裡建立了一個王國。在接下來的幾年裡，他宣布自己為海地的國王，號稱亨利一世（Henri I），並強迫人民勞動為自己建造豪華宮殿和堡壘。克里斯多福創建了他自己的貴族等級制度，為他的公爵、伯爵、男爵設計了盾形紋章。那些人則恭敬地任命他的兒子雅克—維克多・亨利（Jacques-Victor Henri）為王子和繼承人。但是漸漸地，亨利一世變得越來越偏執，認為處處都是陰謀和算計。冒著政變的危險，他在五十三歲時用一顆銀彈結束了自己的生命。十天後，他的兒子也被殺了。

不久後，南北方統一了，但社會分裂依然存在。上流階層為自己與法國的關係而自豪，看不起大多數的人，那些非洲奴隸後代的貧窮村民。在一個多世紀的時間裡，來自兩方自封為王的君主和皇帝相繼登基，他們之中大多以政治暴力進行統治。一八二五年，法國要求海地要為其獨立付出巨額賠償，嚴重阻礙了海地的經濟發展，這筆債一直到一九四七年才總算還清。

一九一五年起，美國占領了海地長達二十年，進一步加深了種族分歧。其中一位反對美國占領的人名叫讓・普里斯—馬斯（Jean Price-Mars），他是一位受人尊敬的教師、外交官和民族誌學者，擁護海地的非洲血統。他將巫毒教視為與基督教同等地位的本土宗教。巫毒教是羅馬天主教儀式和非洲信仰的混和體，曾在奴隸工作的種植園蓬勃發展。在美國人離開後，他的追隨者更進一步發展出一種民族主義意識形態，主張推翻上流階層，把國家的控制權交給占人口多數的黑人那一方。他們將之稱為「黑人主義」（noirisme），這個詞源自於法語的noir，意思是黑色。他們認為長期分裂著海地的社會差異，是血統造成的。

其中最著名的追隨者就是弗朗索瓦・杜瓦利埃（François Duvalier）。年輕時候的他在一九三九年發表一篇題為〈人類社會學的問題：種族決定論〉（A Question of Anthro-Sociology: Racial Determinism）的文章，堅稱生物學決定了心理學，因為每個種族群體都有自己的「集體人格」。黑人才是真正的海地人，他們的宗教是巫毒教。黑人主義者主張建立一個專制、排外的國家，將權力交給真正的黑人領袖。[2]

杜瓦利埃小時候很怕生，很熱愛讀書。他在高中時遇到兩位對他影響深遠的老師，一位是頗具影響力的民族誌學者普里斯—馬斯，另一位是公開反對美國的迪馬瑟・埃斯蒂梅（Dumarsais Estimé）。這兩位都激勵他為自己國家的非洲血統感到自豪。他嘗試擔任新聞記者，抨擊上流階級，捍衛貧苦村民的權益。他早已認定所有黑人都受到壓迫。[3]

一九三四年從海地大學獲得醫學學位後，二十七歲的杜瓦利埃在幾家當地醫院工作，利用業餘時間研究巫毒教，秉持著普里斯－馬斯的精神寫下許多有關「黑人主義」的文章。他結識了二十四歲的洛里默．丹尼斯（Lorimer Denis）。丹尼斯沒有幽默感，總是戴著一頂帽子，拿著一根手杖，一副巫毒教祭司的樣子。杜瓦利埃後來模仿他的風格，與男祭司（houngans）和女祭司（mambos）建立聯繫網絡，他認為宗教是海地農民生活最重要的核心。他和丹尼斯一起在海地民族學局（Bureau of Ethnology）工作。民族學局是他的老師普里斯－馬斯一九四一年創立，為的是對抗國家策畫的一場針對巫毒教的殘酷運動，當時不僅膜拜物遭到破壞，連祭司都被迫放棄信仰。[4]

第二次世界大戰結束時，杜瓦利埃在美國念了兩個學期的公共衛生課程。一九四五年，他回到農村幫助對抗熱帶疾病。他總是肩上揹著一個藥箱，手裡拿著一根針筒，將自己塑造成一個無私奉獻於貧苦農民的人。他後來用第三人稱寫道：「他同感他們的苦難，他哀悼他們的不幸。」[5]

他昔日的教師埃斯蒂梅是一位有才幹的公務員，一路層層晉升到教育部長，一九四六年當選總統，入駐國家宮。國家宮是一座宏大迷人的建築，其圓頂讓人想起美國於一九二〇年建造的白宮。杜瓦利埃被任命為全國保健服務總幹事，三年後擔任海地政府的勞工和公共衛生部長。埃斯蒂梅增加了黑人公務員的比例，引入所得稅措施，並將巫毒教當作本土宗教推廣給大多數的人。很快地，上流階層開始覺得埃斯蒂梅的做法太激進了。一九五〇年五月，前太子港警察局局長保羅．馬格羅亞爾（Paul Magloire）所領導的軍政府將埃斯蒂梅趕下台。杜瓦利埃也因此丟了工作，對上流階層的統治感到憤恨不平。他學到一次慘痛教訓，那就是永遠不要相信軍隊。

他回到農村行醫，但不久後就加入了反對派的行列。一九五四年，政府懸賞捉拿他，他被迫與他最信任的年輕朋友克萊門特・巴博特（Clément Barbot）一起上山。後來一位名叫赫伯特・莫里森（Herbert Morrison）的美國公關人員被蒙上眼睛帶去他們的藏身處找他們。當時這兩名男子都喬裝成女人，巴博特甚至在他的裙褶裡藏了一把機關槍。這段經過成了杜瓦利埃神話的開場情節。在這個神話裡，他是一名抵抗運動的戰士，為了躲避追捕，從一個藏身處跑到另一個藏身處。6

一九五六年九月，馬格羅亞爾赦免了所有政治對手，杜瓦利埃便不再躲躲藏藏。幾個月後，馬格羅亞爾失去了軍隊的支持，跟著家人逃離了海地，只留下一個空空如也的金庫。如今，人們在政治上越來越渴望打破過去的傳統，迫使軍政府搞出了一個裝模作樣的選舉。軍事委員會主席安東尼奧・凱布羅（Antonio Kébreau）呼籲各界先提交人選。7

杜瓦利埃和其他十幾位競爭者宣布參選。接下來十個月陷入了政治混亂，發生嚴重的罷工、到處出現暴力事件，前後有五個臨時政府倒台。到了一九五七年八月，剩下兩個主要候選人在角逐。一個是杜瓦利埃，一個是富有的甘蔗種植者和實業家路易・戴朱瓦（Louis Déjoie）。整個競選過程中，杜瓦利埃總是不斷提及自己要加強、擴大他昔日教師埃斯蒂梅在一九四六年發起的革命。他向工人和農民做出承諾，他呼籲民族團結和經濟重建。但更重要的是，杜瓦利埃表現出溫和、謙遜的樣子，流露出懸壺濟世的關懷。他和他的家人也都窮到沒有房子，依然全心奉獻給他的病人，不知疲倦地工作到深夜。他深受人民的愛戴。「農民們愛他們的醫生，我是他們的『醫生爸爸』（Papa Doc）」，他溫和地說道。他讓所有人覺得自己是一個隨和的人。[8]

這位話不多的醫生看起來很容易控制。在他同意任命凱布羅為軍隊的參謀長之後，軍政府進一步削弱他的主要對手。一些支持戴朱瓦的軍官被解職，其支持者受到攻擊，最後連支持他的競選活動也被完全禁止了。[9]

一九五七年九月二十二日，杜瓦利埃當選總統，二十二是他的幸運數字。「我所領導的政府會嚴加保護所有自由人的榮譽和公民權益。我所領導的政府將保證海地人民的自由」，他在一個月後的就職演說中莊嚴地宣布道。[10]

杜瓦利埃的政治對手對選舉結果提出了質疑，因此他上任的第一個行動是清除這些政敵。幾週內，公務人員就被清洗了。杜瓦利埃改任命他的追隨者，毫不考慮他們是否有專業知識和經驗。兩個月後，不僅立法機構在他的控制之下，他的盟友也控制了政府的行政和司法部門。[11]

杜瓦利埃聘請莫里森擔任他的公共關係主任。在杜瓦利埃競選總統期間，莫里森買了一台二手相機，拍下數百張照片，準備將杜瓦利埃推向國際。在取名為「窮人的捍衛者」的照片上，可以看到這位新科總統在一名貧困農民旁邊擺姿勢。莫里森還開始帶著他的相機在島上旅行，到處拍拍照，要把海地描繪成民主的燈塔。一年後，他在紐約的廣播節目中將杜瓦利埃描繪成「一位謙遜的鄉村醫生，他敬業、誠實，正在努力幫助他的人民」。他向美國聽眾解釋道：「這是海地歷史上第一次，由中產階級與邊緣的群眾，那些農村的人們，自由選舉出他們想要的領導者。」[12]

巴博特負責建立祕密警察，專門奉命攻擊那些反對當權政府的人。這種惡劣的作風引起了大眾的憤慨。選舉期間，他們拿著山核桃樹枝把一些男孩拖到灌木叢中毆打，最年輕的男孩只有十一歲，男孩們的全家人則都被抓進了監獄。[13]

軍隊參謀長凱布羅恐嚇、監禁或是驅逐任何當權政府的敵人。工會被鎮壓，報紙被噤聲，有時連辦公室也會被焚毀。有一家電台被毀了，嫌疑人被指控為共產主義者，當局總共逮捕了數百人。軍政府還在選舉前實施了無限期的宵禁。[14]

軍隊基本上一直是權力中心。杜瓦利埃和凱布羅之間的聯盟並不穩定，彼此都在互相利用。某次軍政府協助他鎮壓對手時做得太過火，打死了一名公開支持戴朱瓦的美國公民。十二月時，美國召回大使以示抗議，杜瓦利埃趁機將暴力事件歸咎於軍方。兩個月後，凱布羅被解職了。[15]

接下來的幾個月，軍隊縮減了規模，許多軍官或被解僱、調任或被提早退休，尤其是高級軍官。夏天時又出現了一次大清洗行動。一九五八年七月二十八日，五名美國僱傭兵與兩名海地軍官一起在首都附近登陸，希望能夠號召志同道合的人包圍總統府。結果最後所有叛亂分子都被忠於總統的部隊殺死了。

這場失敗的政變對杜瓦利埃來說卻是禍中之福。他一週後在電台上向全國發表講話：「我已經征服了這個國家。我贏得了權力。我代表新的海地。那些企圖摧毀我的人，就是在企圖毀滅海地。海地得依靠我才能呼吸，而我因為有了海地才存在……上天和命運都選擇了我。」總統被賦予了所有權力，可以採取一切必要的措施來維護國家安全，他砍掉了所有憲法保障的權益。上台不到一年的時間，杜瓦利埃已然成為至高無上的君主，他擁有不受限制的權力。[16]

杜瓦利埃打著維護國家安全的名義，進一步砍掉軍隊的資金，開始培養自己的民兵，刻意要跟正規部隊抗衡。他們跟祕密警察一樣，也歸巴博特所管。起初這支民兵因為跟一九三〇年代恫嚇法國社會的蒙面法西斯分子很像，所以也被稱作「蒙面人」（cagoulards），但很快被人們稱作「麻布袋叔叔」（tonton macoutes），這在海地克雷奧語（Creol）中是一種會把小孩裝進麻布袋吃掉的「妖怪」。不到一年，巴博特就聲稱他手下的民兵部隊有兩萬五千人，雖然真實數字可能從未超過一萬，其中在首都的核心分子大概兩千人。「麻布袋叔叔」穿著藍色制服，戴著金屬框的黑墨鏡、灰色捲邊男氈帽，活像個流氓。他們都有配槍，藏在腰帶或腋窩的皮套裡。只有杜瓦利埃可以招募「麻布袋叔叔」，並在他的允許下攜帶武器，而「麻布袋叔叔」必須向杜瓦利埃回報工作。《新共和國》（*New Republic*）雜誌寫道，這些「麻布袋叔叔」會「告密、在各地稱王、敲詐勒索、恃強欺弱，還會支持既有政權」。他們是杜瓦利埃的耳目，幾乎不支薪，所有人都利用特權進行勒索、恐嚇、騷擾、強姦和謀殺。[17]

「麻布袋叔叔」鎮壓或干預了幾乎一切的自由，唯獨保障了宗教自由。一九五八年四月新憲法下達，巫毒教不再被禁止，削弱了天主教教會的主導地位。二十多年來，杜瓦利埃一直在研究宗教，系統性地建立與巫毒教神職人員之間的關係。如今，他充分利用過去累積下來的知識，招募這些神職人員，讓他們成為鄉村裡「麻布袋叔叔」的領導人。他會廣泛徵詢他們的意見，邀請他們到總統府來，並要求他們舉行宗教儀式。[18]

杜瓦利埃將自己塑造成巫毒教的神靈。自從他早期跟丹尼斯交好開始，他就是一副男祭司的打扮，常常穿著黑衣服，拄著拐杖，模樣看起來沉默寡言。他在模仿那位守護逝者靈魂和墓地的薩麥迪男爵（Baron Samedi）。在民間傳說中，薩麥迪男爵經常被描繪成頭戴禮帽、身穿黑色燕尾服、戴著墨鏡、鼻孔裡塞著棉花，看上去就像一具準備下葬的屍體。

杜瓦利埃戴著一副厚重的黑色粗框眼鏡，偶爾出現在公眾面前會戴大禮帽、穿燕尾服。他會用濃濃的鼻音假鬼假怪地嘟噥著，彷彿在念誦著針對敵人的咒語。

他助長各種有關他與神祕世界聯繫的謠言。一九五八年，美國人類學家哈羅德・庫蘭德（Harold Courlander）到總統府來致意。他早年在民族學局就認識了杜瓦利埃。警衛領著他走進一間四周掛著黑色窗簾、一片漆黑的房間，庫蘭德對眼前的景象感到不可思議。杜瓦利埃穿著黑色羊毛西裝，坐在一張長桌子前，桌上放著幾十支黑色蠟燭，周圍是同樣戴著墨鏡的民兵手下。[19]

一九五九年四月後開始流傳一個日後不絕於耳的謠言，「麻布袋叔叔」介入了一名前政敵的葬禮，他們把棺材從黑色靈車裡拖出來，裝上自己的車載走了，留下一群目瞪口呆的悼念者。這具屍體被移走的原因，官方解釋是為了防止在其墓前有公眾聚會，但很快就有傳言指出，總統想利用他的心臟來增強自己的魔力。[20]

民間還流傳著許多其他的故事，像是總統坐在他的浴缸裡，頭戴薩麥迪男爵的禮帽，向神靈尋求協商。或是他在國家宮的沙龍廳研究山羊內臟。然而，杜瓦利埃的手段並不僅止於散布謠言。就像他曾經清除了政府其他官員和軍隊那樣，他也消滅了那些拒絕合作的祭司。「請永遠別忘記，」一九五九年時他對他們說，「我是這個國家至高無上的權威。從今以後，我，也只有我，才是你們唯一的主子。」[21]

海地與位在東部的多明尼加共和國同在伊斯帕尼奧拉島（Hispaniola）上。向西穿越向風海峽（Windward Passage），就是古巴島，距離僅僅五十公里。一九五九年一月，老卡斯楚（Fidel Castro）和他的游擊部隊進入了哈瓦那。杜瓦利埃又再次走運，美國開始向他提供財政援助和軍事建議。接下來一個月裡，海地收到六百萬美元的援助，對正處於經濟危機的政權來說如降甘霖。杜瓦利埃在接受《紐約時報》（*New York Times*）記者彼得・基斯（Peter Kihss）的採訪時稱，他並不是獨裁者，而只是一名關心國家重建的醫生。[22]

然而，即使是巫毒教，也會碰到世事無常。一九五九年五月二十四日，杜瓦利埃心臟病發。生病正是衰弱的表徵，關於他法力變弱的謠言四起。他父親的墳墓被褻瀆，有人毀了靈柩，遺骸散落各處。他的政敵膽子越來越大，首都還發生炸彈爆炸。一些政客質疑他對國家資金的使用，一位參議員甚至發表了抨擊當權政府的激烈言論。但即使在這樣岌岌可危的時刻，杜瓦利埃似乎仍很活躍，美國大使於六月二日訪問了國家宮，以示對他的支持。[23]

一個月後，杜瓦利埃以很戲劇性的方式，向眾人昭告他重新掌權。他與他的家人和顧問一起出現在國家宮的前台階上閱兵。「麻布袋叔叔」替他精心召集來數以千計的熱情支持者，他們聚在一起高聲歡迎他的到來。第二天，在公共關係主任莫里森的陪同下，總統遊覽首都街頭，莫里森在一旁負責拍下活動的照片。[24]

兩個月後，杜瓦利埃宣布，他揭露了一場共產主義準備推翻政府的巨大陰謀。他要求有權自行發布法令，並且暫停了議會豁免權。他刻不容緩立即使用他的新特權，彈劾了六名參議員。這些人在夏天期間曾利用他的病情，對他的統治提出批評。[25]

杜瓦利埃現在處於自我孤立的狀態，周圍全是馬屁精。他顧問群的職權從未被明確規定，他們同時扮演好幾個官方角色，在行政上造成巨大混亂。他的下屬再怎麼忠誠，他還是會強烈懷疑其辦事能力，以至於即使他似乎對治理不感興趣，現在每個決策都得插手。一位美國顧問寫道，杜瓦利埃「把所有時間都花在對人的政治操縱上」。[26]

暴君不信任任何人，更不用說是他們的盟友。杜瓦利埃清除了他的朋友和敵人，打擊任何他認為野心過大或是可能另起山頭的人。沒有人是不可或缺的。在他生病期間，他的心腹兼親信巴博特協助維持秩序。但身為「麻布袋叔叔」的領導者，他是潛在的威脅。在巴博特與美國進行祕密會談之後，七月十五日杜瓦利埃立即將他和十名同夥逮捕。即使貴為海地的第二號人物，他和其他獨裁者的親密合作夥伴一樣，都低估了自己主子的城府有多深。莫里森是總統的宣傳總監，後來也因為與巴博特交好而受到懷疑，但他設法逃到了邁阿密。兩週後，總統在國家宮前檢閱了「麻布袋叔叔」，所有人奉其命排成兩排。自兩年前成立以來，這些民兵首次得到官方承認。杜瓦利埃要求他們「擦亮眼睛」。[27]

抵抗的堡壘還剩下最後一個，那就是教堂。他們支持學生。學生們不顧「麻布袋叔叔」的殘酷鎮壓，依然勇敢組織罷工。一九六一年一月，杜瓦利埃驅逐了法國主教和四名神父，結果自己反被梵諦岡驅逐教會。這個國家這下完全都在他的掌握之中了。

憲法規定總統任期為六年。在任期結束的前兩年，杜瓦利埃開始為他的第二次任期做準備。一九六一年四月十四日，他五十四歲，報紙讚揚他為「至高無上的領袖」、「國家的精神領袖」、「受人尊崇的領袖」、「集體利益的倡導者」和「現代歷史上最偉大的人」。這為兩週後新成立的立法機構選舉定下了基調。每個候選人都費盡心力向杜瓦利埃表明他們的忠誠。每張選票上都寫著總統的名字。週日上午當海地角（Cap-Haïtien）的民眾步出教堂時，「麻布袋叔叔」就把他們圍捕起來趕進投票所，連七歲孩童也被要求投票。第二天的報紙宣布，人民不僅投票選了立法候選人，而且還自發地贊同杜瓦利埃總統繼續第二個任期。[28]

為紀念德薩林創造了海地國旗，國旗日那天在城市阿爾卡艾（Arcahaie）舉辦慶祝活動，當地村民熱情歡迎杜瓦利埃的到來，安全部隊持槍在一旁看守。他的屬下安排了一次又一次鋪張的演講來讚揚他。最誇張的一次演說來自國民教育部長休伯特·帕派勒（Hubert Papailler）神父。他說，人民用暴力搶走投票箱，是希望目前的首長不要在六年之後下台，必須待得跟「賦予他權力的神一樣久」。杜瓦利埃在一旁看著，墨鏡後方的他深不可測。[29]

杜瓦利埃的就職典禮在五月二十二日舉行，二十二是他的吉祥數字。一連好幾天，「麻布袋叔叔」都在鄉間到處抓志願者，強迫男人、女人和小孩上卡車，鞭打那些反抗的人。整趟路程通常要花上一整天，路上沒有供應食物，他們還被迫住在學校和倉庫裡等待通知。首都出去的每條路都設了路障。當天，約五萬人被護送到國家宮，他們的工作就是手舉布條、高舉畫像，在命令下歡呼，盡責地表現出支持的樣子。杜瓦利埃向群眾宣稱：「你們是我，我也是你們。」[30]

甘迺迪領導的美國政府對這次意外的選舉感到反感。一九六二年中期，經濟援助悄然中止。大批外國人離開。隨著經濟不斷惡化，杜瓦利埃把海地的所有問題都怪罪給美國。

一九六三年四月，杜瓦利埃放巴博特出獄，甚至送給他一輛嶄新的轎車作為和解的象徵。然而，這位前親信非但沒有表達感謝，反而試圖綁架總統的兩個孩子讓—克洛德（Jean-Claude）及西蒙尼·杜瓦利埃（Simone Duvalier）。總統利用「麻布袋叔叔」對人民實施了一段恐怖統治，「麻布袋叔叔」趁機公報私仇，消滅自己的敵人。數以百計的嫌疑人被殺，更多人下落不明。在首都，屍體被丟棄在路邊腐爛。在不到一週的時間裡，美國就對涉及美國公民的事件發布了五次正式抗議。[31]

幾週後，美國拒絕出席杜瓦利埃連任一週年紀念會，藉此對海地政府施壓。大使館開始撤離雇員，外交關係中斷。但杜瓦利埃並沒有退縮，他認為華府需要盟友去對抗古巴。五月二十二日，慶祝活動照常舉行，成千上萬的村民聚集在國家宮前載歌載舞。「醫生爸爸」現身於陽台上，據一位目擊者稱，「他平靜到完全無動於衷，任憑子彈和機關槍都嚇不著杜瓦利埃」。「我已經是一種無形的存在。」在紐約，《新聞週刊》宣稱他「徹徹底底、無可救藥的瘋了」。但是六月三日時，美國又要求恢復正常外交關係。海地電台都在吹噓杜瓦利埃「政治手腕的勝利」。[32]

七月中旬又迎來了一場勝利，巴博特和他的弟弟最終在鄉下被追捕射殺。他們血肉模糊的屍體照片被刊登在報紙上。

似乎每遇一次危機，杜瓦利埃就變得越加強大。八月，在某個被流放的政敵又一次企圖入侵未遂之後，他中止所有公民權六個月，包括集會的權利。但這也只是做做樣子罷了，因為各種自由早已被暫停了。一九六三年九月十七日，海地正式成為一黨獨大的國家，所有政治活動都必須在民族團結黨（Party of National Unity）的支持下才能進行。該黨並沒有變得更大，但獨立的政黨機器提供了另一種保護革命的機制，並且將更多人與杜瓦利埃聯繫起來，不再只是局限於祭司和「麻布袋叔叔」。[33]

杜瓦利埃在接下來的幾個月裡宣布：「我是革命，也是國旗。」太子港市中心閃耀著霓虹燈，上頭寫著「我是海地國旗，合而為一不可分割。弗朗索瓦・杜瓦利埃」。附近的廣場被重新命名為「杜瓦利埃革命廣場」（Place de la Révolution Duvalier）。這位獨裁者的塑膠半身像和畫像全擺上商店和辦公室裡顯著的位置，甚至出現在私人住宅裡。人們經常從電台聽見他談話。杜瓦利埃把自己描繪成神靈的化身，自稱「道成肉身」。不過，杜瓦利埃並不建造雕像。當立法通過準備建造領袖紀念碑時，杜瓦利埃婉拒了。他的想法跟希特勒一樣，他們都認為雕像是為死者而建的。[34]

要求奉承是有目的的，杜瓦利埃希望成為終身總統。一九六四年三月，教會、商業和工業的領袖陸續被召入宮中證明自己的忠誠。他們在悶熱的天氣裡等了幾個小時，然後被逼著在公開場合朗讀事前準備好的劇本，懇求總統一直做下去。杜瓦利埃又是那副和藹可親的樣子，熱烈地向所有人表示感謝，尤其是那些總是批評他的人。報紙連日來不斷刊登要求修改憲法的電報；人們讀讚美詩、唱頌歌。四月一日，總統親自現身於公眾面前，宣稱：「我是舉世無雙的奇才，大概每五十到七十五年才會出現一位。」[35]

接下來幾個月舉行了無數次的遊行，成千上萬的人被送往首都，乞求他們的領袖留下來。甚至出現了一張海報，上面畫著基督雙手搭在坐著的杜瓦利埃肩膀上：「我已選擇了他。」這個運動在六月十四日舉行的公投時達到高潮。選票上印著「贊成」。海地總人口四百萬，約有兩百八十萬人投了贊成票，只有三千兩百三十四人投了反對票，代表他贏得了百分之九十九點八九的民意。為了順應民意，還起草了一部新憲法。六月二十二日，總統在全體外交使團面前莊嚴宣誓。他先是遲到了一個小時，接著朗讀講稿足足九十分鐘之久，他的聽眾被迫站著聽講。過了一會兒，一名德國外交官因極度疲勞忍不住坐下去，杜瓦利埃還停下來，轉過身命令一名禮賓官，請他去要求賓客起身。[36]

幾週後，為了紀念這位終身總統，官媒發行了一本題為《革命教義問答》（*Catechism of the Revolution*）的小冊子，裡頭包含了一些容易背誦的短語。開篇第一章就為整本書定下了基調：

問：杜瓦利埃是何方神聖？

答：杜瓦利埃是有史以來最偉大的愛國者，是人民的解放者，是海地民族的革新者，是民族尊嚴的捍衛者，是海地的革命領袖和終身總統。

問：我們該如何稱呼杜瓦利埃？

答：杜瓦利埃繼承了德薩林的遺志，我們應該稱他為拯救我們的終身總統。[37]

弗朗索瓦·杜瓦利埃與一八〇四年稱帝的偉大獨立鬥士德薩林一樣，任期無期限。九月出了一項法令規定，無論私立、公立，還是教會學校，每一所學校的每一間教室裡都應該要懸掛杜瓦利埃和他心中的英雄德薩林的畫像。38

到了一九六五年，海地陷入了困境。一九六〇年時美國的財政援助已不到國家公共支出的一半，現在則是完全停止。海地是咖啡和瓊麻的出口國，但國際市場的價格已經崩潰。由於「麻布袋叔叔」在當地施行了恐怖統治，旅遊業相當慘澹。財政緊縮資金、國家債券、政府彩券等無止境地要求資金挹注，也讓工商業不堪負荷。39

競選時口口聲聲說要對抗飢餓、貧窮、文盲和不公義，沒有一項承諾兌現。失業率不斷攀升，文盲率也比以前高。百分之六十五的資金都投注在國家安全，犧牲了大多數的公共服務設施。廢棄在路旁的汽車鏽跡斑斑。曾經美麗的公園長滿了灌木叢和雜草。據報導，半島南部的萊凱（Cayes）和熱雷米（Jeremie）這兩地過去的收成通常相當豐饒，如今當地居民卻死於饑荒。40

整個國家瀰漫著恐怖和不安，但死亡人數其實沒有類似的國家那麼高。跟北韓一樣，大約百分之七至八的人口有能力可以遷徙逃離。沒錢的人非法越境到多明尼加共和國，或搭船穿越向風海峽前往古巴。那些比較富裕的人則逃到巴哈馬（Bahamas），希望能藉此進入美國。到了一九六〇年代中期，國內最優秀的律師、醫師、工程師、教師和其他專業人士有五分之四的人流亡海外。那些還留在海地的人，則被打壓得噤聲不語。41

杜瓦利埃過著隱士般的生活，很少露面，也很少公開講話，自囚在自己的宮殿裡，所有決定都是他一個人做出來的。他像墨索里尼一樣，介入政策的每一個細節。他不僅決定誰該死或誰可以活，而且還決定該用什麼材料修一條新路，決定誰可以獲頒大學學位，甚至決定克雷奧語該使用哪種拼寫。[42]

然而，即使依然活在槍口的威脅下，人們熱情正逐漸消退。這個國家雖然和平，但滿目瘡痍。之前五月二十二日的紀念日已被改成六月二十二日，多年來一直是獨裁者最重要的日子，然而現在卻是有史以來第一次停辦。[43]

一九六五年十一月，杜瓦利埃在光天化日下現身，參觀了首都的幾家商店。紐約的廣播電台曾嘲笑他太害怕而不敢離開國家宮，顯然這次的現身是想打破這個質疑。他的防彈賓士轎車後面還跟了六、七輛車，車上有保鑣確保他的安全。幾天後，總統走訪了幾家孤兒院。據官方報紙發布的消息，他的出現又激起了「狂熱的愛戴」。[44]

一九六六年一月二日，杜瓦利埃對全國發表了新年演講，宣布新的階段開始。他說，杜瓦利埃革命的爆發期該告一段落了。在掃除了「前朝的政治、社會和經濟上層結構」之後，現在該開始重建經濟了。宵禁結束，路障被移走，街道清理乾淨。總統府被重新粉刷一番，「麻布袋叔叔」也收斂許多。[45]

杜瓦利埃重新塑造自己的形象，變成一個善良的老政治家、黑人世界的精神領袖。四月時，這位萬年總統迎接了王中之王、衣索比亞的皇帝海爾・塞拉西一世（Haile Selassie）的到來。在他飛機降落之前，機場匆匆改名為「弗朗索瓦・杜瓦利埃國際機場」（Aéroport François Duvalier）。新建的出入道路被命名為「海爾・塞拉西一世大道」。當地媒體、電台和電視大肆地報導。杜瓦利埃不尋常地公開歡迎國際媒體，政府新成立的公共關係公司也邀請許多國際媒體到海地來。在一系列的採訪中，他親切又自信，坦率地承認媒體確實存在審查制度。但他認為這是為了保護人民不受假新聞影響的必要手段。某位記者形容他「迷人、配合度高，而且泰然自若」。[46]

在這之後，又有更多的公開露面場合。六月時，他和兒子讓—克洛德一起出席了一場足球錦標賽。幾天後，他帶著女兒瑪麗—丹尼斯出席加勒比海旅遊協會（Caribbean Travel Association）年度大會的開幕式。他還在紀念英國女王伊莉莎白二世生日的招待會上向英國大使敬酒，這是他自一九六三年以來第一次出席外交活動。[47]

人民聽說，杜瓦利埃是一位受到國際社會讚譽的偉大政治家。當地一家報紙發表了一份據稱是海爾・塞拉西一世的聲明：「你必須繼續擔任總統，如此人民才能繼續從你的善行中受益。自從上次的參訪，我了解到為什麼這個民族和國家是如此地愛戴你。」事實上，這句話是總統的其中一位影子寫手所捏造出來的。[48]

杜瓦利埃要讓世人認為他是一位具國際地位的領導人，他可以直接聯繫美國華府和梵諦岡的政治家。六月時，他接受了哥倫比亞廣播公司（CBS）馬丁・阿格龍斯基（Martin Agronsky）的採訪。他坐在國家宮中金碧輝煌的寶座上，暗示自己與美國總統詹森有「密切接觸」，討論要恢復美國的援助。但他與白宮的聯繫，是「不能公開討論的特權」。同年晚些時候，梵諦岡恢復了與海地的邦交，並授予杜瓦利埃權力，可以任命自己的主教。這位萬年總統在廣播和電視上的表現，讓人覺得達成協議是他與保祿六世密切合作的結果。[49]

杜瓦利埃同時營造出自己是偉大的作家、歷史學家、民族學家、詩人和哲學家。更重要的是，杜瓦利埃是杜瓦利埃主義之父，他的思想體現在他的精選著作中。他說：「作為一位領導者，必須要有自己的教條。若沒有教條，就不能指揮人民。」一九六六年五月出版了前兩卷著作受到廣泛好評，報紙上熱烈地討論，社會名流也寫來無數的讚美信。某個五小時的廣播節目上朗讀了一些摘文，首都所有電台都爭相轉播。聽眾們聽說，杜瓦利埃是與吉卜林、梵樂希、柏拉圖、聖奧古斯丁和戴高樂並駕齊驅的偉人。「他是本世紀最偉大的理論家。」[50]

學校和其他教育機構收到精緻禮盒。傑出的學生會收到他的兩部大部頭書。這些學生又奉命寫了更多的奉承信，全刊登在報紙上。[51]

九月時，立法院通過一項法令，授予杜瓦利埃「海地思想大師」的稱號。他們把杜瓦利埃的生日定為「國家文化日」，即使這個國家百分之九十的人口是文盲，每個人都必須至少熟記他精選著作的四分之三。[52]

杜瓦利埃的六十大壽花了四天的時間慶祝，完全彰顯了一位獨裁者如何全面控制國家。海地提早舉行狂歡慶典「懺悔節」（Mardi Gras）來增加節日氣氛。邁阿密和多明尼加共和國的選美皇后應邀飛來海地，當地還舉辦詩歌朗誦會，杜瓦利埃的作品獲得了最高榮譽。政要、軍人、學者、商人和公務員紛紛來朝貢。兩千名穿著制服的小學生組成代表團在宮殿前遊行。連「麻布袋叔叔」與士兵也走上街頭遊行。[53]

然而，整個慶祝活動好景不常，一枚炸彈在一輛冰淇淋車上爆炸，造成兩人死亡，四十人受傷。

杜瓦利埃懷疑是軍事政變，將領導層改組，並且把十九名國家宮的護衛軍官打入首都郊區的地牢「迪曼徹堡」（Fort Dimanche）。此外，兩名部長也被逮捕。六月八日，杜瓦利埃身著全套軍裝，頭戴軍用頭盔抵達迪曼徹堡，親自執行死刑，處決了那十九名綁在步槍靶場木樁上的嫌犯。[54]

兩週後，六月二十二日，海地慶祝杜瓦利埃當選萬年總統三週年之際，數千名群眾被迫聚集在宮殿前。在耀武揚威的同時，杜瓦利埃嚴肅地一一唱名那十九位軍官的名字，刻意每念一個人的名字就停頓一下。「他們所有人都被射死了。」這番話在群眾間投下震撼彈。他說道：「我是無情執法的鐵腕。」然後他把自己描述成這個國家的化身，與其他偉大的領袖如凱末爾・阿塔圖克（Atatürk）、列寧、恩克魯瑪（Nkrumah）和毛澤東齊名。[55]

接下來幾個月，個人崇拜進一步升溫，在革命十週年時達到了高潮。當局鑄造了四種面值的金幣，上面皆印有總統的肖像。他的精選著作被編成一本合集出版，題為《一場革命的聖典》（*Breviary of a Revolution*）。跟毛澤東那本剛出版的「小紅書」一樣尺寸很小，很容易放進口袋。美國大使館說，報紙上充斥著奉承的報導，「露骨地令人作嘔，而且一直沒完沒了的重複」。在主要活動的幾天前，杜瓦利埃向全國發表演說，稱自己是「你們所創造的上帝」。接下來兩天舉行了群眾遊行。一座「弗朗索瓦・杜瓦利埃大橋」、「弗朗索瓦・杜瓦利埃圖書館」、奧運會規模的「弗朗索瓦・杜瓦利埃游泳池」，以及「弗朗索瓦・杜瓦利埃國際機場航空站」也開幕了。[56]

九月二十二日，總統以第三人稱再次發言。他列舉出自己的許多成就，然後結尾時說道：「我們是優秀的黑人，因為這世上沒有其他黑人完成過什麼歷史史詩。這就是為什麼我們相信我們海地的黑人比世界上所有其他黑人更卓越，不需要自戀也不用靠優越感。我親愛的朋友們，這就是為什麼今天我要告訴你們，你們的領袖被全世界黑人視為太陽。據說，他點燃了美洲大陸和全宇宙黑人的革命良知。」[57]

杜瓦利埃可以操控人，但無法操控群眾。他可能是窮人的捍衛者，即使是為了爭取更大的榮耀，他也對動員窮人並不感興趣。他極少離開國家宮，也從不到全國各地旅行。「麻布袋叔叔」會確保每年有數以千計的人出現在他的草坪上，盡忠職守地為他歡呼幾次，但除此之外，他根本不理絕大多數人。沒有官方的意識形態，沒有無所不管的政黨，雖然反對意見被禁止，但並沒有企圖想建立思想控制。廣播電台偶爾會播放他的演講，不過直到一九六八年，該國北部的電台電波都太弱而無法收聽。報紙刊登了他的聲明，但在貧窮的農村很少人看報，因為那裡幾乎沒有人識字。[58]

杜瓦利埃是獨裁者中的獨裁者，即使他一直把革命掛在嘴邊，卻是一個不以意識形態為藉口，赤裸裸地行使權力的人。他獨自坐在紅木辦公桌前治理著國家，自動手槍就在伸手可及的位置，最近的門後站著幾個守衛。他沒有軍政府、沒有派系、沒有小圈子，除了名義上的政黨之外，也沒有真正的政黨，只有一群爭奪他注意力的下屬，彼此都想以絕對的忠誠來取代對手。杜瓦利埃懷疑所有人，一心一意地利用他們的弱點，操縱他們的情緒，考驗他們的忠誠。這讓他更容易算計錯誤，同時害到朋友和敵人。[59]

他的耳目遍布全國。即使在最偏遠的地方，人們還是以總統馬首是瞻。沒有政府官員敢聲稱自己做了什麼決定。副手們在會議上只會一直讚揚他們的領導人。每一個正面的發展，甚至包括雨季順利下雨，都是杜瓦利埃施法的功勞。[60]

他的親信相對少很多，但已經足以維持他的政權。剩下的四百萬人民對他來說無足輕重。人民已習慣面對掠奪成性的政府。狀況糟的時候人人戒慎恐懼，好一點的時候依然不敢吭聲。

也就是說，任何一支由專業軍人組成的突擊隊，只要裝備和訓練得當，都能輕而易舉地推翻政權。但這件事卻從未發生過，很大程度上得感謝美國。一九六一年四月，有一班接受美國中央情報局訓練的古巴難民試圖登陸豬玀灣（Bay of Pigs），準備推翻卡斯楚政權，這次行動沒有成功反而演變成政治災難，之後的美國更是沒有本錢干預海地。即使華府對杜瓦利埃反感，但他跟卡斯楚不同，他是冷戰時期的盟友。杜瓦利埃充分利用了這種情勢。他可能很固執、難以捉摸、脾氣暴躁，但他從未真正切斷這些聯繫。他知道如何汙辱美國人，也很清楚知道如何利用他們的經濟援助。[61]

杜瓦利埃在華府最好的宣傳工具就是共產主義。十年來，杜瓦利埃一直聲稱自己受到左翼分子的威脅，把真正的敵人和想像中的敵人都推給古巴和莫斯科的地下間諜。

一九六八年十二月，兩個敵對政黨合併，組成海地共產主義者統一黨（United Party of Haitian Communists），他們決心推翻杜瓦利埃。一九六九年三月，他們挑了海地唯一一個沒有祭司的村落下手，推翻當地政權。結果杜瓦利埃聽到此事，就發起一場大規模的政治迫害，數十人在公開場合被槍殺或處以絞刑，更多人被迫逃往山區。即使是跟共產主義沒有太直接關係的書籍都成了禁書，僅僅是持有這類書就會被判處死刑。三個月後，紐約州州長納爾遜・洛克菲勒（Nelson Rockefeller）訪問了太子港。杜瓦利埃向他保證，共產黨的威脅已經消滅了。海地與美國的關係又再次重新修好。[62]

然而，從媒體發布的現場照片卻顯示，境況不佳的杜瓦利埃急需洛克菲勒的協助。醫生爸爸身體虛弱，健康每下愈況，看上去比實際年齡六十二歲要老得多。他著手消除一切反對指定他兒子為繼承人的聲音。一九七一年一月，讓─克洛德．杜瓦利埃被任命為他的繼任者。公民投票如期舉行，結果在兩百三十九萬一千九百一十六張選票中，竟然只有一張是反對票。三個月後，一九七一年四月二十一日，弗朗索瓦．杜瓦利埃死於心臟病發。他在位的時間只比亨利．克里斯多福（一八〇六至一八二〇）少幾個月。他的兒子在四月二十二日的第一個小時登基，一如以往地，二十二是杜瓦利埃家族的幸運日。[63]

他的遺體安置在國家宮，成千上萬的海地人排著隊要來看他。杜瓦利埃穿著他生前最喜歡的黑色西裝大衣，躺在一個罩著玻璃、襯著絲綢的靈柩裡。被迫生活在獨裁者的統治下很痛苦，但獨裁者死了好像也沒有比較好，許多人都擔心他死後會發生大混亂，幸好最後還是平靜下來了。他的遺體先是被葬在國家公墓，後來被移到他兒子建造的宏偉陵墓。一九八六年，「醫生娃娃」下台時，憤怒的人群摧毀了「醫生爸爸」最後的安息之地。

第七章

希奧塞古

CEAUŞESCU

羅馬尼亞人民宮（The Palace of the People）位在布加勒斯特（Bucharest）曾繁華一時的住宅區，是世界上最大的行政建築。論其體積之宏偉，連吉薩大金字塔（Great Pyramid of Giza）也會黯然失色。整個建築是媚俗的新古典主義，建有一千多個房間，裡頭到處是大理石柱子、華麗的樓梯和水晶吊燈。一九八五年六月奠下基石的尼古拉・希奧塞古（Nicolae Ceaușescu）宣布，這個宮殿的建築計畫就是對他的時代的偉大致敬，官方稱之為「希奧塞古時代」（The Ceaușescu Era）。

事實上，這就是他的紀念碑。十平方公里範圍內的房子都被推土機剷平，包括二十座教堂和六個猶太教堂。成千上萬的工人日夜趕工。建造計畫消耗了國家預算的三分之一。希奧塞古監督每一項細節，還會臨時到施工現場下指令。這位精力充沛但個子不高的男人，對自己的身高很在意，他讓人重建樓梯兩次，只為了配合他的步伐。然而，他從來沒有看過建築完工的樣子，因為他在一九八九年耶誕節被槍殺了。工程停擺幾年後又復工，持續建造中。[1]

沒有任何的跡象顯示，希奧塞古日後會成為獨裁者。當他還是個孩子的時候，並沒有表現出特別的才能，十一歲就離家到一家鞋廠當學徒。四年後，他因為散發共產主義傳單而被短暫拘留。一九三三年時，羅馬尼亞共產黨的黨員只有幾百人。當時共產主義並不受歡迎，因為大多數羅馬尼亞人不信任蘇聯。但希奧塞古是個狂熱虔誠的信徒，他發現這種意識形態可以讓他簡單地理解這個複雜的世界。

由於他太年輕，警察將他逮捕又再度釋放。一九三六年，他被送進政治監獄兩年。他不受其他囚犯歡迎，常因為教育程度低、口吃、有地方口音而受到嘲笑。雖然他性情衝動、好勝心強，常常瞧不起別人，但他在政治上很精明，很快就與共產主義運動的領導人搭上了線，其中包括格奧爾基・喬治烏—德治（Gheorghe Gheorghiu-Dej），之後他就跟在喬治烏—德治底下做事。第二次世界大戰時羅馬尼亞與德國站同一邊，整個戰爭期間他都在不同的監獄裡度過。[2]

一九四四年，紅軍占領了羅馬尼亞，將之變成蘇聯的衛星國。喬治烏—德治在一九四七年成為該國第一個共產主義領袖。他成功地對付了他的政敵，那些人全都被清洗、逮捕或謀殺。像是共產黨的創黨成員盧克雷奇・帕特拉什卡努（Lucretiu Patrascanu）一九五四年被處決。成千上萬的政治犯被送進了拘留營。到了一九五六年，喬治烏—德治的勢力已經穩固，選擇性地使用赫魯雪夫的政策。一方面，他加強了國家的經濟獨立，使貿易從蘇聯轉向西方，另一方面他繼續建立一個由羅馬尼亞祕密警察（Securitate）主導的鎮壓體系。羅馬尼亞祕密警察是一九四八年在蘇聯的幫助下成立的國安機構，喬治烏—德治仰賴他們向老百姓灌輸恐懼。[3]

喬治烏—德治還擴大了對他的個人崇拜。現在已經不掛史達林的畫像了，每一所學校、工廠和辦公室開始改掛他的肖像。報紙刊登了村民聚集在收音機前收聽他廣播的照片。他遊覽全國，受到人民的讚揚，而他的同志們則退居幕後。[4]

希奧塞古扶搖直上，更努力去討好喬治烏—德治，然後猛烈攻擊政權的反對者，騷擾提出批判的知識分子，並協助推動農村強制集體化。希奧塞古是個盡責、謙虛、勤奮又忠誠的副手。他跟主子一樣一邊批評國家依賴克里姆林宮，一邊繼續維護史達林式一黨制國家的僵化結構。

一九五四年，希奧塞古獲得喬治烏—德治的信任，負責掌管中央書記處，所有的新任命都要通過他的辦公室。就像一九二〇年代早期的史達林，希奧塞古也培養自己的下屬，確保他們飛黃騰達。[5]

一九六五年喬治烏─德治逝世。領導層對去史達林化的進程有分歧。據傳格奧爾基・阿波斯托爾（Gheorghe Apostol）是喬治烏─德治病入膏肓時挑選的接班人，但他被認為跟蘇聯走得太近。資深且備受尊敬的黨領導人格奧爾基・毛雷爾（Gheorghe Maurer）則選擇支持希奧塞古。這位身材矮小的年輕人，雖然語言表達能力和組織才能都很遜色，但似乎是一個黨內傀儡的理想人選。[6]

一九六五年三月他當選總書記之後，希奧塞古扮演著集體領導發言人的角色，整整兩年的時間靜待時機。他充分利用自己的位子，向人群發表演說、參觀工廠、與軍方和安全部隊建立聯繫。他代表黨出國訪問，獲得廣泛的新聞報導。他也表達了不妥協的立場，經常邀請批評蘇聯的領袖來訪，令莫斯科相當不安，像是一九六六年邀請的周恩來，還有後來一九六七年接待未來的美國總統尼克森。

一九六八年一月二十六日，希奧塞古五十歲。他很精明，刻意不讓人覺得他在追求個人崇拜。雖說如此，他還是出版了兩卷演講內容，且廣受好評。他的同志們，尤其是阿波斯托爾和毛雷爾，都很熱烈地恭賀他。[7]

三個月後，一九六八年四月，希奧塞古覺得時機成熟了，他開始反對前主子，譴責喬治烏─德治之前逮捕、審判和處決忠實的黨員。此一舉動讓他得以除掉他的主要政敵之一，當時祕密警察部門的領導人亞歷山德魯・德勒吉奇（Alexandru Draghici），改讓希奧塞古忠實的追隨者，伊利埃斯庫（Ion Iliescu）上位。帕特拉什卡努在一九五四年希奧塞古加入中央委員會的前幾天被槍決，此案牽連了一班黨內元老，他們所有人現在都被波及成共犯，不得不卑躬屈膝。[8]

希奧塞古上位的時刻正值夏季，當時蘇聯為鎮壓反共產主義的起義而入侵捷克斯洛伐克。保加利亞、波蘭和匈牙利軍隊都承諾支援蘇聯，唯獨羅馬尼亞沒有響應。當坦克開進布拉格時，希奧塞古在中央委員會前面的共和國宮廣場呼籲群眾集會。他發表了慷慨激昂的演講，譴責布里茲涅夫（Leonid Brezhnev）的行為是一個「巨大的錯誤，嚴重威脅歐洲和平」。他承諾不會讓任何國家「侵犯我們祖國的領土」，一夕之間成了民族英雄。[9]

希奧塞古敢於對抗蘇聯，一副無所畏懼的英雄姿態。外國政要爭相排隊來拜訪他，將他描繪成一個富有人性的社會主義倡議者。一九六九年八月，時任美國總統的尼克森受到隆重的歡迎。在刊出的會晤照片中，人們看到世界上最有權力的人身體向著希奧塞古前傾，後者則靠坐在一張舒服的椅子上。「他或許是個共產黨員，但他是站我們這邊的共產黨員！」尼克森後來如此宣稱。[10]

尼克森離開的三天後，黨代表大會召開。希奧塞古為黨內法規引入一項變革，要求全國代表大會直接選舉他當黨書記。這意味著，中央委員會不再有權罷免他。代表們在連番的演講中向他們的領袖致敬。那班黨內元老現在只剩下毛雷爾，繼續是黨內的第二號重要人物。希奧塞古則是不容置疑的領導人，他的人馬負責管理所有上層機構。[11]

一九六五年七月至一九七三年一月期間，希奧塞古像狂風那樣快速掃過整個國家，出訪一百四十七次。光是在一九七〇年一月時，他就走訪了四十五家工業企業和農業單位，至少黨報《火花報》如此宣稱。每一場參訪都經過精心安排，遵循同一套多年來幾乎千篇一律的流程。插滿鮮花的車隊抵達，當地人聚集在主要道路上，揮舞著紅旗歡迎他們的領袖，由孩子們獻上鮮花。希奧塞古現身在當地黨部的陽台上向群眾致意，而且通常是站在一個台子上，讓自己看起來更高。群眾熱烈歡呼，身後有祕密警察在監督，確保每個人都加入合唱。每一次的訪問都會登上所有報紙的頭版報導，營造出希奧塞古無所不在且與人民密切接觸的形象。結果當出事的時候，人們傾向責怪他的下屬，而不是他。人們在食物短缺的時候低聲地說：「要是希奧塞古知道這個情況的話，他會拿鐵掃帚痛揍店主一頓。」[12]

希奧塞古很享受精心排練的儀式，尤其是他在一九七一年六月訪問中國和北韓時受到的接待。在北京的時候，整個領導層在機場的停機坪上會見了他和他的代表團。成千上萬熱情的群眾夾道歡迎。天安門廣場上演了一場大型體操表演向他表示敬意，數百名身穿不同顏色服裝的演出者同步舞動著，釋出友好的訊息：「中國和羅馬尼亞友誼萬歲！」[13]

希奧塞古注意到，這個國家所有地方的人們都在努力工作。中國似乎是一個勤奮的國家。他觀察道：「他們組織得很好，也很有紀律。」他的下一站是去訪問平壤，在歷經韓戰的破壞之後，這裡一切都是從零開始重建。這座城市擁有大型的現代建築，商店裡鋪滿商品。有賴於經濟自給自足的精神，農業和工業蓬勃發展，老百姓也動員起來支持他們的領導人，這時候似乎更讓人覺得這個地方簡直達到了團結、紀律、自給自足、獨立的理想境界。[14]

如同希特勒第一次訪問義大利的經驗，希奧塞古似乎並沒有意識到，他在中國和北韓所看到的一切大多只是作秀。他甚至譴責了駐北京和平壤的使館人員誤導了執行委員會，指責他們謊報當地物資嚴重短缺，因為他自己舉目所及都是物產充足的景象。[15]

希奧塞古一回到布加勒斯特，旋即施行了自己的小型文化大革命。從一九六五年起的短短幾年之內，他把自己打造成改革者。當時史達林時代的意識形態限制原本已經放鬆許多，新聞審查放寬了，作家們有多一些的自由。電視上也開始播放外國節目。不過，解凍的程度還是有限，希奧塞古依然不斷強調，馬克思列寧主義仍舊是「我們社會主義藝術的共同基礎」。[16]

而現在這些有限的自由變得更加緊縮。希奧塞古在中國見證了舊世界如何被消除，然後按照革命的路線重建新文化。他希望自己的國家也能如此。一九七一年七月六日，他向執行委員會發表演說，這場演說後來被稱為「七月演講」（July Theses）。他譴責「資產階級意識形態的影響和反動的思想」，要求其從報紙、廣播、電視、文學甚至歌劇和芭蕾舞中消失。他提倡社會現實主義，並呼籲各個領域嚴格遵循這個意識形態。文化歷經一場革命震盪，成了塑造「新人」（New Man）的意識形態工具。[17]

整個領導層被清洗，三年前才剛升官的伊利埃斯庫被解僱了。據說他們在回國的航班上，對各自在北韓所看到的一切大吵了一架。[18]

隨著文化受到嚴格管制，個人崇拜開始蔓延。其實在他的東亞行之前，他就一直渴望有能為他作傳的作家。他找上了米歇爾—皮埃爾．哈默萊特（Michel-Pierre Hamelet），一位《費加洛報》（*Le Figaro*）的法國記者，曾於一九六七年陪同法國共產黨總書記訪問羅馬尼亞。哈默萊特當時立刻就被他的東道主給迷住了：「我被他眼睛裡的光芒所感動，那雙眼是如此充滿能量，他臉上也時不時地端起公關笑容。」幾年後，他回到了羅馬尼亞，在編纂傳記時獲得了一切協助。《尼古拉・希奧塞古傳》（*Nicolae Ceauşescu*）於一九七一年在法國出版，然後同年翻譯至羅馬尼亞、匈牙利和德國。

哈默萊特將希奧塞古描繪成一個「熱情的人道主義者」，完全彰顯了「一個新時代的來臨」，所有的社會關係都會依據新的意識形態來重建。他是一個出身貧窮的天才兒童，小時候總是光著腳去上學，雖然家裡窮得買不起書，但他總是班上的第一名。哈默萊特採訪了他的老師，老師記得他數學很好，而且對同儕非常講義氣。他十六歲時被警方認定是危險的煽動者，戴上鐐銬送回老家。但這完全無法阻止他的志向。他成了國家的敵人，一位堅定的共產主義運動組織者，熱烈擁護馬克斯列寧主義信條。[19]

原本的農村男孩靠著勤奮、勇氣和純粹的才華克服了逆境，最終成為社會主義的領袖。哈默萊特不是唯一一個被吸收進來宣傳這個形象的人。一九七二年，唐納德・卡奇洛夫（Donald Catchlov）在英國出版了《羅馬尼亞的希奧塞古》（*Romania's Ceauşescu*），讓希奧塞古的傳奇故事更廣為人知。後來還有一九七三年德國出版的亨茲・西格特的《希奧塞古》（*Ceauşescu*），一九七四年義大利出版的吉安卡洛・埃里亞・瓦洛里（Giancarlo Elia Valori）的《希奧塞古》（*Ceauşescu*），一九七八年希臘則出了《羅馬尼亞的半神》（*The Demi-God of Romania*）。[20]

希奧塞古通常藉宣傳與動員部（Propaganda and Agitation Department）之手完成許多事，他會親自確認每一個細節，連出版品打印的份數這種小事也要管，而且資助他人通常都不手軟。一九七六年，《一個人道主義者的存在與聲望：尼古拉・希奧塞古》（*The Presence and Prestige of a Humanist:*

Nicolae Ceaușescu）的作者米海・斯特里亞德（Mihai Steriade）曾要求八千美元的資助，協助他在比利時「說好羅馬尼亞的故事」。希奧塞古親自將金額調降成五千美元。[21]

宣傳與動員部，簡稱宣動部（Agitprop），也會用各種方式在國外宣傳領導人的形象。例如，一九七一年，該部支付義大利《團結報》（*L'Unità*）大約五千美元，印刷一份羅馬尼亞共產黨週年紀念副刊。副刊上刊登了希奧塞古的照片，他以國際領袖的姿態與毛澤東、尼克森和戴高樂肩並肩站在一起。蘇聯領導人則完全沒版面。[22]

希奧塞古既是黨魁，也是國家元首。但與其他獨裁者不同的是，他並不滿足於國家元首擁有的象徵性權力，而是要透過黨機器真正地控制國家。羅馬尼亞國務委員會的權力變得更大，以希奧塞古為首的政府越過了部長委員會議。其中一個是國防委員會，另一個是經濟委員會。這實際上意味著他同時掌握了國家和黨，當他遇到反對意見時，他可以拿其中一個去壓制另一個。他不僅控制了所有權力的槓桿，還讓自己擁有每一個議題的最高指導權，從百貨商店的櫥窗擺設，到布加勒斯特國家劇院的內部裝飾，無一不管。他缺乏耐心，當官僚體制未能夠有效率地執行他的政策時，他就喜歡玩改組。希奧塞古還經常輪調黨和政府各部會的長官，確保沒有人能建立自己的權力山頭。如此大費周章的舉動只是增加了混亂，讓政府效率低下。[23]

然而，這還遠遠不夠。一九七四年，希奧塞古決定擴大自己的職權，從國務委員會主席變成共和國總統，如此他將有權力可以自己任命各部會首長。在某次預備會議上，他的下屬們爭先恐後地要為他設計更加豪華的就職典禮。埃米爾・波德納拉希（Emil Bodnaras）國務委員會副主席建議，要特別印製一本字母燙金的憲法。另一位人士則提議發射大砲致敬，不過當時被希奧塞古婉拒了。[24]

三月二十八日，希奧塞古一如預期地當選了羅馬尼亞總統，他就像一位封建君主般在大陣仗的排場下就任。典禮的高潮是授予總統權杖，整個儀式透過廣播和電視轉播，讓超現實主義畫家薩爾瓦多・達利（Salvador Dalí）震驚不已，他後來發了一封賀電。這條訊息隔天就被刊在《火花報》：「您讓總統拿權杖的點子真是讓我太佩服了，這真是歷史性的一刻。」編輯顯然沒有注意到其中所隱含的諷刺意味。[25]

忠心的第二號人物毛雷爾一直試圖提出中庸政策，卻在同一個月被解職。現在，希奧塞古身邊不再有人可以跟他競爭了。一項新的新聞法律很迅速地通過，對往後書面資料施加更嚴厲的審查。誹謗黨的領導人是違法的，任何對黨政策的批評也是違法的。第十一屆黨代表大會在年底成立了一個新的機關，所有權力都集中在這個政治執行委員會常設局（Permanent Bureau of the Executive Council）。這個單位跟其他法定機關一樣只有諮詢的能力，裡頭的十二位委員恭敬地聽命於希奧塞古。為了紀念這一刻，《火花報》形容這位領袖為「尤利烏斯・凱撒、亞歷山大大帝、伯里克里斯、克倫威爾、拿破崙、彼得大帝和林肯」，盛讚他是「我們世間的上帝，黨和國家的核心」。希奧塞古成為國家元首（Conducator），這個稱謂來自羅馬尼亞動詞「conduce」，或是拉丁語的「ducere」，意思是「領導」。就像義大利的統帥，或是德國的元首，希奧塞古是羅馬尼亞的最高領導者。[26]

希奧塞古身兼總書記、總統和最高指揮官，但他渴望被正式認可為重要的思想家。一九六八年他出版兩卷著作和演講選集。接下來幾年的腳步更快，宣動部每年都有出版計畫，監督人就是希奧塞古自己。一九七一年，他的演講被翻譯成六種語言，他的著作選集一本接著一本地出版，到了一九七六年，已經有義大利文、中文等多種譯文版本。[27]

一九七六年，希奧塞古接管了「中央委員會的意識形態委員會」（Ideological Commission of the Central Committee）。他的屬下紛紛稱讚他是「當代馬克思主義的重要思想家」，他「復興和發展馬克思主義」，是「馬克思列寧主義的實踐者」。作家、學者和黨內的積極分子不得不將他的著作列為重要參考資料。[28]

希奧塞古的著作是一個觀點相互矛盾的大雜燴，但簡言之，他讓共產主義穿上了民族主義的外衣。他倡議民族主義價值，同時又堅守自己的信念，將之稱為「革命愛國主義」。據稱，他的智慧吸引了來自世界各地的人。羅馬尼亞部長會議主席（總理）馬尼亞・曼內斯庫（Manea Manescu）在亞洲各國的漫長旅行後觀察到，「尼古拉・希奧塞古享有巨大的國際聲望，走到哪都備受尊崇，甚至在一些最偏遠的地方，他的名字已經成為狂熱愛國主義和國際主義，以及爭取獨立和國家主權的象徵」。他是世界共產主義的領導者，也是工人階級運動的國際名人。[29]

一九七八年他六十大壽那天，舉國上下都在向領袖致意。康斯坦丁・珀爾伏列斯庫（Constantin Pirvulescu）稱希奧塞古是「羅馬尼亞自古至今真正最受歡迎的領導人」。黨國的官方消息稱，他所創建的「新希奧塞古時代」，是「這一千年來歷史上最豐碩的篇章，這是一個成果豐碩、成就非凡的時代」。[30]

因為希奧塞古是國家的首席思想家，學術界大老為他舉行特別的典禮，認可並慶賀他許多的學術成就。他獲頒大量榮譽學位，某一所學院授予他經濟學博士學位，另一所則授予他政治學博士學位。他對羅馬尼亞主權的主張成了一門「希奧塞古學說」，拐彎抹角地反對主權有限論，即所謂的布里茲涅夫主義（Brezhnev Doctrine）。布里茲涅夫十年前派坦克鎮壓了布拉格之春的運動。希奧塞古出國旅行總是收到許多禮物，所有禮物在展覽中陳列出來，彰顯他是一位德高望重的國際政治家和重要的馬列主義理論家。[31]

慶生活動持續了三個禮拜，充斥著詩歌、樂曲、戲劇、繪畫、半身雕像、掛毯和勳章。他的名字用大寫字母拼寫。他是火炬，亦是旗手，是一月的天星、全國最高聳的冷杉。他是雄鷹，是「羅馬尼亞這個神聖國度裡衡量一切生命和事物的標準」。他是基督般的道成肉身，「有百姓的樣貌，以及百姓的靈魂」。[32]

希奧塞古第二次收到夢寐以求的頭銜：羅馬尼亞社會主義共和國的英雄。這個社會主義工人英雄的勳章來自南斯拉夫。寬宏大量的布里茲涅夫授予他列寧勳章（Order of Lenin）。但與他從西方獲得的認可相比，這些讚譽就相形見絀了。他生日過後幾個月，美國總統吉米．卡特（Jimmy Carter）在白宮盛宴款待了希奧塞古夫婦。一九七八年六月英國駐羅馬尼亞大使雷吉．塞康德爵士（Sir Reggie Secondé）安排他至白金漢宮進行的國事訪問，這一次更是他的人生巔峰。塞康德爵士對他不抱持任何幻想。在給外交和聯邦事務部（Foreign and Commonwealth Office）的機密備忘錄中，他認為希奧塞古「絕對是當今世界的獨裁者」。倫敦當局張開雙臂歡迎這位獨裁者。當時一位羅馬尼亞異議分子孤身上街抗議，立即被警察逮捕。希奧塞古與女王伊莉莎白二世一同坐在她的皇家馬車中，向歡呼的群眾揮手致意，他獲頒「巴斯勳章」（Order of the Bath）。在白金漢宮，他的保安人員在食物上桌前先測試了一番，所有的公開活動，從早餐、午餐、晚餐到宴會，都在羅馬尼亞電視台二十四小時播出。這次的訪問讓所有反對這位暴君的人都閉上嘴。[33]

儘管如此，一些零星的反抗依然存在。權勢強大的祕密警察上將揚・帕切帕（Ion Pacepa）在幾個禮拜後叛逃到美國，他摧毀了羅馬尼亞的情報網絡，揭露希奧塞古宮廷的內部運作狀況。帕切帕在未出庭的情況下被判處死刑，懸賞金兩百萬美元。希奧塞古越來越不信任身邊的人，隨著他的圈子越縮越小，他轉而仰賴家族成員。[34]

其中最重要的人物就是他的妻子愛蓮娜（Elena），她性格嚴肅、沒受過什麼教育，但很有野心且意志堅定，曾在一九七一年訪中期間受到毛澤東夫人的激勵。她常伴希奧塞古左右，總是陪同參加黨代表大會、國家典禮和國內外的官方參訪。她在幾年之內就升到了政治階層的頂端，並在一九七七年加入了權力極大的政治執行委員會常設局。

愛蓮娜和她的丈夫一樣喜歡頭銜和榮譽。儘管她只有小學學歷，但總是被稱為「院士暨工程學博士」，並被任命為國家首席科學家。到了一九七七年，她已經獲得了二十四個外國勳章，有薩伊共和國（Zaire）的國家花豹勳章（National Order of the Leopard）、北韓的國旗勳章、荷蘭皇家橘色勳章（Order of Orange-Nassau）、埃及的美德勳章（Order of Virtues）。一九七五年，蘇聯授予她一枚紀念戰勝法西斯三十週年的勳章。但這跟她丈夫比起來就是小巫見大巫了，截至一九七七年，希奧塞古總共獲得了大約五十個國際勳章，包括法國享譽盛名的榮譽軍團勳章（Legion of Honour）以及來自共產主義國家五花八門的紅旗勳章（Orders of the Red Flag）。[35]

一九七九年一月，在帕切帕叛逃的幾個月後，愛蓮娜成為國家和黨幹部委員會主席，負責所有任命事宜。新上任那天正好是她六十歲生日，接連兩天舉行了大肆慶祝，每個黨員也都極力地奉承，稱讚第一夫人是「站在永恆穹頂恆星旁的另一顆恆星」。第一夫人喜孜孜地擔綱起新職位，堅持要求對兩百九十萬黨員一一進行審查，讓整個黨陷入停擺。盲目的服從成了常規。愛蓮娜的兄弟們則得到了重要的政府職位，她的兒子也被提拔到中央委員會。

一九七九年十一月，第十二次全國黨代表大會召開時，她已經是擁有巨大權力的第二號人物。敢於對抗希奧塞古家族的只剩一個人，那就是創始黨員珀爾伏列斯庫。他一年前還對主子讚譽有加，現在卻指責希奧塞古無視國家實際面臨的問題，只追求自己的榮耀。然而這個異議之聲硬是被其他國會議員壓了下來，他們讚揚領袖在國際上聲名遠播。[36]

個人崇拜可以有效阻止一切外人建立自己的山頭。在接下來的十年裡，更多的家族成員受到重用。據一些報告指出，到一九八九年政權垮台之前，至少有五十名親屬擔任有影響力的職務。[37]

一九七八年一月，希奧塞古六十歲生日的時候，他被拿來與過去幾個民族英雄相提並論，像是米爾恰一世（Mircea the Elder）、斯特凡大帝（Stephen the Great），以及勇敢的米哈伊（Michael the Brave）等所有中世紀瓦拉幾亞（Wallachia）的統治者。他還被比作國王布雷比斯塔（Burebista），這個國王摧毀了凱爾特人（Celts）的統治，對抗羅馬人的進逼，並在西元前六一至前四一年統一了達契亞王國（Dacian kingdom）的各部落。達契亞是一個獨特的文明，覆蓋了今日羅馬尼亞的大部分區域。希奧塞古跟墨索里尼一樣，他也認為自己能讓昔日輝煌傳統復生。他回顧了羅馬尼亞的古老歷史，發現了歷史上從達契亞王國到羅馬尼亞社會主義共和國的數千年以來，各個歷史階段都血脈相連，最後終於在他的時代達到頂峰。

一九八〇年七月五日，羅馬尼亞舉行了紀念達契亞建國兩千零五十年週年的盛大慶典。整個黨機器的高層都出席了在共和國體育場（Stadium of the Republic）舉行的典禮。舞台上演著預言劇，還有人朗讀詩歌。希奧塞古被描繪成布雷比斯塔的直系後代，後來很快成了羅馬尼亞的藝術家最喜愛的創作主題。人們利用繪畫、雕刻或是編織出他的側臉，輪廓宛如貴族，並蓄著很有男子氣概的鬍鬚。電影《布雷比斯塔》（*Burebista*）是當年最重要的藝文盛事。語言學家、歷史學家和考古學家也出版了許多關於達契亞的學術著作。[38]

然而，一般老百姓似乎顯得意興闌珊。他們躲開公眾慶典，一些人甚至公開表達了對政府的不滿，無視到處都有警察部署。法國大使寫道：「希奧塞古在人民眼中滿惹人嫌的。」原因很顯而易見，因為當時民間無論買什麼都得大排長龍。肉鋪裡空空如也，只剩下豬油、香腸、內臟和雞爪，整個國家幾乎買不到水果，北方只剩下一些蘋果，南方只剩下一些桃子。除非是到超級高級的餐廳吃飯，否則根本連最普通的酒都喝不到。由於石化工業過度擴張，消耗了大量的燃油，整個國家都面臨能源短缺，只有三分之一的燈泡是亮著的，公共交通則得在週日時停止運作。[39]

羅馬尼亞已進入了嚴重的經濟衰退期。希奧塞古學說的立論基礎是要達到經濟自給自足。他跟前主子喬治烏—德治一樣，在跟蘇聯分道揚鑣之後，繼續仿效史達林主義模式。為了建造一個重工業基地，他大量從西方國家借錢進口必要的技術、設備和原物料。但是一九七九年歷經能源危機，油價飆升，導致利率大幅上揚，反而迫使政府借更大量的錢。

一九八一年，外債高築達一百二十億美元，羅馬尼亞再也無法繼續支付利息。希奧塞古急就章地倉促決定實施緊縮計畫，希望在最短時間內償還所有債務。他讓進口減少，出口增加，從一九八三至一九八五年，運往蘇聯的肉類增加了三倍，玉米、水果、蔬菜、酒類甚至全都直接面向國外市場。食物實行定量配給，人們必須排隊才能購買麵包、馬鈴薯等主食。有時還會用動物飼料來代替麵粉做麵包。能源供應也遭大幅削減，人民只能生活在黑暗之中，整個冬季都被凍得瑟瑟發抖，連給牽引機的燃料都沒有。[40]

人民生活得越苦，宣傳機器動得越厲害。生活水準越來越差，對希奧塞古的崇拜卻變得越鋪張奢華。一般來說，在多事之秋還如此大肆喧譁慶祝，都是該政權衰敗的徵兆。一九八二年歡慶希奧塞古六十四歲大壽，接著是一九六五年第九次黨代表大會的十七週年紀念。幾個月後，在青年共產主義聯盟（Young Communists' League）六十週年紀念會上，黨員和老百姓不得不讚揚這位元首的「革命青年時期」。同年晚些時候，是他當選羅馬尼亞總統八週年。每次慶祝，來自各方的電報都如洪水般湧入，感謝元首創造了「希奧塞古時代」和羅馬尼亞奇蹟。希奧塞古要求他的手下敗將不斷地感恩他，並且見縫插針地將所有缺失怪在政府身上，為自己和他的黨開脫。[41]

一九八二年六月，在這幾次慶祝活動輪番舉辦的空檔，元首主持了中央委員會的意識形態委員會

（Ideological Commission of the Central Committee）。他們拿希奧塞古的文章取代馬克思列寧主義，後者幾乎銷聲匿跡了。[42]

一九八五年，大概是個人崇拜走到最高峰的時候，羅馬尼亞正慶祝「希奧塞古時代」二十週年，舉辦了各種音樂會、慶典、研討會、典禮，一切都經過精心演練並完美地執行。所有人都讚譽希奧塞古為「最受人民愛戴的人」，每座城市都在展覽他的作品集。[43]

其實一九七一年希奧塞古從北韓回國之後，他的畫像就開始掛在黨部和國家機關裡，現在則到處都是。根據法律規定，學校、工廠和軍營的牆上，甚至在邊境檢查哨都應該懸掛他的畫像。老百姓有義務在公開典禮、國家紀念日、群眾集會以及官員查訪時掛出他的肖像。法律規定，每一本教科書的第一頁必須是他的肖像，而每所小學的課本也必須放希奧塞古夫婦的彩色照片。在羅馬尼亞，四歲至十四歲的孩童必須穿著黨發的制服，在課本首頁放照片，總統夫婦身邊就像是「包圍著一群年輕的尖兵與獵鷹」。[44]

電視台只有一個頻道，每天只播出兩個小時。大半的時間都在宣揚希奧塞古的活動和成就。一九八五年，在元首的親自監督下，製作了一些特別節目，包括「第九屆代表大會：嶄新突破的大會」、「社會主義成就二十年」、「尼古拉．希奧塞古時代」，以及「尼古拉．希奧塞古時代的科學」。無線電廣播也有類似的規畫，全天候放送讚揚希奧塞古的內容。[45]

受到嚴格管控的報紙頭版總是不斷地報導希奧塞古的諸多成就。法律還規定書店必須陳列他演講的書，到了一九八六年，他的演講內容已經從兩冊擴大到驚人的二十八本大部頭。報刊亭也擺出了他作品的小選集。唱片店則販售他的演講錄音。[46]

每一個微小的決定都由希奧塞古家族來定奪。即使是像街名這樣簡單的改變也要先得到尼古拉的批准，他若同意就會在頁邊的空白處寫下「我同意」（de acord）。若有兩支足球隊比賽，愛蓮娜可以決定是否在電視上轉播這場賽事。個人崇拜的每一個細節都由希奧塞古家族把關，包括每一天廣播要提及他們的名字幾次。不過，希奧塞古並不設立雕像。他跟希特勒和杜瓦利埃一樣，拒絕任何紀念他的雕像存在，唯一例外是在他家鄉豎立的半身像。布加勒斯特有一座紀念碑，取名為「社會主義的勝利」，當年藝術家製作時曾詢問是否可以加入他的形象，他一再地拒絕。[47]

因為希奧塞古的野心才不只這樣。幾年前，平壤建造了筆直的林蔭大道和巨大的政府建築，畫出一幅共產主義烏托邦的願景：一個沒有過去痕跡的、真正的現代城市。一九七七年，布加勒斯特的部分地區被一場大地震毀壞，卻給了他一個契機，他要在舊首都之上再建一座新首都。自一九八二年起，政府就不斷系統性地破壞市中心數百年歷史的房屋、教堂和修道院。幾年之後，整個城市只剩下一座光禿禿的山。等到後來準備興建人民宮，這座山也被夷為平地。那是一個法老王等級的巨大工程，成千上萬的工人日夜不停地忙碌著，一蓋下去沒完沒了。他們打造了一條長達三公里半、寬約九十二公尺的社會主義勝利大街（The Boulevard of the Victory of Socialism），而且受到北韓的啟發，兩旁也建了成排的公寓樓。[48]

在離宮殿兩公里遠的另一個地區，國家歷史博物館（Museum of National History）也在興建計畫之中，儘管後來只蓋好了建築的正面。在首都的邊緣地區，一座十八世紀的修道院群被推土機推平，為將來的正義宮（Palace of Justice）讓出空間，但這個興建計畫卻從未動工。

希奧塞古渴望這個國家就這樣一路改造下去，甚至將手伸向首都之外，大力施行「系統化政策」（systematisation）。自一九七二年起，「系統化政策」肆意破壞了無數的小村莊，居民被迫重新安置在簡陋的公寓中，那裡往往沒有電梯和自來水。這個計畫在一九七九年能源危機後逐漸式微，但資金缺口從來阻止不了希奧塞古的野心。即使羅馬尼亞的經濟崩潰了，他依然在一九八八年重新實行「系統化政策」，指定摧毀七千到八千個村莊。[49]

某一個小村莊倒是倖免於難。在全國朝聖地斯科爾尼切什蒂（Scornicesti）有一間小屋逃過了拆遷災難，那間小屋正是希奧塞古出生的房子。村裡擁有鋪著柏油的街道、新建的房屋、一個大型體育場、一個模型工廠和一些似乎供貨源源不絕的商店。[50]

羅馬尼亞祕密警察負責平息一切不滿的聲音。他們帶著衝鋒槍，站在首都的每個街道上，每十五公里左右就有一個檢查哨，在農村也看得到他們的身影。間諜和告密者網絡遍布全國。人民照著規定行事，並不是真的相信什麼。一九八五年，法國大使對這個社會受到如此全面的管控感到相當震驚，「當地人民對領導人的崇敬毫無真實性可言」。在群眾集會上，站在最前排熱情歡迎領袖的人，通常都是打扮成工人的特勤人員。站在比較後方的老百姓只是做做樣子，現場的擴音機會播放事先錄好的歡呼聲來充場面。[51]

人們在公開場合讚揚領袖，卻在私底下詛咒他。一位觀察人士說道，當希奧塞古出現在公開場合視察建築工地時，行人會停下來鼓掌。他前腳一走，辱罵聲就四起。英國記者約翰・斯威尼（John

Sweeney）在一九八五年夏天來訪，他觀察到「整個國家陷入一種對這個政權敢怒不敢言的狀態」。但他後來卻說，所有書寫羅馬尼亞的外國人沒有一個完全了解當地老百姓真正的苦難，畢竟他們的一舉一動都受到特勤人員的嚴密監視。[52]

老百姓可能厭惡這個政權，但他們不太可能起身反抗。整個國家兩千兩百萬人口，共產黨就吸收了四百萬名成員，這表示大約有六分之一的人在某種程度上是既得利益者，他們的命運與希奧塞古綁在一起。他們好好地服從他，他則反過來資助他們，提供慷慨的福利，讓他們的處境遠好過其他人。[53]

不過矛盾的是，讓民眾更不可能起義的原因卻是蘇聯。一九六八年，希奧塞古公開反對蘇聯派遣軍隊進入捷克斯洛伐克，此後希奧塞古將自己塑造成敢於挺身反抗蘇聯的人。他時不時就冷落、甚至辱罵蘇聯，但莫斯科當局一直繼續容忍他這樣譁眾取寵，因為他從來都構不成什麼威脅，這個共產主義者一直既死板又不知變通。老百姓非常清楚蘇聯為了維護社會主義一直都非常警覺，而且根據布里茲涅夫主義，紅軍隨時可能越過邊境鎮壓動亂。他們對布里茲涅夫的恐懼，超過對希奧塞古的厭惡。[54]

戈巴契夫崛起讓希奧塞古有了不同的想法。一九八七年一月，當「改革重建」（perestroika）的支持者提出了民主化的願景後，元首開始死守意識形態的純淨性。他認為政治改革只是一種幻想，並發誓要走「正確的共產主義道路」。他沒有放鬆經濟管制，反而要求更大的「犧牲精神」，迅速實施了更緊縮的措施。這使得他搖搖欲墜的經濟變得更加仰賴蘇聯。[55]

當西方開始接納戈巴契夫，西方的領袖變得不再討好希奧塞古。邀請逐漸減少，來訪者也寥寥無幾。外國記者的提問變得更尖銳，助長了國內異議分子的氣焰。一九八九年三月，六名老政治家發表了一封公開信，抨擊元首的個人崇拜與其對人民的全面監控。連署的人包括時年九十三歲的珀爾伏列斯庫，他後來被拘留、審問，然後再次被軟禁在家。

這時希奧塞古自己的健康也拉了警報。他患有糖尿病，卻多年未治療，因為他過於偏執，就連自己的醫生都不信任。唯一只相信他的妻子，但她也過於多疑，而且愚昧。兩人都深信自己是天選的英雄，只有他們才能帶領國家走向偉大。他們與現實脫節，過著不知人間疾苦的生活，圍繞在他們身邊的人都是多年來提拔起來的馬屁精和騙子。他們開始相信自己搞出來的個人崇拜。[56]

一九八九年十一月，第十四次黨代表大會再次盡忠職守地選舉希奧塞古擔任羅馬尼亞共產黨領袖，希奧塞古藉機譴責推翻東歐共產政權的革命行動。六月時，工會「團結工聯」（Solidarity）在波蘭的選舉中勝出，導致幾個月後共產黨倒台，戈巴契夫沒有出手干預。十月時，匈牙利通過一套民主改革方案，有效地終結了共產主義的統治，戈巴契夫再次保持沉默。[57]

十二月十七日，羅馬尼亞軍隊在蒂米什瓦拉（Timisoara）向示威群眾開火。這些群眾是為了抗議政府早前下令逮捕一名當地牧師。這位牧師反對當局破壞數十座古老教堂和修道院。暴力鎮壓引燃了全國性的抗議活動。十二月二十一日，希奧塞古現身於布加勒斯特市中心黨總部的陽台上，他要求底下的群眾團結起來支持政權。這一次，聚集的群眾並沒有人歡呼。幾分鐘後，後方的人開始吹口哨，高聲嘲諷。他舉起手，要求群眾安靜，一邊不停地敲著麥克風。騷動沒有停止。希奧塞古很是吃驚。

他的妻子身體前傾，對著眾人訓話：「安靜！你們在搞什麼啊？」希奧塞古決定繼續他的演講，他聲音嘶啞虛弱，試圖承諾以提高最低工資來安撫示威群眾。但講到一半，他的聲音開始顫抖。在場群眾克服了恐懼，整場集會霎時化為動亂。

這場演講是現場直播。當電視訊號被切掉的同時，每個人都意識到一場革命正在展開。來自四面八方的人們加入了抗爭，攻擊政府辦公區域、撕毀希奧塞古的官方肖像、放火燒掉他的宣傳著作。希奧塞古命令祕密警察全力戰鬥。整個晚上他們都在向示威者開火，但仍無法阻止局勢越演越烈。

第二天，軍隊加入了革命的行列。憤怒的抗爭者開始圍攻黨總部，希奧塞古夫婦被迫搭乘直升機逃走，後來他們降落在首都外的某地。那一天晚些時候，他們被追捕入獄。耶誕節當天，由反對領袖的共產黨員所組成的自發組織「羅馬尼亞救國陣線」（National Salvation Front）主席伊利埃斯庫匆忙組了軍事法庭來審訊希奧塞古夫婦。在宣判死刑之後，希奧塞古夫婦被帶到廁所旁一個空曠的院子。據說希奧塞古唱起了〈國際歌〉，而第一夫人則尖聲喊著「去你的」。兩人就這樣並排站在一堵牆前面就地槍決。[58]

第八章

門格斯圖

MENGISTU

在古都阿克蘇姆的郊區，一座巨大的方尖石碑在一九三七年被義大利人當作戰利品拆掉運走，燒毀的蘇聯坦克被棄置一旁，塵土飛揚。在衣索比亞的其他地區，人們也可以找到鏽跡斑斑的內戰紀念物，紀念一場至少奪去一百四十萬條人命的內戰。一九七四年帝國被推翻了，非洲之角被這場革命蹂躪了近二十年的時間。

衣索比亞是一個古老的帝國，在西元三三〇年，也就是羅馬帝國建立的幾年之後，就開始信奉基督教，紅海沿岸的港口城市成了流亡信徒的避難所。信仰凝聚了眾人的力量。十九世紀末，孟尼里克二世（Emperor Menelik II）擴張帝國，將國家變成一個現代化國家，並帶領他的軍隊戰勝義大利。衣索比亞在一八九六年對抗義大利的阿杜瓦戰役（The Battle of Adwa）中取得勝利，因而免於被殖民的命運，直到一九三六至一九四一年間才短暫破功。

一九一六年加冕的塞拉西一世掌握絕對的政治權力近六十年，創下歷任國家元首在位時間最長紀錄。他是猶大之獅、王中之王，是上帝的選民，神聖意志的體現。衣索比亞的東正教會，有著由上而下的強力權威力量，而且據說他是一個獨裁者，用自己的權勢來維持帝國統一——通常是使用武力。他的圖像無所不在，出現在硬幣上、繪畫、郵票、明信片和照片上，許多學校和醫院也以他為名。與基督教的其他分支不同的是，衣索比亞基督教從未試圖管制聖像製造。[1]

在衣索比亞之外的地方，塞拉西一世受到拉斯塔法里教徒（Rastafarian）的崇拜，視他為上帝的化身，是歸來的彌賽亞，要來帶領黑人走向和平與繁榮的黃金時代。但他拒絕任何形式的社會改革，在二戰後幾十年裡，變得越來越不願適應現代世界。一九七三年，一場毀滅性的饑荒讓人看見了農村地區是如此的貧困。無數村民餓死街頭，城市的食物和油價暴漲，激發大規模的抗議活動。隨著幾支部隊叛變，軍隊的紀律崩潰了。一九七四年二月，海軍、空軍和警察部門也接連躁動起來，到了三月一日最終也影響到皇家衛隊。為了安撫軍隊，塞拉西一世任命了一個看守內閣（caretaker government），任務是讓國家成為君主立憲制。[2]

一群軍事領袖組成的「德爾格」（Derg）卻很快就接管了政權。Derg在阿姆哈拉語（Amharic）中是「委員會」（committee）的意思，是「武裝部隊、警衛隊、警察、本土軍協調委員會」（Coordinating Committee of the Armed Forces, Bodyguard, Police and Territorial Army）的簡稱，成立目的是為了調查軍隊的需求。事實上，它就是一個軍政府，由代表不同軍事單位的低階軍官組成。高階軍官由於跟皇帝有來往關係而被排拒在外。[3]

七月的時候，「德爾格」罷黜了總理，接著廢除了皇帝的王權委員會（Crown Council），並開始一個一個逮捕他的幕僚人員。所有宮殿以及皇室所有的企業都收歸國有。九月十一日晚上，「德爾格」在國家電視台播出了一部關於饑荒的紀錄片，中間穿插了皇室奢華的場景，帝國的形象蕩然無存。隔天，塞拉西一世被罷黜，他被塞進一輛福斯汽車迅速離開了皇宮。[4]

在「衣索比亞優先」的口號下，「德爾格」起初任命了一位備受尊敬的將軍，作為他們短暫的傀儡領袖。阿曼・安多姆（Aman Andom）來自厄利垂亞（Eritrea），他贊成與厄利垂亞解放陣線（Eritrean Liberation Front）協商。這個組織在帝國崩潰中又重獲新生，持續為厄利垂亞人民爭取獨立。厄利垂亞是一個遼闊且難對付的海洋省分，海岸線沿著紅海綿延數百公里，擁有重要港口。若失去了它，衣索比亞就失去了通向大海的重要管道。「德爾格」的那些低階軍官堅持要強化這個地區的軍隊部署，準備對那些分離主義者發動重大攻勢。

十一月二十三日，安多姆被解除職務。「德爾格」藉機消滅那些直言不諱的反對者。在一次大規模處決，多達六十名前文官和軍事領導人被草草槍決。安多姆則是在軍隊來家裡逮人引發的槍戰中喪生。

「德爾格」任命了對厄利垂亞問題採取強硬立場的塔非瑞．班提（Teferi Banti）將軍繼任他的位子。他是一個更加順勢應變的傢伙，在公開場合上身邊總是跟著兩位副主席阿特納富．阿巴特（Atnafu Abate）和門格斯圖．海爾．馬里亞姆（Mengistu Haile Mariam）。他們上任的第一個動作是引入新的刑法，允許「德爾格」軍事審判任何反對「衣索比亞優先」口號的人。[5]

這三位「德爾格」的大頭中，門格斯圖大概是最不討人喜歡的一個。關於他的出身有各種傳聞，是封建社會的著名八卦。有的聲稱他的母親是皇帝身邊一位皇室顧問的私生女，曾擔任一名宮僕，她在一九四九年過世的時候，門格斯圖才八歲。另一些人則指著他黝黑的膚色，聲稱他來自南方的一個奴隸家庭。不管真相如何，他的家族都不屬於阿姆哈拉，阿姆哈拉是衣索比亞中間高地的統治民族。他從小就依附在貴族家庭中，在皇宮的陰影之下生活。[6]

門格斯圖的教育程度很低，在他母親過世的幾年後，便隨著父親從軍去了。他在軍中引起了安多姆將軍的注意，從此一直受其庇護，從將軍辦公室的跑腿小弟一路爬上了上士。自軍事學院畢業後，他被派到阿迪斯阿貝巴（Addis Ababa）擔任某個師的指揮官，但他反叛的性格讓他的上級對他很感冒，被形容是一個煽動者。一九七〇年，他被派駐在美國馬里蘭州阿伯丁試驗場（Aberdeen Proving Ground）好幾個月，接受額外的訓練，還學會了一些粗淺的英語。[7]

雖然門格斯圖更喜歡待在幕後，但實際上是「德爾格」的主宰者。當初是他派軍隊突襲昔日導師住處，他策動的「六十人大屠殺」（Massacre of the Sixty），讓革命變得更加血腥。他在一九七四年十二月二十日宣布建立「衣索比亞社會主義」。幾個月內，數十家公司被收為國有，所有土地都變成公共財產。門格斯圖在一次群眾集會上宣布，「新秩序」已然建立，封建制度已經變成了博物館裡的骨董。大約有五十六名教師和學生被派到農村去「散播革命」。[8]

大皇宮裡的「德爾格」統治了整個國家。大皇宮是由住宅區、大廳和禮拜堂組成的龐大建築群，位在阿迪斯阿貝巴七山之一的山頂上，紅色的屋頂和周圍翠綠的桉樹林形成鮮明對比。他們會在御座廳（Throne Hall）會面，那裡是皇帝舉行重要儀式和舉辦皇室宴會的地方。塞拉西一世被軟禁在附近一座建築中度過餘生。一九七五年八月，他神祕地去世了，據說是死於前列腺手術併發症，享壽八十三歲。但也有傳言說，是門格斯圖用枕頭悶死了塞拉西一世。多年後，有人發現門格斯圖將皇帝的遺體埋在他的辦公室下面，他的辦公桌就位在屍體的正上方。[9]

入主大皇宮的「德爾格」，用武力和恐懼宰制整個國家。皇帝去世的一個月後，他們宣布國家進入緊急狀態，禁止以任何形式反對革命，例如散布傳單，也「不准在公共場合或任何其他地方說非法的話」。他們還信奉馬克思列寧主義，強制規定變成學校、工廠和辦公室的必修。農村大部分是文盲，政委對村民做思想灌輸，強迫他們參加集體農民協會。[10]

一九七六年九月，門格斯圖在回家路上遭到埋伏，試圖刺殺他的人並沒有成功，但讓他抓住機會消滅政敵。第二天，他現身首都中心廣場舉行的群眾集會上，將其更名為「革命廣場」（Revolution Square），高聲呼籲「保持警戒，保衛革命」。在接下來幾週，數十名反對者在軍隊的無情掃蕩中喪命。私底下，「德爾格」的成員自己也遭遇伏擊，偶爾會有屍體被抬出御座廳。[11]

門格斯圖背叛了自己昔日的導師安多姆將軍。一九七七年二月三日，他轉而反對「德爾格」的傀儡領袖班提，指控他策畫了一場反革命政變。班提和其他七名「德爾格」成員在大皇宮被逮捕。「我將有幸目睹你們的死亡，但你們看不見我的死」，門格斯圖對他們說道，一邊看著他們被帶到皇宮的地下室。大多數人被裝上消音器的槍打死，其他人被勒死。原本「德爾格」有一百多名成員，現在只剩不到六十名。[12]

衣索比亞廣播電台播放了一則令人不寒而慄的簡短聲明。門格斯圖現在是「德爾格」唯一的主席。蘇聯大使第二天親自向他表示祝賀。[13]

門格斯圖是「德爾格」的建築師，憑著他過人的手腕和耐性，他將原來由低階軍官組成的鬆散聯盟轉變成一個有組織的體系，繼續領導革命。他花了三年的時間在幕後打點，小心翼翼地將權力的平衡轉向利於自己的方向。他懂得等待，也懂得突襲。他最厲害的能力之一，就是隱藏自己的感情。他很謙遜，必要時可以整天都笑臉迎人，聲音真誠十足。他的一位追隨者形容道，他如水似火，既像羔羊又像猛虎。[14]

門格斯圖還有其他長處，像是他記性特別好，對人的面貌過目不忘。他對工作有極大的熱忱，每次會議前都細緻入微地做準備。他的演講具說服力，知道如何掌握聽眾的情緒，將其轉為自己的優勢。他拋出一個簡單但吸引人的民族復興和社會革命願景，參雜一些粗糙的馬克思主義口號。一些「德爾格」的低階軍官尤其對他深信不疑，其中一位追隨者後來回憶道：「當你看到他時，你就會開始相信他了。」他也善於聆聽身邊的動靜，不斷試圖了解他周圍的權力運作機制。他待人處事相當精明，最重要的是，他比「德爾格」其他的低階軍官意志更堅定。[15]

二月五日，門格斯圖出現在革命廣場，宣稱反革命的陰謀已在萌芽的時候被扼殺了。他對聚集的群眾說道：「我們的敵人本來在為我們準備午餐，結果我們先把他們當早餐吃掉了。」演講結束時，他戲劇性地打破一瓶裝滿紅墨水的瓶子，態度挑釁地宣稱，所有反對革命的人將遍灑鮮血。群眾們無不對他額手稱慶，他發誓要讓被壓迫的人武裝起來。[16]

紅色恐怖接著降臨了。幾週內，都市社區委員會和農民協會得到了武器，他們剷除了「德爾格」真實的及想像的敵人，大多是受馬克思主義啟發的學生組織。其中之一是衣索比亞人民革命黨（Ethiopian People's Revolutionary Party），該黨最初支持軍政府，但不久就指責「德爾格」背叛了革命。緊張局勢演變成了公開衝突。

阿迪斯阿貝巴開始逐家逐戶的搜查。有時候相機和打字機會被當成從事間諜活動的證據。數百名嫌疑人士被逮捕，並在首都郊區被處決，這些人裡面有十一歲的兒童。他們的屍體被人發現躺在排水溝裡。其他人在街上被追捕，在光天化日之下被槍殺。醫生們恐懼至極，拒絕治療那些被懷疑是「反革命分子」的人。任何人都可能是敵人，人們藉這段恐怖時期挾怨報復，趁著政治混亂舉報他們的鄰居。[17]

門格斯圖命令國家電視台播出政治犯被折磨至死的畫面。這些可怕畫面在全國各地迅速傳播開來，他藉此恐嚇三千兩百萬的人民，他是玩真的。幾個月後，最恐怖的時期趨緩了，但鮮血繼續流淌了好幾年，成千上萬的人死於非命。[18]

即使國內發生鎮壓，門格斯圖也不忘向蘇聯示好來鞏固自己的權力。一九七七年五月切斷與美國的一切聯繫，幾天後戲劇性地與蘇聯結盟，門格斯圖飛到莫斯科，受到蘇聯高級將領代表團的歡迎。「德爾格」的第二副主席阿巴特對這次重建關係不夠樂觀，結果就被控觸犯反革命罪，當年晚些時候被處決，門格斯圖自此成了至高無上的領導人。[19]

衣索比亞的東邊鄰國索馬利亞也獲得蘇聯的支持。索馬利亞是一片有三百萬人口的狹長沙漠，由西亞德・巴瑞（Siad Barre）的軍政府領導。巴瑞同樣希望將歐加登（Ogaden）納為己有，建立一個更大的索馬利亞。歐加登位在衣索比亞東部，山丘貧瘠，灌木茂密，十九世紀末時被孟尼里克二世征服。第二次世界大戰之後，該地區短暫地加入索馬利亞，但後來塞拉西一世成功說動聯合國，將這個地區還給衣索比亞帝國。

一九七七年七月，巴瑞發現邊界防守不周有機可乘，帶軍入侵了歐加登。他的部隊迅速攻進了索馬利亞游牧民族的地盤。門格斯圖被迫採取守勢，匆忙招募新兵加入戰爭。巴瑞跟門格斯圖一樣很依賴蘇聯。兩人都飛去莫斯科。蘇聯試圖調解兩方未果，轉而支持人口是索馬利亞十倍的衣索比亞。十二月的時候，大批軍用物資、坦克、槍枝、火箭、大砲、迫擊砲和導彈開始空運至阿迪斯阿貝巴，數千名俄羅斯和古巴顧問也隨後抵達。有了蘇聯的撐腰，勝算的天秤往衣索比亞那方傾斜。一九七八年三月，最後一批索馬利亞軍隊開始撤退，歐加登戰爭也宣告結束。

現在門格斯圖要開始營造自己的形象。一九七八年四月，他訪問了古巴。儘管行程延誤了三個小時，天空還下著零星陣雨，沿著機場到禮賓中心之間二十五公里的街道上，仍有數以千計的人來歡迎他。[20]

一些觀察人士認為這是個人崇拜的開始。幾週後，他訪問了歐加登，所到之處都是萬人空巷。在昔日抵抗索馬利亞軍隊的前線城市德雷達瓦（Dire Dawa），有多達十萬名居民「歡唱著革命口號」出來迎接他。報紙刊登的照片淨是門格斯圖接受孩子們獻花、奠基或檢閱軍隊的畫面。當他離開的時候，還有樂隊、儀隊和整個地區的領導高層來為他送行。[21]

門格斯圖以卡斯楚為榜樣，總是身穿軍服、腳踩軍靴、頭戴貝雷帽，腰間掛著一把左輪手槍。他自封一些與這位古巴總統相似的頭銜，媒體稱他為「革命軍總司令」，他同時也是臨時軍事行政委員會主席和部長會議主席。

最重要的是，他讓舊帝國死灰復燃。他在大皇宮辦公，這裡的運作一切如常，跟塞拉西一世還在位時沒兩樣，宮裡繼續養著戴上鎖鏈的獵豹，有獅子雕像和穿制服的男僕。門格斯圖收到的國禮和皇帝收到的並排陳列。只有他才能坐在高台上那個鍍金寶座。他的畫像取代了皇帝的畫像，有的甚至裱在鑲著王冠的舊畫框中。在一些建築物和花園可以聽到獅子咆哮的聲音，這些地方都用鐵柵欄圍起來，上面裝飾著孟尼里克二世在衣索比亞文中的首字母。[22]

帝王的統治總是高度個人化的，這種風格比革命初期「德爾格」那種幕後藏鏡人的路線更符合民眾的期待。報紙習慣在頭版左上角刊登皇帝接見外國來訪者或是對一群學生講課的照片，現在這個位置換成了門格斯圖。[23]

昔日皇帝會到全國各地尋訪，確保各省的首長上緊發條，門格斯圖也如法炮製。一九七九年頭幾個月，他花了幾個禮拜的時間訪問南部和西部地區。他的所到之處，地方代表們都爭先恐後地吹捧主席。沃萊加地區（Welega）的首長內格西・方達（Negussie Fanta）盛讚他是「富有遠見和智慧的革命領袖」；還有人向主席表達了「忠貞不二的愛」。門格斯圖跟皇帝一樣會提出建議，對地方官員、醫院主任、農業專家和工廠經理給予「機密的革命指導」。[24]

然而，所有的吹捧都出自於恐懼。門格斯圖訪問前線時，總愛羞辱他的將軍，他會沒收他們的勳章，並在所有下屬士兵面前降格他們的軍階。有幾個人甚至當場處決。[25]

到了一九七九年，所有的公開訪問都成了精心排練的儀式。當地居民都必須參加，並且依照指示為他們的領袖歡呼，手持他的肖像喊口號。當樂隊奏起革命樂曲時，門格斯圖會乘著直升機從天而降。某次他到距離首都約六百公里遠的戈賈姆（Gojam）參觀一個牽引機工廠，擴音器向眾人宣布「具遠見的共產主義革命領袖門格斯圖同志」駕到，並且讓孩子們上前獻花。門格斯圖參觀了工廠以及食堂，到處都看得到自己的畫像。他發表演講，跟人民握手、贈送禮物、合影留念，有時也會有人朗讀詩。有一次門格斯圖參訪了一座歷史悠久的修道院，一名神父寫下：「看哪，是黝黑之星，他綻放光芒如朝陽，閃耀如驕陽；看哪，是黝黑之星，他如流星般劃過天際。」[26]

自一九七四年以來，門格斯圖就謀殺了數十名「德爾格」成員。倖存下來的人皆活在恐懼之中。但他自己也一樣，他總是懷疑哪一個人會反對他；他永遠無法確定其他人是否忠誠，其他人也同樣對他的意圖惴惴不安。所有人都知道，他早上的時候可以是他們最好的朋友，到了晚上就把他們吃了。無論他們是不是真心仰慕，都被迫在公共場合向他致意。所有人都成了騙子，這使得要在組織內部叛變難上加難。

「德爾格」的成員學會了不去質疑門格斯圖的指示，反而開始引述他的話。坊間開始流傳一本精選語錄小冊子。在公開演講時以幾句門格斯圖的智慧之語作為引言，已經成了一種慣例。碰到重要場合，門格斯圖就會要求他的文膽巴魯．嘎爾瑪（Baalu Girma）幫他選出適合的名言錦句。巴魯是密西根州立大學碩士畢業的記者，早前曾為皇帝寫過演講稿。一九七七年，他變成資訊部的常任祕書，負責確保對這位領袖的美言廣為流傳。[27]

革命早期的時候，門格斯圖禁止印刷和懸掛安多姆與班提的畫像，這兩位是「德爾格」有名無實的領導人。歐加登戰役取得勝利後，他自己的肖像開始出現在每一個政府部門、社區辦公室、每一間工廠和企業，無論那是私人的還是國有的。他的照片甚至出現在餐館和酒吧。人們會這麼做也一樣是恐懼的緣故。地方幹部有責任讓每個地方都有他的身影，他們會記錄下那些不遵守規定的機構名字。[28]

自一九七六年開始，除了馬克思、恩格斯和列寧，門格斯圖的畫像也經常出現在群眾集會中。一年的最高峰就是革命日，也是國慶日，通常落在九月十一或十二日，正好是衣索比亞曆新年的隔天。

過去，人民在慶祝宗教節日才會成群結隊地聚集在阿迪斯阿貝巴；現在，他們被都市社區委員會動員去參加國慶日，誰沒到場就會被罰錢。現場的一切都是經過精心安排的，只見數千人被迫在領袖面前遊行以及抬花車，而領袖則面帶微笑，坐在革命廣場主席台上的鍍金椅子上。慶典的主色是紅色，處處可見星星圖案、旗幟、鐮刀和鎚子。一九七七年，慶典的參與人數高達十五萬人。在主席演講結束時，一架大砲向空中發射布條，布條上綁了小降落傘，在空中展開後緩緩落下。排著隊形的飛機從頭頂上飛過。[29]

和所有馬克思列寧主義政權一樣，第二大節日就是五一節。但這位領袖只要心血來潮，就會搞出一個節日。團結集會、勝利集會、戰爭集會、和平集會，各式各樣的集會沒完沒了，令人抓狂。一九七九年，兩萬名兒童在阿迪斯阿貝巴體育場，當著他的面踢正步，只為紀念國際兒童年。門格斯圖閒來無事的時候，偶爾也會在大皇宮耍著他的士兵玩，一下命令他們立正，一下命令他們沿著庭院遊行。[30]

一九七九年的衣索比亞，沒有憲法、沒有議會，也沒有政黨。所有權力都掌握在門格斯圖手中。他仰賴「德爾格」，「德爾格」則要靠大約二十八萬名士兵的軍隊、鬆散的都市社區委員會以及農民協會。但除此之外，並沒有一個有紀律又忠誠的組織能夠真正建立無產階級專政，引導國家轉型成社會主義。[31]

一九七九年十二月，門格斯圖建立了一個籌備組織，叫做「衣索比亞工人黨組織委員會」

（Commission for the Organisation of the Workers' Party of Ethiopia），簡稱為COPWE。它的目的是傳播馬克思列寧主義，以蘇聯共產黨為樣板，籌建一個共產主義先鋒政黨。門格斯圖負責制定招募規則和條件，親自任命中央委員會、執行委員會（相當於政治局）和祕書處的每一位成員。這些人都是他的忠實支持者，有一些是他的心腹。所有人都沒有自己的派系，有幾個人甚至因為在紅色恐怖時期背叛自己的同事而不再受到信任。門格斯圖是這個組織的主席，負責調解委員會和政府。委員會發誓，要「採取一切必要措施避免發生任何威脅革命的情況」。它的第一波行動就是禁止所有其他政治組織。[32]

第一年，委員會就建了超過六千個基層組織，仔細篩選每一個潛在的人選。這些基層組織的成員跟中央委員會一樣，主要都來自軍隊和警察。當然，這麼做是有代價的。由於組織在意的是忠誠而不管信仰，許多黨員對馬列主義一知半解。他們被送去蘇聯或東歐學習，但套一句歷史學家克里斯多福・克拉弗（Christopher Clapham）的話來說，這些人依然「對意識形態一無所知」。[33]委員會控制著每一個權力機構，包括都市社區委員會和農民協會。他們建立了類似蘇聯的新組織，像是衣索比亞革命女性協會（Revolutionary Ethiopia Women's Association）、衣索比亞革命青年組織（Revolutionary Ethiopia Youth Organisation）。

隨著委員會不斷擴大對國家的掌控範圍，出現越來越多以社會主義之名實施的激進計畫。門格斯圖即使不懂馬克思，依然非常清楚集體化可以讓他從農村榨取更多剩餘價值。短短幾年的時間，大約七百萬戶家庭組成了農民協會，全成了現在的國家所有。這些協會會對村民施行糧食配額，強迫他們按照國家訂定的價格將糧食賣給國家。協會無情地向農民徵稅，強迫他們離鄉背井無償地為一些基礎建設工作。他們把這些人變成國家的佃農。[34]

一九八二年五月，阿姆哈拉語的《資本論》終於出版了。半年後，東德捐贈了一塊雕刻著馬克思頭像的巨大紅色花崗岩，鎮守在阿迪斯阿貝巴大學門口。接著是一九八三年蘇聯量產的列寧像，它矗立在聯合國非洲經濟委員會（United Nations Economic Commission for Africa）總部前面，身高七公尺，目光堅定地凝視著地平線，一腳抬起準備邁向未來的道路。[35]

經過五年的籌備工作，門格斯圖認為正式成立衣索比亞工人黨（Workers' Party of Ethiopia）的時機已經成熟。一九八四年七月，隨著各省黨部的成立，人民革命掀開了新的篇章，所有黨分部都忠心耿耿地擁護門格斯圖「關鍵又果斷的領導能力」。他的肖像現在掛在正中央，左邊是馬克思、恩格斯和列寧，右邊則是一顆紅星。[36]

慶祝成立的日子訂在一九八四年九月，正逢革命十週年紀念。門格斯圖兩年前訪問過平壤，決心仿效北韓那樣大規模地慶祝國慶日。他從平壤帶回一個顧問團，為這次的活動妝點、打造首都，豎立數百座凱旋拱門、方尖碑以及大型廣告看板，來頌揚門格斯圖和馬克思。所有的商標都被拆除，宏大的革命口號布滿每一座現代建築。數公里長的波紋鐵柵欄遮掩住貧民區，柵欄統一塗上了紅色。[37]

慶典的前一週，一個宏偉的黨代表大會大廳開放了，它的風格是許多共產主義獨裁者推崇的社會主義寫實主義。一九七九年，委員會就已經搬入一棟裝飾藝術風格的優雅建築，那裡過去是議會所在地。建築物外面被重新漆成土紅色，鐵門用鎚子和鐮刀重新裝飾。相較之下，新建築是革命成就的紀念碑。主會議室有三千五百個座位，每個座位都裝了最先進的設備，提供同步口譯。除了建築物外面覆蓋的石頭以外，所有東西都按照最高規格製造，從芬蘭進口，而且都是以現金付款。[38]

九月十日舉行的第一次會議上，衣索比亞工人黨的成員全體一致地推舉「目光遠大的領袖」成為中央委員會總書記，並向人民保證，他們會「在門格斯圖．海爾．馬里亞姆同志的革命領導下前進」。一名政治局成員走上前，莊嚴地朗讀著主席的傳記，將這位「聰明、慷慨的衣索比亞救世主」比作是基督的第二次降臨。門格斯圖相當謙虛，喃喃地說自己並不配得到如此的讚揚，但他早在事前就檢查過這篇內容的每字每句。[39]

比黨代表大會大廳更令人印象深刻的，是高聳的提格拉欽紀念碑（Tiglachin Monument），阿姆哈拉語的意思是「我們的鬥爭」。這座由北韓設計的紀念碑，有五十公尺高，頂上掛著一顆紅星；石碑的兩側是複雜的青銅浮雕，描繪著從皇帝倒台到門格斯圖統治的這段革命歷史，他正帶領人民走向社會主義的未來。[40]

九月初，阿迪斯阿貝巴的幾條主要街道好幾天都被封起來，因為北韓的顧問團要訓練大批群眾遊行。那些沒有服從命令參與遊行的人被毆打、監禁，甚至餓死，因為食物是定量配給的。

國慶日當天舉行了盛大的慶祝活動，約有七萬名學生、村民和軍人舉著馬克思、列寧和門格斯圖的巨幅海報，高呼著口號「在門格斯圖．海爾．馬里亞姆同志的革命領導下前進」，遊行走過革命廣場的閱兵台。門格斯圖直挺挺地立正站在台上。數百輛坦克、裝甲運兵車、火箭發射器轟隆隆地駛過廣場，展現他們的軍事實力。進場隊伍中眾所矚目的卻是一尊巨大的門格斯圖雕像，左手握拳伸向空中。上面還裝飾著另一句口號：「唯有門格斯圖．海爾．馬里亞姆的英明及革命領導，我們的鬥爭才會成功。」[41]

革命的幾年後，民族博物館裡所有的宗教展品都移去倉庫，不過跟新政權相關的紀念物很稀少。十週年紀念時，關閉已久的博物館為了一個特展再度開放，以一種統一的觀點整合了過去以來的所有歷史，從古人類時代到阿杜瓦戰役，再到推翻皇帝，這個國家不斷地演進，不斷進步，最後被門格斯圖所救贖。[42]

據眾多資料估計，慶典總共花費了五千萬至一億美元。[43] 在這之前，卻有數百萬人在挨餓。衣索比亞是一個貧窮的國度，死板的社會主義經濟也無濟於事。強制徵兵和內戰更是進一步破壞了脆弱的鄉村。從一九七四至一九八四年間，人均穀物產量下降了百分之十五，更多的穀物都被徵收去支付高昂的軍事預算。第一次出現饑荒是在一九八三年，當時國內部分地區遭逢異常嚴重的旱災。到了一九八四年夏天，光是沃洛（Wollo）地區就有成千上萬的人死去，飢餓的村民要不湧入城鎮上街乞討，就是在貧瘠的土地旁等待死亡。政府卻掩蓋真正的危機，帶外國記者去參觀集體農場，展示人民富庶的景象。反叛的北方地區也受到饑荒影響，政府趁機讓同情反抗者的當地人餓死。一九八四年九月革命十週年之際，門格斯圖向人群發表了五個小時的演講，與此同時有七百萬人正陷於挨餓的邊緣。[44]

一九八四年十月，英國廣播公司（ＢＢＣ）新聞播出了身軀乾癟的兒童在吊點滴的悲慘畫面，這場饑荒終於引起國際社會的關注，激發了全球展開募款援助運動，募集到數百萬美元。一九八五年二月，門格斯圖終於在國家電視台上露面，宣布該國正面臨乾旱帶來的嚴重危機。他提出了一個解決方案，呼籲將飢餓的北方村民安置到更肥沃的南方平原。當局政權以援助之名，強行將叛亂地區的人口轉移至其他偏遠地區。超過五十萬人被重新安置，而且往往是迫於暴力威脅。更糟糕的是，安置過後又實施了「村落化」（villagisation）方案。這個計畫實際上就是集體化，只是換了不同的名字。國家為了控制一切，將來自各地的家庭聚集在規畫好的鄉村裡。據估計，至少有五十萬人在一九八三至一九八五年的饑荒中死去。[45]

許多原本要發給人民的糧食援助皆轉到士兵手中。隨著革命之後各種解放運動興起，自一九七七年起，內戰如火如荼地展開。其中像是歐羅莫解放軍（Oromo Liberation Front）、提格雷人民解放陣線（Tigrayan People's Liberation Front）、阿法爾解放陣線（Afar Liberation Front）都位於衣索比亞貧瘠的北部地區。但「德爾格」最主要的敵人還是厄利垂亞人民解放陣線（Eritrean People's Liberation Front）。一九七七年夏天，正值與索馬利亞對戰最激烈的時候，門格斯圖曾呼籲「全民抗戰」共同對抗所有侵略者。在古巴和蘇聯的支持下，他贏得了歐加登戰役，轉而希望徹底粉碎北部的分離主義運動。但是一九八二年「紅星行動」（operation Red Star）是徹徹底底的錯誤。全國一半以上的軍人都參與了這場大型的軍事行動。相較於東部的高原，北部的地形更適合游擊戰士，因為那裡淨是高聳山脈、險峻的懸崖和荒涼的岩石平原。[46]

門格斯圖親自指揮這個行動，並暫時將他大部分的內閣成員遷到厄利垂亞的首都阿斯馬拉（Asmara）。然而，曾經在革命初期幫助他成功控制「德爾格」的那些手段，現在卻對他不利。他在沒有明確戰略的情況下參戰，自以為強大的軍隊可以靠人數取勝。結果等到大軍無法將叛亂分子趕出其山區據點時，門格斯圖就指責將軍們無能和叛國，任意將他們處決。他不信任任何人，便在最高指揮部周圍建立了政治委員的監視網絡。忠誠比能力更重要，只有馬屁精和投機者可以平步青雲。[47]

紅星行動最終演變成一場消耗戰，大批大批的年輕人和男孩被強行徵召入伍。他們總是飢腸轆轆，經常挨打，而後又被丟入戰場，面對世界上一些最頑固的叛亂分子。到了二十世紀八〇年代中期，內戰和饑荒已成了這個政權如影隨形的夢魘。[48]

儘管有三十萬大軍和蘇聯一百二十億美元的軍事援助，門格斯圖的政權還是在各種反叛運動衝擊下開始崩潰。一九八八年三月，厄利垂亞叛軍在阿法貝特（Afabet）取得決定性的勝利。阿法貝特是沙赫爾地區中部一個戰略重鎮，充滿戰壕和碉堡。這是自一九四二年埃及阿拉曼戰役（El Alamein）之後，在非洲發生的最大型戰役。大約兩萬名士兵被殺或被俘，改變了戰爭的走向。幾個月後，他的高級官員趁著門格斯圖跑去東德尋求更多武力支援的時候，試圖發動政變。雖然政變未遂，卻也讓逃兵變得越來越多。一九九〇年二月，厄利垂亞人襲擊了紅海沿岸城市馬薩瓦（Massawa）的港口，連莫斯科也失去了信心，決定撒手不管。戈巴契夫則說門格斯圖該改革一下了。

在厄利垂亞人民解放陣線的帶頭下，各路的游擊戰士皆行動了起來，在一九九〇年底抵達阿迪斯阿貝巴的外圍。接下來幾個月，在遭遇公然反叛和暗示自殺的威脅交迫下，門格斯圖與現實越來越脫節。一九九一年四月十六日，他在電台發表談話，怒斥那些叛徒和外國陰謀分子。三天後，他號召全國動員起來，「捍衛祖國的完整」。他狂亂地出招反擊，一邊死守自己的所有頭銜，一邊撤換了幾位最高級別的部長，但一切都無濟於事。五月二十一日，他溜出首都，登上一架小飛機逃之夭夭。他越過邊界飛往肯亞奈洛比（Nairobi），然後再從那裡逃去辛巴威，接受穆加比總統提供的庇護。[49]

幾週後，門格斯圖的政權瓦解，其實早在他逃走之前，他的軍隊已經在叛軍往南推進時潰散。他的海報被人撕毀，有些還被槍彈打得千瘡百孔。列寧雕像被推下台座。他的話語也從黨報的刊頭上消失了。革命廣場上的標語和星星，都被油漆覆蓋。原來門格斯圖雕像的所在地也只剩下生鏽的鷹架。[50]

門格斯圖訂立的制度被中止，他的意識形態也被抹除殆盡，遺留下來的是戰爭、饑荒和集體化帶來的後遺症。他當政時獨攬大權，確保任何決定都要經過他的同意。即使是他悉心建立起來的政黨，也不過是他實現個人統治的工具而已。他是革命的化身，他一逃走，革命就消失了。

後記

在阿迪斯阿貝巴市政府經營的修車廠內，列寧躺在地上，周圍淨是雜草和空油桶。很少人來探望他。而來看他的人都被當地工作人員警告不要吵醒他。[1]

他又高又重，把他從底座上拉下來是件苦差事，只有繩子是完全撼動不了他的，需要動用重型機械。當然，他不是第一個。一九八九年十一月柏林圍牆倒塌後，列寧被拆除了上千次，有時被鎚子砸，有時被斬首，有時直接束之高閣。其他的專制者也被推倒了。在阿爾巴尼亞各地，興高采烈的群眾推倒了恩維爾・霍查（Enver Hoxha）的雕像，這個人已經統治了這個國家四十年。幾十年來，肖像、海報、標語、半身像和雕像越來越多，然而現在潮流轉向了。

許多觀察者對此感到相當訝異。人們原本認為，獨裁者跟他們的雕像一樣無可撼動。他們攫獲了子民的靈魂，重塑了他們的思想。他們對人民施了法，但這個法並不是咒語，而是恐懼。當恐懼蒸發的時候，整個大廈就崩塌了。好比希奧塞古，一九八九年十二月二十一日，他在黨總部前面受到示威者挑戰而後開始搖搖欲墜，這之間的變化才短短幾分鐘，但是那一刻可是花了幾十年的時間才走到。

所有個人崇拜都揉合了恐懼。在二十世紀的鼎盛時期，全球數億的人民別無選擇，只能默許地讚揚他們的領導人，接受他們的暴力威脅，支持他們的統治。在毛澤東或是金日成的統治下，光是嘲笑領導人的名字就會被送去勞改營。沒有按照命令哭泣、歡呼或喊叫的人，將受到嚴厲的懲罰。在墨索里尼或希奧塞古的統治下，編輯每天收到指示，指導他們什麼該提到，或什麼該禁止。在史達林的統治下，作家、詩人和畫家一想到他們的讚美可能不夠真誠，就會不寒而慄。

當我們把「個人崇拜」當成人們竭盡全力美化領袖，就會看不出現代獨裁體制下的力量有多可怕。當民主選舉出來的總統或總理開始塑造自己的形象，或在歌頌他們的兒童面前擺姿勢，或在金幣上刻下自己的名字，或被奉承者包圍，他們就上演了一場政治大戲。或許這會令人反感，或顯得自戀甚至邪惡，但這不算是個人崇拜。讓追隨者宣稱他們的領導人是天才，也不算個人崇拜。個人崇拜的第一步，是一個領袖需要有足夠的權勢來貶低他的對手，迫使他們在公共場合向自己致敬。等到個人崇拜發展成熟後，人們根本無法再確定到底誰支持或誰反對獨裁者。

金正恩就是其中一個例子。他是金氏家族的第三代，自二〇一一年以來一直控制著北韓。二〇一五年，在處決了包含幾名將軍和他姑丈在內大約七十名高階官員之後，他在自己的核心圈圈裡發放有著自己肖像的徽章。同年，每個省分開始出現金氏家族的雕像。跟金日成一樣，金正恩也到北韓各處蒞臨指導，他的隨行人員熱切地記錄下他的一言一行。他走路姿態像他的祖父，笑起來也像，甚至整個模樣看起來都很像他的祖父。[2]

金日成只是眾多成功的獨裁者之一，儘管自一九八九年開始興起了民主浪潮。二〇〇〇年，小阿薩德接替了老阿薩德的位子。巴沙爾・阿薩德仿效「謙遜的鄉村醫生」杜瓦利埃，最初以「舉止溫和的眼科醫師」形象呈現在眾人面前。接著，這位醫生開始散播恐懼的文化，讓整個敘利亞都認識他，同時用鐵腕鎮壓異議分子。[3]

新的獨裁者出現了。在二十一世紀最初幾年，土耳其看起來像是正在形成的民主國家，公民社會充滿活力，媒體也相對開放。結果後來艾爾段（Recep Tayyip Erdogan）上台。他在二〇一四年當選了總統，開始樹立國家強人的形象。二〇一六年，他以一場失敗的政變為藉口，鎮壓所有反對派，無數人被勒令停職、解僱或監禁，其中包括記者、學者、律師和公務員。即使在清洗政敵的時候，他也不忘美化自己。電視台每天播放他的演講好幾次，他的臉被貼在許多牆上，他的支持者把他比作第二個先知。土耳其或許還不到二十世紀那種完全的獨裁政治，但一切都需要時間累積，只是早晚問題。[4]

文化大革命之後，中國共產黨修改了憲法，明文禁止「一切形式的個人崇拜」，緩慢但勢不可擋地朝著更完善的問責制度邁進。但是這個政權卻已經轉向獨裁。二〇一二年習近平當選中國共產黨中央委員會總書記，上任第一件事就是羞辱和監禁一些有影響力的政敵。然後，他以反貪腐運動的名義，對數十萬黨員進行紀律處分或清洗。當權者齊心協力消滅新生的公民社會，無數的律師、人權運動人士、記者和宗教領袖被關押、流放和監禁。[5]

宣傳機器一直膜拜著習近平。二〇一七年十一月，中國共產黨全國代表大會召開之前，光是河北省省會就安裝了大約四千五百個擴音器，呼籲所有人要「緊密團結在以習近平同志為核心的黨中央周圍」。黨中央給了他七個頭銜，稱他是「開創性的領導人」、「黨的核心」及「為人民謀幸福的勤務員」、「國際舞台上的大國領袖」，還有「新時代現代化建設的總設計師」等等。一首來自北京的新歌曲唱著：「跟著你就是跟著那太陽。」小飾品、徽章和印有他肖像的海報隨處可見。同一年，他的思想變成小學生的必修教材。恐懼和讚美相伴而生，即使只是在網路私人訊息中嘲笑任何跟主席相關的事物，都有可能被指控犯下惡劣的罪行，處以兩年監禁。二〇一八年三月，全國人民代表大會投票廢除了任期的限制，他成為終身主席。[6]

儘管如此，除了金正恩之外，今日的獨裁者們若想追上他們二十世紀的前輩所締造的成果，繼續灌輸他們的人民恐懼，大概不是那麼容易了。雖然現在幾乎每個月都有新書在宣告「民主之死」，或是「自由主義的終結」。不可否認地，這十多年來，世界上許多地方的民主確實在走下坡，即便是某些很穩固的議會民主國家，其自由程度也逐漸下降。有句話是這麼說的，自由的代價是永恆的警醒，因為要偷走權力是很輕而易舉的事。請注意，我說的是要警醒，而不是說前途無望。其實從歷史角度來看，相比起二十世紀，今日的獨裁統治也在走下坡。因為那些被個人崇拜包圍的獨裁者，往往遁入自己的世界，周圍的追隨者讓他們更加執迷不悟。他們最後都只靠自己做決定；無論在國內還是國外，他們把所有人都當敵人。他們變得驕傲自大卻又疑神疑鬼，想要尋求更多權力來保護手中的權力。但又因為這一切只仰賴他們自己的判斷，所以一個小小的誤判也會導致政權動搖，帶來致命後果。到頭來，其實獨裁者最大的威脅不只來自人民，而且也來自他們自己。

謝詞

最開始發想這個主題是在一九八一年我大學一年級的時候，那時候我剛好讀到一篇文章〈個人魅力的形成〉（La fabrication d'un charisme），內容是關於史達林生前的個人崇拜。這是一篇非常引人入勝的文章，是我的老師Bronisław Baczko在日內瓦大學（University of Geneva）寫的。Baczko教授是文化史的開拓者，雖然現在說這個有點晚了，但我還是想提起，他的畢生研究在很大程度上影響了我對歷史的認識，比當時我意識到的影響還要深。

撰寫個人崇拜這個主題的文章，有可能非常危險。每一位研究墨索里尼的歷史學家都非常感念卡米洛・貝內里（Camillo Berneri），他在一九三四年發表了一篇頗具啟發性的研究論文〈偉大演員墨索里尼〉（Mussolini Grande Attore），三年後卻在西班牙遭一群共產主義者殺害，這些人推測是奉史達林之命。偉大的獨裁者經常是偉大作家筆下人物，無論他們寫的是當下還是後見之明。研究這些獨裁者的樂趣之一，就是能夠與這些有才華的學者相伴。我回報他們的，就是將他們標在引用注解裡（雖然這個回報輕如鴻毛）。

我每週花很多時間浸淫在歐洲不同的檔案館。像是位在布加勒斯特的羅馬尼亞國家檔案館

（Arhivele Naționale ale României），感謝Ștefan Bosomitu的協助，尤其他對希奧塞古的了解如數家珍，沒有他，我就無法正確理解那些文件。感謝在阿迪斯阿貝巴的Eyob Girma耐心閱讀了數十本以阿姆哈拉語寫成的回憶錄，以及Jen Seung Yeon Lee協助我整理北韓的宣傳資料。胡佛研究所裡關於二十世紀戰爭、革命與和平的資料實在多不勝數，感謝圖書館和檔案館的工作人員鼎力相助。

感謝白錦文（Robert Peckham）借了我彼得・柏克（Peter Burke）寫的《製作路易十四》（*The Fabrication of Louis XIV*），這本書重新點燃了我對形象和權力的歷史的興趣。有一些人閱讀了我的草稿，並提供寶貴建議，特別感謝Peter Baehr、Gail Burrowes, Christopher Hutton、Peter與Gabriele Kennedy、Françoise Koolen、Andrei Lankov、Norman Naimark、Robert Peckham、Priscilla Roberts、Robert Service、Facil Tesfaye以及Vladimir Tismaneanu。還有一些人則是慷慨分享故事和資料，特別是Paul S. Cha、Mihai Croitor、Brian Farrell, Sander Gilman、Paul Gregory、Paul Hollander、熊景明（Jean Hung）、Mark Kramer、Michelle Kung、James Person、Amir Weiner以及文安立（Arne Westad）。

我要感謝我的出版商——倫敦的Michael Fishwick和紐約的Anton Mueller——以及我的編輯Richard Collins，還有Marigold Atkey、Chloe Foster、Genista Tate-Alexander、布魯姆斯伯里出版社（Bloomsbury）的Francesca Sturiale與Lilidh Kendrick。我也想感謝我的作家經紀人——紐約的Andrew Wylie和倫敦的Sarah Chalfant。最後，我要感謝我的妻子Gail Burrowes，我愛妳。

二〇一八年十二月，香港

in Eritrean War', 20 March 1982, UPI; Messay Kebede, *Ideology and Elite Conflicts: Autopsy of the Ethiopian Revolution*, Lanham, MD: Lexington Books, 2011, pp. 307–24.

48. Alex de Waal, *Evil Days: Thirty Years of War and Famine in Ethiopia*, New York: Human Rights Watch, 1991, pp. 302–7.

49. Henze, *Layers of Time*, pp. 327–9.

50. Paul Henze archives, Hoover Institution, box 68, 'Travel Diary, 1991 June'.

後記

1. Elleni Centime Zeleke, 'Addis Ababa as Modernist Ruin', *Callaloo*, 33, no. 1 (Spring 2010), p. 125.
2. 'How Kim Jong Un Builds his Personality Cult', *The Economist*, 8 June 2017.
3. Joseph Willits, 'The Cult of Bashar al-Assad', *Guardian*, 1 July 2011.
4. Kadri Gursel, 'The Cult of Erdogan', *Al-Monitor*, 6 Aug. 2014.
5. Tom Phillips, 'Xi Jinping: Does China Truly Love "Big Daddy Xi" – or Fear Him? ', *Guardian*, 19 Sept. 2015.
6. Rowan Callick, 'No Turning Back the Tide on Xi Jinping Personality Cult', *Australian*, 25 Nov. 2017; Viola Zhou, ' "Into the Brains" of China's Children: Xi Jinping's "Thought" to Become Compulsory School Topic', *South China Morning Post*, 23 Oct. 2017; Jamil Anderlini, 'Under Xi Jinping, China is Turning Back to Dictatorship', *Financial Times*, 11 Oct. 2017.

33. 同上，頁77。
34. François Jean, *Éthiopie: Du bon usage de la famine*, Paris: Médecins Sans Frontières, 1986, pp. 21–5; Harold G. Marcus, *A History of Ethiopia*, Berkeley, CA: University of California Press, 1994, pp. 204–5.
35. BArch, DY 30/11498, 6 May 1982, p. 12; BArch, DY 30/27158, 3 Dec. 1982, p. 3; PRO, FCO 31-3895, D. C. B. Beaumont, 'Meeting of EC Ambassadors', 23 Sept. 1983.
36. *Ethiopian Herald*, 6 and 26 July 1984.
37. Henze, *Layers of Time*, pp. 306–7; Paul Henze archives, Hoover Institution, box 72, 'Communist Ethiopia: Is it Succeeding? ', Jan. 1985; 在以下資料提及「數百名」北韓人：Giorgis, *Red Tears*, p. 135；關於1982年訪問北韓的旅程，亦可參閱頁59。
38. Paul Henze archives, Hoover Institution, box 71, 'A Communist Ethiopia? ', 1981; Korn, *Ethiopia, the United States and the Soviet Union*, pp. 122–3.
39. *Ethiopian Herald*, 4 and 7 Sept. 1984；關於傳記，請參閱 Giorgis, *Red Tears*, p. 172.
40. Korn, *Ethiopia, the United States and the Soviet Union*, pp. 122–3.
41. 'Ethiopians Mark 10th Anniversary of Socialist Revolution', *United Press International*, 12 Sept. 1984; *Ethiopian Herald*, 16 Sept. 1984.
42. MfAA, C 1852, Travel Report, April 1978, p. 58; Donham, 'Revolution and Modernity in Maale', p. 29.
43. Korn, *Ethiopia, the United States and the Soviet Union*, pp. 123–4.
44. Henze, *Layers of Time*, p. 307; Paul Henze archives, Hoover Institution, box 72, 'Communist Ethiopia: Is it Succeeding? ', Jan. 1985; box 73, 'Exploiting Famine and Capitalizing on Western Generosity', March 1986, p. 91; Korn, *Ethiopia, the United States and the Soviet Union*, pp. 124–6.
45. Laurence Binet (ed.), *Famine et transferts forcés de populations en Ethiopie 1984–1986*, Paris: Médecins Sans Frontières, 2013; Alex de Waal, 'Is the Era of Great Famines Over? ', *New York Times*, 8 May 2016.
46. Gebru Tareke, *The Ethiopian Revolution: War in the Horn of Africa*, New Haven, CT: Yale University Press, 2009, pp. 218–61.
47. Charles Mitchell, '"Operation Red Star": Soviet Union, Libya back Ethiopia

Stéphane Courtois et al. (eds), *The Black Book of Communism: Crimes, Terror, Repression*, Cambridge, MA: Harvard University Press, 1999, p. 691.

18. 'Farewell to American Arms', *Time* magazine, 9 May 1977.
19. David A. Korn, *Ethiopia, the United States and the Soviet Union*, Carbondale, IL: Southern Illinois University Press, 1986, pp. 28–9.
20. NARA, RG 59, 1978STATE106159, 26 April 1978.
21. PRO, FCO 31-2251, C. M. Carruthers, 'Leading Personalities of Ethiopia', 19 May 1978; NARA, RG 59, 1978ADDIS02129, 11 May 1978.
22. NARA, RG 59, 1979ADDIS01388, 19 April 1979; Donald L. Donham, 'Revolution and Modernity in Maale: Ethiopia, 1974 to 1987', *Comparative Studies in Society and History*, 34, no. 1 (Jan. 1992), p. 43.
23. Paul Henze archives, Hoover Institution, box 71, 'A Communist Ethiopia? ', 1981.
24. NARA, RG 59, 1979ADDIS01388, 19 April 1979.
25. Shambel, *Misikirnet be Derg Abalat*, p. 327.
26. Habtamu Alebachew, *Ye Kesar Enba* (Tears of Cesar), Addis Ababa: Far East Trading Publishing, 2007, pp. 122, 142–3, 145 and 150.
27. Dawit Wolde Giorgis, *Red Tears: War, Famine and Revolution in Ethiopia*, Trenton, NJ: Red Sea Press, 1989, p. 58; BArch, DY 30/IV 2/2.035/127, Report on Propaganda, 4 April 1978, pp. 253–6；巴魯寫了一本極具批判性的回憶錄，題為《奧羅米亞》(*Oromay*)，他卻在1984年人間蒸發，很可能是被殺了。本章在一些地方有引用這本書的內容。
28. Dawit Shifaw, *The Diary of Terror: Ethiopia 1974 to 1991*, Bloomington, IN: Trafford Publishing, 2012, p. 72; Begashaw, *Yecoloel Mengistu Haile Maryam ena Yederggemenawoch*, p. 378.
29. Paul Henze archives, Hoover Institution, box 68, 'Revolution Day', 12 Sept. 1977, pp. 16–17; 被罰錢的事，請參閱PRO, FCO 31-2093, D. M. Day, 'Mengistu', 15 June 1977；亦可參閱Giorgis, *Red Tears*, p. 59.
30. MAE, 326QONT/28, Pierre Nolet, 'Chronique mensuelle', 11 Dec. 1979; Habtamu, *Ye Kesar Enba*, p. 122.
31. MAE, 326QONT/28, 'Note: Situation intérieure de l'Ethiopie', 27 Feb. 1981.
32. Clapham, *Transformation and Continuity in Revolutionary Ethiopia*, pp. 70–77.

Ethiopia, Cambridge: Cambridge University Press, 1988, p. 41.

7. Shambel Tesfaye Reste Mekonnen, *Misikirnet be Derg Abalat* (Testimonies of Derg members), Addis Ababa, 2007, p. 164; PRO, FCO 31/2093, D. M. Day, 'Mengistu', 15 June 1977.
8. *Ethiopian Herald*, 21 Dec. 1974 and 30 Jan. 1975; Paul B. Henze, *Layers of Time: A History of Ethiopia*, London: Hurst, 2000, p. 290; Andargatchew Tiruneh, *The Ethiopian Revolution 1974–87*, Cambridge: Cambridge University Press, 1993, pp. 102–3.
9. Begashaw Gobaw Tashu, *Yecoloel Mengistu Haile Maryam ena Yederggemena-woch* (Secrets of Mengistu Haile Mariam and the Derg), Addis Ababa: Far East Trading, 2008, p. 220.
10. Babile Tola, *To Kill a Generation: The Red Terror in Ethiopia*, Washington, DC: Free Ethiopia Press, 1989, pp. 38–9; PRO, FCO 31-2098, 'Annual Review for 1976', 3 Jan. 1977.
11. *Ethiopian Herald*, 29 Sept. 1976; PRO, FCO 31/2098, 'Annual Review for 1976', 3 Jan. 1977; Henze, *Layers of Time*, p. 291.
12. Eshetu Wendemu Hailesselasie, *Heiwot Be Mengistu Betemengist* (Life at the palace during Mengistu's time), Addis Ababa: Zed Printing House, 2010, pp. 81–90.
13. *Ethiopian Herald*, 5 Feb. 1977.
14. Feseha Desta, *Abyotuna Tezetaye* (My reminiscences of the revolution), Addis Ababa: Tsehay Asatami Derejet, 2008, p. 80; Geset Techane (pen name Zenebe Feleke), *Neber* (Was), Addis Ababa: Hetemet Alfa Asatamewoch, 2007, p. 238; Baalu Girma, *Oromay* (The end), Addis Ababa: Mankusa Asatami, 1983, pp. 21 and 50.
15. Fekreselasie Wegderes, *Egnana Abyotu* (We and the Revolution), Addis Ababa: Tsehay Akefafay Derejet, 2006, pp. 75–6; Baalu, *Oromay*, pp. 24 and 50–54.
16. *Ethiopian Herald*, 5 Feb. 1977; Begashaw, *Yecoloel Mengistu Haile Maryam*, p. 291.
17. Marina and David Ottaway, *Ethiopia: Empire in Revolution*, New York: Africana Publishing, 1978, pp. 142–6; Judith Ashakih, *Gift of Incense: A Story of Love and Revolution in Ethiopia*, Trenton, NJ: Red Sea Press, 2005, p. 290;

49. Gabriel Ronay, 'Romania Plans Village Blitz', *Sunday Times*, 23 May 1988; OSA, 300-8-47-212-11, 'The Rural Resettlement Plan', 16 Sept. 1988, p. 13.
50. Binder, 'The Cult of Ceauşescu'.
51. MAE, 1930INVA/5471, Michel Rougagnou, 'Célébration du vingtième anniversaire', 23 July 1985; Sweeney, *The Life and Evil Times of Nicolae Ceauşescu*, pp. 157–8.
52. Sweeney, *The Life and Evil Times of Nicolae Ceauşescu*, p. 158.
53. 人數的資料來自MAE, 1930INVA/5471, Michel Rougagnou, 'La vie du parti dans l'entreprise', 6 Oct. 1983.
54. MAE, 1930INVA/4630, Pierre Cerles, 'Le communisme à la roumaine', 24 May 1978.
55. OSA, 300-8-47-211-1, 'Ceauşescu Rejects Soviet-Style Reform', 6 Feb. 1980, pp. 3–6.
56. Sweeney, *The Life and Evil Times of Nicolae Ceauşescu*, pp. 172–4.
57. MAE, 1935INVA/6478, Jean-Marie Le Breton, 'Campagne d'élections', 16 Nov. 1989.
58. Peter Siani-Davies, *The Romanian Revolution of December 1989*, Ithaca, NY: Cornell University Press, 2007, pp. 81–2; Emma Graham-Harrison, '"I'm Still Nervous", Says Soldier who Shot Nicolae Ceauşescu', *Guardian*, 7 Dec. 2014.

第八章　門格斯圖

1. Estelle Sohier, 'Politiques de l'image et pouvoir royal en Éthiopie de Menilek II à Haylä Sellasé (1880–1936)', doctoral dissertation, University of Paris 1, 2007, pp. 159–69.
2. PRO, FCO 31/1829, Willie Morris, 'Annual Review for 1974', 6 Feb. 1975.
3. Bahru Zewde, *A History of Modern Ethiopia*, London: James Currey, 2001, p. 234.
4. PRO, FCO 31/1829, Willie Morris, 'Annual Review for 1974', 6 Feb. 1975.
5. 同上。
6. Richard J. Reid, *Frontiers of Violence in North-East Africa: Genealogies of Conflict since c.1800*, Oxford: Oxford University Press, 2011, p. 174; Christopher Clapham, *Transformation and Continuity in Revolutionary*

33. PRO, FCO 28/3407, R. L. Secondé, 'President Ceauşescu of Romania: A Summary', 24 April 1978, pp. 4–5; Sweeney, *The Life and Evil Times of Nicolae Ceauşescu*, pp. 111–20.
34. 帕切帕進一步寫了回憶錄，大力抨擊希奧塞古政權：*Red Horizons: The True Story of Nicolae and Elena Ceauşescus' Crimes, Lifestyle, and Corruption*, Washington, DC: Regnery Publishing, 1990.
35. ANR, 2898-28-1977, Inventories of foreign medals and decorations awarded to Elena and Nicolae Ceauşescu, 21 Nov. 1977, pp. 1–16.
36. 東德人描述珀爾伏列斯庫的事件，請參閱BArch, DY 30/IV 2/2.035/52, 23 Nov. 1979, pp. 2–7；亦可參閱Fisher, Ceauşescu, p. 240.
37. Jonathan Eyal, 'Why Romania Could Not Avoid Bloodshed' in Gwyn Prins (ed.), *Spring in Winter: The 1989 Revolutions*, Manchester: Manchester University Press, 1990, pp. 149–50.
38. OSA, 300-8-47-204-10, 'Situation Report', 22 July 1980, pp. 2–5; MAE, 1929INVA/4629, Pierre Cerles, Ambassador's Report, 22 Dec. 1980.
39. MAE, 1929INVA/4630, 'Situation en Roumanie', 20 Dec. 1980.
40. Sweeney, *The Life and Evil Times of Nicolae Ceauşescu*, pp. 130–33.
41. OSA, 300-8-3-5914, Anneli Maier, 'Anniversary of the 1965 RCP Congress', 11 Aug. 1982, pp. 1–4.
42. BArch, DY 30/11599, June 1982, pp. 87–9.
43. MAE, 1930INVA/5471, Michel Rougagnou, 'Célébration du vingtième anniversaire', 23 July 1985.
44. ANR, 2898-80-1984, Rules for displaying the official portrait of Nicolae Ceauşescu, 7 March 1984, pp. 1–4; ANR, 2989-21-1984, Note on the new ABECEDAR, 1984, p. 8.
45. ANR, 2898-32-1985, Report on special programmes dedicated to the sixty-fifth anniversary of the foundation of the communist party, 1985, pp. 1–4.
46. David Binder, 'The Cult of Ceauşescu', *New York Times*, 30 Nov. 1986.
47. ANR, 2898-36-1984, Transcript of a meeting between Nicolae Ceauşescu and representatives of the Union of Visual Artist, 18 Sept. 1984, pp. 2–6.
48. Lucian Boia, *Romania: Borderland of Europe*, London: Reaktion Books, 2001, pp. 288–90.

Times of Nicolae Ceauşescu, p. 102.

19. Michel-Pierre Hamelet, *Nicolae Ceauşescu: Présentation, choix de textes, aperçu historique, documents photographiques*, Paris: Seghers, 1971.
20. ANR, 2898-19-1976, List of books on Nicolae Ceauşescu published abroad, 4 March 1976, pp. 1–6; OSA, 300-8-47-201-3, 'Situation Report', 9 Feb. 1978, p. 9.
21. ANR, 2898-10-1973, Note of the Foreign Relations Section, 28 May 1973, pp. 12–13.
22. 確切金額為7,500,000里拉，請參閱ANR, 2898-21-1971, Note of the Foreign Relations Section of the Central Committee, 4 Sept. 1971, p. 102；亦可參閱Günther Heyden, Report on a visit to the Romanian Institute for Historical and Social-Political Studies, 27 Sept. 1971, DY 30/IVA 2/20/357, pp. 377–8.
23. OSA, 300-8-3-5811, 'Nicolae Ceauşescu and the Politics of Leadership', 29 March 1973, pp. 3–15.
24. ANR, 2574-31-1974, Transcript of the Executive Committee (Politburo) of the Central Committee meeting, 27 March 1974, p. 50–59.
25. Sweeney, *The Life and Evil Times of Nicolae Ceauşescu*, p. 105.
26. Fisher, *Ceauşescu*, pp. 184–5 and 212–13; Anneli Ute Gabanyi, *The Ceauşescu Cult: Propaganda and Power Policy in Communist Romania*, Bucharest: The Romanian Cultural Foundation Publishing House, 2000, pp. 17–18; Thomas J. Keil, *Romania's Tortured Road toward Modernity*, New York: Columbia University Press, 2006, p. 301.
27. ANR, 2898-19-1976, List of books on Nicolae Ceauşescu published abroad, 4 March 1976, pp. 1–6.
28. OSA, 300-8-3-5850, 'Ceauşescu's Ideological Role is Strengthened', 29 July 1976, pp. 1–9.
29. 同上，頁7。
30. OSA, 300-8-47-201-3, 'Situation Report', 9 Feb. 1978, p. 2.
31. OSA, 300-8-47-201-3, 'Situation Report', 9 Feb. 1978, p. 3; PRO, FCO 28/3444, R. A. Burns, 'President Ceauşescu's 60th Birthday', 8 Feb. 1978, pp. 4–5.
32. OSA, 300-8-47-201-3, 'Situation Report', 9 Feb. 1978, pp. 6–10.

3. Dennis Deletant, *Communist Terror in Romania: Gheorghiu-Dej and the Police State, 1948–1965*, New York: St Martin's Press, 1999.
4. Alice Mocanescu, 'Surviving 1956: Gheorghe Gheorghiu-Dej and the "Cult of Personality" in Romania' in Apor Balázs, Jan C. Behrends, Polly Jones and E. A. Rees (eds), *The Leader Cult in Communist Dictatorships: Stalin and the Eastern Bloc*, Houndmills, Basingstoke: Palgrave Macmillan, 2004, p. 256; 'Rumania: Want amid Plenty', *Time* magazine, 8 June 1962.
5. Mary Ellen Fisher, *Ceauşescu: A Study in Political Leadership*, Boulder, CO: Lynne Rienner Publishers, 1989, pp. 49–52; Vladimir Tismaneanu, *Stalinism for All Seasons: A Political History of Romanian Communism*, Berkeley, CA: University of California Press, 2003, p. 176.
6. Fisher, *Ceauşescu*, p. 69.
7. MAE, 201QO/167, Jean-Louis Pons, '50eme anniversaire de Mr. Ceauşescu', 30 Jan. 1968.
8. Fisher, *Ceauşescu*, pp. 133–9.
9. 同上，頁143–5。
10. Sweeney, *The Life and Evil Times of Nicolae Ceauşescu*, p. 95.
11. 嚴格來說，從喬治烏—德治政治局出來的另一個領導人是埃米爾·波德納拉希，但他當時生病了，沒有參加黨代表大會；Fisher, *Ceauşescu*, pp. 154–7.
12. Fisher, *Ceauşescu*, pp. 92–3; OSA, 300-8-3-5811, 'Nicolae Ceauşescu and the Politics of Leadership', 29 March 1973, pp. 16–18.
13. ANR, 2574-72-1971, Minutes of the Executive Committee (Politburo) meeting, 25 June 1971, p. 11.
14. 同上。
15. 同上，頁45-46；OSA, 300-8-47-188-23, Rumanian Situation Report, 13 July 1971, pp. 9–11.
16. Fisher, *Ceauşescu*, p. 126.
17. OSA, 300-8-47-188-23, Rumanian Situation Report, 13 July 1971, pp. 9–11;「新人」這個稱呼來自黨委書記波佩斯庫（Dumitru Popescu）；參閱 OSA, 300-8-47-188-24, Rumanian Situation Report, 20 July 1971, p. 13.
18. 希奧塞古與伊利埃斯庫之間的爭執，可以參閱 Sweeney, *The Life and Evil*

52. NARA, RG 59, Box 2263, 'Joint Weeka No. 30', 31 July 1966; 'Confidential Report', 2 Sept. 1966.
53. NARA, RG 59, Box 2172, 'Joint Weeka No. 15', 16 April 1967; 'The Birthday Blowout', *Time* magazine, 28 April 1967.
54. Abbott, *Haiti*, p. 144; 'Coming to a Boil', *Time* magazine, 25 Aug. 1967.
55. NARA, RG 59, Box 2172, 'Joint Weeka No. 25', 25 June 1967；亦可參閱Abbott, *Haiti*, p. 145.
56. NARA, RG 59, Box 2172, 'Joint Weeka No. 11', 19 March 1967; NARA, RG 59, Box 2172, 'Joint Weeka No. 37', 24 Sept. 1967; NARA, RG 59 Box 5, 'Haiti', 26 Sept. 1967.
57. NARA, RG 59, Box 2173, 'Duvalier Speaks Extemporaneously Again', 5 Nov. 1967; 'Joint Weeka No. 37', 24 Sept. 1967.
58. 廣播電台的事請參閱NARA, RG 59, Box 2172, 'Joint Weeka No. 2', 14 Jan. 1968.
59. Rotberg, *Haiti*, pp. 350–66.
60. NARA, RG 59, Box 2172, 'Trip Report: Northwest Department of Haiti', 29 Dec. 1968.
61. Rotberg, *Haiti*, p. 235.
62. MAE, 96QO/56, Philippe Koening, 'La rébellion du 24 avril', 10 June 1970; 'Action anti-communiste', 30 April 1969; Abbott, *Haiti*, p. 152; Marquis, *Papa Doc*, p. 264.
63. MAE, 96QO/73, Philippe Koenig, 'Haiti après la mort du Président François Duvalier', 28 April 1971; NARA, RG 59, Box 2346, 'Political/ Economic Summary No. 3', 21 Feb. 1971; 'Political/Economic Summary No. 8', 8 May 1971.

第七章 希奧塞古

1. 'Obituary: Anca Petrescu', *Daily Telegraph*, 1 Nov. 2013; Robert Bevan, *The Destruction of Memory: Architecture at War*, London: Reaktion Books, 2006, pp. 127–31.
2. John Sweeney, *The Life and Evil Times of Nicolae Ceaușescu*, London: Hutchinson, 1991, pp. 44–51.

177–8.

36. NARA, RG 59, Box 2262, 'Joint Weeka No. 26', 26 June 1964; NARA, RG 59, Box 2263, 'Build-Up Begins for May 22 Celebrations', 20 May 1964.
37. Jean Fourcand, *Catéchisme de la révolution*, Port-au-Prince: Imprimerie de l'Etat, 1964, p. 17.
38. NARA, RG 59, Box 2262, 'Joint Weeka No. 38', 18 Sept. 1964.
39. Rotberg, *Haiti*, pp. 239–42.
40. Richard West, 'Haiti: Hell on Earth', *New Statesman*, 29 April 1966, translation into French in MAE, 96QO/54, 'Articles et documents', 12–19 Aug. 1966; 'Crushing a Country', *Time* magazine, 27 Aug. 1965；關於饑荒的報告，參閱 NARA, RG 59, Box 2263, 'Joint Weeka No. 46', 12 Nov. 1965.
41. Rotberg, Haiti, p. 243; Millery Polyné, *From Douglass to Duvalier: U. S. African Americans, Haiti, and Pan Americanism, 1870–1964*, Gainesville, FL: University of Florida Press, 2010, p. 190.
42. Rotberg, Haiti, p. 344; Michel Soukar, *Un général parle: Entretien avec un Chef d'état-major sous François Duvalier*, Port-au-Prince: Le Natal, 1987, p. 56.
43. NARA, RG 59, Box 2263, 'Joint Weeka No. 25', 20 June 1965.
44. NARA, RG 59, Box 2263, 'Joint Weeka No. 46', 12 Nov. 1965.
45. Rotberg, *Haiti*, p. 247; NARA, RG 59, Box 2263, 'Joint Weeka No. 16', 24 April 1966.
46. NARA, RG 59, Box 2263, 'Joint Weeka No. 16', 24 April 1966; Confidential telegram to Department of State, 26 April 1966.
47. NARA, RG 59, Box 2263, 'Joint Weeka No. 24', 19 June 1966.
48. NARA, RG 59, Box 2263, 'Alleged Statement by Haile Sellasie', 8 May 1966.
49. NARA, RG 59, Box 2263, Confidential telegram to Department of State, 9 June 1966; 'Duvalier October 26 Speech', 18 Dec. 1966.
50. NARA, RG 59, Box 2263, 'Joint Weeka No. 30', 31 July 1966; 'Joint Weeka No. 36', 9 Sept. 1966.
51. NARA, RG 59, Box 2263, 'Joint Weeka No. 30', 31 July 1966; 'Confidential Report', 2 Sept. 1966; NARA, RG 59, Box 2172, 'Joint Weeka No. 43', 29 Oct. 1967.

23. NARA, RG 59, Box 3092, 'Joint Weeka No. 22', 5 June 1959; NARA, RG 59, Box 3093, Gerald A. Drew 'Embtel 423', 3 June 1959; Rotberg, *Haiti*, p. 218.
24. NARA, RG 59, Box 3093, Gerald A. Drew, 'President François Duvalier Resumes Active Duty', 7 July 1959.
25. NARA, RG 59, Box 3091, Philip P. Williams, 'Executive-Legislative Relations', 23 Sept. 1959; Rotberg, *Haiti*, pp. 220–21.
26. NARA, RG 59 Box 7, Caspar D. Green, 'Memorandum', United States Operations Mission, 13 May 1960.
27. MAE, 96QO/26, 'Evolution vers l'extrémisme de gauche', 9 Aug. 1960; also Charles le Genissel, 'Arrestation de M. Clément Barbot', 6 Aug. 1960; NARA, RG 59, Box 1633, Letter to Secretary of State from Haitian Ambassador, 15 July 1960; 'Civilian Militia Palace Parade', *Haiti Sun*, 7 Dec. 1960, pp. 1 and 20.
28. MAE, 96QO/26, 'Bulletin Mensuel d'Information', 13 April 1961; NARA, RG 59, Box 1633, Letter to Secretary of State from Haitian Ambassador, Charles Wm Thomas, 'Haiti Re-Elects President', 9 May 1961.
29. NARA, RG 59, Box 1633, David. R Thomson, 'Political Events in Haiti', 21 May 1961.
30. MAE, 96QO/26, Charles le Genissel, 'Prestation de serment du docteur Duvalier', 25 May 1961; NARA, RG 59, Box 1634, Ambassy Port-au-Prince, 'Joint Weeka No. 21', 26 May 1961.
31. NARA, RG 59, Box 3922, 'Joint Weeka No. 29', 20 July 1963; Berman, 'Duvalier and the Press', p. 57.
32. Dee, 'Duvalier's Haiti', pp. 154–7; Diederich, *Papa Doc*, pp. 216–17; Berman, 'Duvalier and the Press', p. 62.
33. MAE, 96QO/27, Charles le Genissel, 'Mesures exceptionelles', 29 Aug. 1963; NARA, RG 59, Box 3922, 'Joint Weeka No. 38', 22 Sept. 1963.
34. Rotberg, *Haiti*, p. 233; NARA, RG 59, Box 3923, Norman E. Warner, 'Duvalier Speech on September 30, 1963', 8 Oct. 1963; *Hispanic American Report*, vol. 16, no. 8 (Sept. 1963), p. 869; NARA, RG 59, Box 1634, 'Joint Weekas No. 24 and 29', 16 June and 21 July 1961.
35. MAE, 96QO/54, 'Présidence à vie', 13 April 1964; Dee, 'Duvalier's Haiti', pp.

11. MAE, 96QO/24, Lucien Félix, 'Conférence de presse de Duvalier', 4 Oct. 1957; MAE, 96QO/24, Lucien Félix, 'Un mois de pouvoir du président Duvalier', 22 Nov. 1957; NARA, RG 59, Box 3090, 'Harassment of Haitian Labor Leaders', 10 Jan. 1958; Virgil P. Randolph, 'Haitian Political Situation', 30 Jan. 1958.
12. *Haiti Sun*, 24 Dec. 1957, p. 11; Louis E. Lomax, 'Afro Man Chased out of Haiti', *Baltimore Afro-American*, 15 Oct. 1957; Stephen Jay Berman, 'Duvalier and the Press', MA in Journalism, University of Southern California, 1974, p. 28.
13. NARA, RG 59, Box 3090, Virgil P. Randolph, 'Haitian Political Situation', 30 Jan. 1958; Louis E. Lomax, 'Afro Man Chased out of Haiti', *Baltimore Afro-American*, 15 Oct. 1957.
14. MAE, 96QO/24, Lucien Félix, 'Un mois de pouvoir du président Duvalier', 22 Nov. 1957; NARA, RG 59, Box 3090, 'Harassment of Haitian Labor Leaders', 10 Jan. 1958; Virgil P. Randolph, 'Haitian Political Situation', 30 Jan. 1958.
15. MAE, 96QO/25, Lucien Félix, telegram, 13 March 1958; NARA, RG 59, Box 3090, Virgil P. Randolph, 'Haitian Political Situation', 30 Jan. 1958.
16. NARA, RG 59, Box 3092, Virgil P. Randolph, 'Joint Weeka No. 32', 6 Aug. 1958; MAE, 96QO/25, 'Lucien Félix, 'Le coup de main du 29 juillet 1958', 31 July 1958.
17. Robert D. Heinl and Nancy Gordon Heinl, *Written in Blood: The Story of the Haitian People, 1492–1995*, Lanham, MD: University Press of America, 1998, p. 572; Robert I. Rotberg, *Haiti: The Politics of Squalor*, Boston: Houghton Mifflin, 1971, pp. 215–16.
18. MAE, 96QO/25, Lucien Félix, 'La nouvelle constitution de la République d'Haiti', 17 April 1958; Lundahl, 'Papa Doc', p. 60.
19. Elizabeth Abbott, *Haiti: The Duvaliers and Their Legacy*, New York: McGraw-Hill, 1988, pp. 91–2.
20. Bernard Diederich and Al Burt, *Papa Doc: Haiti and its Dictator*, London: Bodley Head, 1969, p. 139; Rotberg, *Haiti*, p. 218.
21. Lundahl, 'Papa Doc', p. 60.
22. MAE, 96QO/25, Lucien Félix, 'La situation politique et économique en Haiti', 3 Feb. 1959; 'Voyage du Président', 18 March 1959.

62. Don Oberdorfer, *The Two Koreas: A Contemporary History*, Reading, MA: Addison-Wesley, 1997, pp. 341–2; Barbara Demick, *Nothing to Envy: Ordinary Lives in North Korea*, New York: Spiegel and Grau, 2009, pp. 100–101.

第六章 杜瓦利埃

1. 關於海地早期的歷史，參見Philippe Girard, *Haiti: The Tumultuous History – From Pearl of the Caribbean to Broken Nation*, New York: St Martin's Press, 2010.
2. Eric H. Cushway, 'The Ideology of François Duvalier', MA dissertation, University of Alberta, 1976, pp. 79 and 96–7; Martin Munro, *Tropical Apocalypse: Haiti and the Caribbean End*, Charlottesville, VA: University of Virginia Press, 2015, p. 36.
3. John Marquis, *Papa Doc: Portrait of a Haitian Tyrant 1907–1971*, Kingston: LMH Publishing Limited, 2007, p. 92.
4. Paul Christopher Johnson, 'Secretism and the Apotheosis of Duvalier', *Journal of the American Academy of Religion*, 74, no. 2 (June 2006), p. 428; Cushway, 'The Ideology of François Duvalier', pp. 78–83.
5. François Duvalier, *Guide des 'Oeuvres Essentielles' du Docteur François Duvalier*, Port-au-Prince: Henri Deschamps, 1967, p. 58.
6. Trevor Armbrister, 'Is There Any Hope for Haiti? ', *Saturday Evening Post*, 236, no. 23 (15 June 1963), p. 80；另參閱Bleecker Dee, 'Duvalier's Haiti: A Case Study of National Disintegration', doctoral dissertation, University of Florida, 1967, p. 70.
7. NARA, RG 59, Box 3090, Gerald A. Drew, 'Political Situation in Haiti', 3 Aug. 1957.
8. Bernard Diederich, *The Price of Blood: History of Repression and Rebellion in Haiti Under Dr. François Duvalier, 1957–1961*, Princeton, NJ: Markus Wiener, 2011, pp. 17–18.
9. NARA, RG 59, Box 3090, Gerald A. Drew, 'Political Situation in Haiti', 3 Aug. 1957.
10. Mats Lundahl, 'Papa Doc: Innovator in the Predatory State', *Scandia*, 50, no. 1 (1984), p. 48.

15日；Suh, *Kim Il-sung*, p. 319.

44. Harrison E. Salisbury, *To Peking and Beyond: A Report On The New Asia*, New York: Quadrangle Books, 1973, p. 207; Suh, *Kim Il-sung*, p. 319.
45. MfAA, C 6877, 6 March 1972, pp. 76–7; MfAA, G-A 347, Letter from Embassy, 11 Jan. 1972, p. 14.
46. Salisbury, *To Peking and Beyond*, pp. 208–9；亦可參閱 Suh, *Kim Il-sung*, pp. 316–17；兩者都提及博物館整體面積其實是二十四萬平方公尺，似乎不太可能有九十二間房間；五萬平方公尺的說法，源自Helen-Louise Hunter, *Kim Il-song's North Korea*, Westport, CT: Praeger Publishers, 1999, p. 23.
47. MfAA, C 6877, 6 March 1972, pp. 76–7; Sonia Ryang, *Writing Selves in Diaspora: Ethnography of Autobiographics of Korean Women in Japan and the United States*, Lanham, MD: Lexington Books, 2008, p. 88.
48. Salisbury, *To Peking and Beyond*, pp. 208–9; Suh, *Kim Il-sung*, pp. 316–19.
49. SMA, B158-2-365, 20 Dec. 1971, pp. 107–111 and B163-4-317, 1 Dec. 1971, pp. 134–5；近幾年關於徽章的概述，請見Andrei Lankov, *North of the DMZ: Essays on Daily Life in North Korea*, Jefferson, NC: McFarland, 2007, pp. 7–9.
50. Suh, *Kim Il-sung*, pp. 270–71.
51. MfAA, C 6877, Information Bulletin, 28 April 1972, pp. 66–7.
52. Salisbury, *To Peking and Beyond*, pp. 196–7 and 204–5.
53. 同上，頁214及219。
54. MfAA, C 315/78, 8 April 1970, pp. 155–8.
55. Suh, *Kim Il-sung*, p. 262.
56. Lim, *The Founding of a Dynasty in North Korea*, p. 269; Suh, *Kim Il-sung*, pp. 267–8.
57. Suh, *Kim Il-sung*, pp. 267–8.
58. Philippe Grangereau, *Au pays du grand mensonge. Voyage en Corée*, Paris: Payot, 2003, pp. 134–7; Hunter, *Kim Il-song's North Korea*, p. 22.
59. C 6926, Kirsch, Letter from Embassy, 21 Nov. 1975, pp. 1–3.
60. Suh, *Kim Il-sung*, pp. 278–82.
61. Hans Maretzki, *Kim-ismus in Nordkorea: Analyse des letzten DDR-Botschafters in Pjöngjang*, Böblingen: Anika Tykve Verlag, 1991, pp. 34 and 55; Lankov, *North of the DMZ*, pp. 40–41.

32. 關於1955年12月的演講，可參閱Brian R. Myers, 'The Watershed that Wasn't: Re-Evaluating Kim Il-sung's "Juche Speech" of 1955', *Acta Koreana*, 9, no. 1 (Jan. 2006), pp. 89–115.
33. James F. Person, 'North Korea's chuch'e philosophy' in Michael J. Seth, *Routledge Handbook of Modern Korean History*, London: Routledge, 2016, pp. 705–98.
34. MfAA, C 1088/70, Ingeborg Göthel, Report on Information, 29 July 1966, p. 100.
35. Person, 'North Korea's chuch'e philosophy', pp. 725–67; MfAA, G-A 344, 10 Nov. 1967, Letter from Embassy, pp. 1–7，這裡有談論到個人崇拜如何伴隨著各種整肅運動而起。
36. MfAA, C 1092/70, Information Report from Embassy, 19 Aug. 1968, pp. 19–20; PRO, FCO 51/80, 'North Korea in 1968', 3 July 1969, p. 13; FCO 21-307, 'Kim Il-sung, the "Prefabricated Hero" ', 3 June 1967.
37. Suh, *Kim Il-sung*, p. 197; PRO, FCO 51/80, 'North Korea in 1968', 3 July 1969, p. 13.
38. MfAA, C 1088/70, Ingeborg Göthel, Report on May Day, 5 May 1967, pp. 55–8.
39. MfAA, C 1088/70, Hermann, Information Report from the Embassy, 5 Jan. 1968, pp. 76–7以及Ingeborg Göthel, Report on Information, 3 Nov. 1967, pp. 16–17; Ingeborg Göthel, Information Report from Embassy, 22 Sept. 1967, pp. 18–19；C 1023/73, Information Report from Embassy, 22 May 1968, pp. 98–9；關於「自修室」，可參閱Rinn-Sup Shinn et al., *Area Handbook for North Korea*, Washington: U.S. Government Printing Office, 1969, p. 276.
40. MfAA, C 1088/70, Ingeborg Göthel, Report on May Day, 5 May 1967, pp. 55–8; Ingeborg Göthel, Report on Information, 3 Nov. 1967, pp. 16–17.
41. Suh, *Kim Il-sung*, pp. 231–4.
42. MfAA, G-A 347, Barthel, Report on Discussion with Samoilov, 17 May 1972, pp. 16–18; 另參閱 Suh, *Kim Il-sung*, p. 242.
43. 'Talk to the Officials of the Propaganda and Agitation Department of the Central Committee of the Workers'，1971年10月29日，資料來源：「朝鮮友好協會」（Korean Friendship Association）網站，搜尋時間：2016年1月

21. Hatch, 'The Cult of Personality of Kim Il-Song', pp. 176–80.
22. RGANI, 5-28-410, pp. 233–5; this document has been translated by Gary Goldberg in 'New Evidence on North Korea in 1956', *Cold War International History Project Bulletin*, no. 16 (Fall 2007/Winter 2008), pp. 492–4.
23. RGANI, 5-28-412, 30 May 1956, pp. 190–96；這份文件的翻譯請參見Gary Goldberg in 'New Evidence on North Korea in 1956', *Cold War International History Project Bulletin*, no. 16 (Fall 2007/Winter 2008), p. 471；關於此事件，請參閱Andrei Lankov, *Crisis in North Korea: The Failure of De-Stalinization, 1956*, Honolulu: University of Hawai'i Press, 2005; Balázs Szalontai, *Kim Il Sung in the Khrushchev Era: Soviet-DPRK Relations and the Roots of North Korean Despotism, 1953–1964*, Stanford, CA: Stanford University Press, 2006.
24. Lankov, *Crisis in North Korea*, p. 154.
25. 同上，頁152-154。
26. 奇怪的是，二手文獻中幾乎找不到資料明確寫明北韓的「出身成分」是奠基於毛澤東發明的出身制度，能找到的只有：Judy Sun and Greg Wang, 'Human Resource Development in China and North Korea' in Thomas N. Garavan, Alma M. McCarthy and Michael J. Morley (eds), *Global Human Resource Development: Regional and Country Perspectives*, London: Routledge, 2016, p. 92；關於人民遭遇的迫害，請參閱Lankov, *Crisis in North Korea*, p. 164.
27. Lankov, *Crisis in North Korea*, p. 182.
28. RGANI, 5-28-314, Letter from S. Suzdalev, Ambassador of the Soviet Union, to N. T. Fedorenko, 23 March 1955, pp. 13–15; RGANI, 5-28- 412, 10 May 1956, Report of conversation of I. Biakov, First Secretary of the Soviet Embassy, with director of Museum of the History of the Revolutionary Struggle of the Korean People, pp. 249–52; BArch, DY30 IV 2/2.035/137, Information Bulletin, 14 March 1961, p. 72.
29. Suh, *Kim Il-sung*, pp. 168–71.
30. BArch, DY30 IV 2/2.035/137, Information Bulletin, 14 March 1961, pp. 72–3 and 79；另參閱Hatch，'The Cult of Personality of Kim Il-Song', pp. 183–92；關於金日成很少公開露面一事，可參閱Suh, *Kim Il-sung*, p. 187.
31. MfAA, A 7137, Information on National Day, 16 Sept. 1963, pp. 45–9.

of Principles and Strategies of Capitalist and Communist Third World Development, quoted in Martin, *Under the Loving Care of the Fatherly Leader*, p. 56.

8. David Allen Hatch, 'The Cult of Personality of Kim Il-Song: Functional Analysis of a State Myth', doctoral dissertation, Washington, DC: The American University, 1986, pp. 106–9.
9. Benoit Berthelier, 'Symbolic Truth: Epic, Legends, and the Making of the Baekdusan Generals', 17 May 2013, Sino-NK.
10. Hatch, 'The Cult of Personality of Kim Il-Song', pp. 83 and 104.
11. Chen Jian, *China's Road to the Korean War*, New York: Columbia University Press, 1996, p. 110; Sergei N. Goncharov, John W. Lewis and Xue Litai, *Uncertain Partners: Stalin, Mao, and the Korean War*, Stanford: Stanford University Press, 1993, pp. 142–5.
12. Max Hastings, *The Korean War*, New York: Simon & Schuster, 1987, p. 53; Hatch, 'The Cult of Personality of Kim Il-Song', p. 153.
13. Suh, *Kim Il-sung*, pp. 123–6; Lim, *The Founding of a Dynasty in North Korea*, p. 215.
14. Hatch, 'The Cult of Personality of Kim Il-Song', pp. 159–60.
15. Scalapino and Lee, *Communism in Korea*, pp. 428–9.
16. Andrei Lankov, *The Real North Korea: Life and Politics in the Failed Stalinist Utopia*, Oxford: Oxford University Press, 2013, pp. 37–9.
17. Blaine Harden, *The Great Leader and the Fighter Pilot: A True Story About the Birth of Tyranny in North Korea*, New York: Penguin Books, 2016, pp. 6–7; Suh, *Kim Il-sung*, pp. 127–30; Andrei Lankov, *From Stalin to Kim Il Sung: The Formation of North Korea, 1945–1960*, New Brunswick, NJ: Rutgers University Press, 2002, pp. 95–6.
18. 參見MfAA, A 5631, Information Report from Embassy, 23 March 1955, pp. 63–4.
19. MfAA, A 5631, Information Report from Embassy, 23 March 1955, p. 54；RGANI, 5-28-411, Diary of Ambassador V. I. Ivanov, 21 March 1956, pp. 165–8；那顆石頭被封在玻璃裡，參見Horst Kurnitzky, *Chollima Korea: A Visit in the Year 23*, Lulu Press Inc., 2006 (first published in 1972), p. 19.
20. Hatch, 'The Cult of Personality of Kim Il-Song', pp. 172–5; Hunter, *Kim Il-song's North Korea*, p. 13.

Last Revolution, Cambridge, MA: Harvard University Press, 2006, pp. 292–3.

74. 廣東省檔案館，296-A2.1-25，關於上海的報告，1973年3月7日，頁189-98；PRO, FCO 21/962, Michael J. Richardson, 'Naming of Streets', 26 Jan. 1972.
75. Chang and Halliday, *Mao*, p. 583.
76. Chang, *Wild Swans*, p. 651.
77. 採訪Jean Hong，2012年11月7日，香港；Rowena Xiaoqing He（何曉清），'Reading Havel in Beijing', *Wall Street Journal*, 29 Dec. 2011.
78. 張鐵志採訪艾曉明，2010年12月22日，廣州。
79. 董國強採訪吳國平（Wu Guoping音譯），2013年12月1日，安徽省樅陽縣。

第五章　金日成

1. Robert A. Scalapino and Chong-sik Lee, *Communism in Korea*. Part I: *The Movement*, Berkeley, CA: University of California Press, 1972, pp. 324–5; Lim Un, *The Founding of a Dynasty in North Korea: An Authentic Biography of Kim Il-song*, Tokyo: Jiyu-sha, 1982, p. 149.
2. Hongkoo Han, 'Wounded Nationalism: The Minsaengdan Incident and Kim Il-sung in Eastern Manchuria', University of Washington, doctoral disertation, 1999, p. 347.
3. Han, 'Wounded Nationalism', pp. 365–7; Scalapino and Lee, *Communism in Korea*, pp. 202–3; Dae-sook Suh, *Kim Il-sung: The North Korean Leader*, New York: Columbia University Press, 1988, pp. 37–47.
4. Charles Armstrong, *The North Korean Revolution: 1945–50*, Ithaca, NY: Cornell University Press, 2002, chapter 2.
5. Lim, *The Founding of a Dynasty in North Korea*, p. 152.
6. Bradley K. Martin, *Under the Loving Care of the Fatherly Leader: North Korea and the Kim Dynasty*, New York: Thomas Dunne Books, 2004, p. 53; Armstrong, *The North Korean Revolution*, p. 223; John N. Washburn, 'Russia Looks at Northern Korea', *Pacific Affairs*, 20, no. 2 (June 1947), p. 160.
7. Armstrong, *The North Korean Revolution*, p. 150; the estimate of one million is in Byoung-Lo Philo Kim, *Two Koreas in Development: A Comparative Study*

56. Letter by D. K. Timms, 6 Oct. 1964, FO 371/175973；另參閱 Laszlo Ladany, *The Communist Party of China and Marxism, 1921–1985: A Self-Portrait*, London: Hurst, 1988, p. 273.
57. Dikötter, *The Cultural Revolution*, p. xi.
58. 同上，頁71-4。
59. 同上，頁107-9。
60. Chang Jung, *Wild Swans: Three Daughters of China*, Clearwater, FL: Touchstone, 2003, p. 413.
61. Dikötter, *The Cultural Revolution*, p. 89.
62. PRO, FO 371-186983, Leonard Appleyard to John Benson, 'Manifestations of the Mao Cult', 28 Sept. 1966.
63. Louis Barcata, *China in the Throes of the Cultural Revolution: An Eye Witness Report*, New York: Hart Publishing, 1968, p. 48.
64. 上海市檔案館，1967年12月11日，B167-3-21，頁70-3；南京市檔案館，〈中央指示〉，1967年4月5日及7月12日，5038-2-107，頁2及頁58—9。
65. 河北省檔案館，〈商務部指示〉，1966年8月30日，999-4-761，頁149。
66. 上海市檔案館，1967年5月2日，B182-2-8，頁5-8。
67. Helen Wang, *Chairman Mao Badges: Symbols and Slogans of the Cultural Revolution*, London: British Museum, 2008, p. 21.
68. PRO, FCO 21/41, Donald C. Hopson, 'Letter from Beijing', 7 Oct. 1967.
69. 例如 Pamela Tan, *The Chinese Factor: An Australian Chinese Woman's Life in China from 1950 to 1979*, Dural, New South Wales: Roseberg, 2008, p. 131.
70. PRO, FCO 21/19, Percy Cradock, 'Letter from Peking', 3 June 1968.
71. 上海市檔案館，B103-4-1，1967年7月11日；B98-5-100，1969年12月9日，頁10-11；B109-4-80，1968年8月1日，頁31；關於上海的雕像，可參閱金大陸：《非常與正常：上海「文革」時期的社會變遷》，上海：上海辭書出版社，2011，第2冊，頁198-228。
72. Dikötter, *The Cultural Revolution*, pp. 240–41.
73. 中央專案審查小組〈關於叛徒、內奸、工賊劉少奇罪行的審查報告〉，1698年10月18日，中國文化大革命文庫；我使用以下版本的譯文，有做一些小改動：Milton and Milton, *The Wind Will Not Subside*, pp. 335–9；關於中央委員會的組成，參閱Roderick MacFarquhar and Michael Schoenhals, *Mao's*

社，2003，頁534；Li Zhisui（李志綏）, *The Private Life of Chairman Mao: The Memoirs of Mao's Personal Physician*, New York: Random House, 1994, pp. 182–4.

41. Dikötter, *The Tragedy of Liberation*, p. 291.
42. 甘肅省檔案館，1958年3月10日毛在成都的演講，91-18-495，頁211。
43. 李銳：《"大躍進"親歷記》，海口：南方出版社，1999，第二卷，頁288。
44. Frank Dikötter, *Mao's Great Famine: The History of China's Most Devastating Catastrophe, 1958–1962*, London: Bloomsbury, 2010, p. 20.
45. 同上，頁 22-3。
46. 李銳，《廬山會議實錄》，香港：天地圖書有限公司，第二版，2009，頁232及389-90；Li, *The Private Life of Chairman Mao*, p. 381.
47. 李銳，《廬山會議實錄》，頁232。
48. Gao, *Zhou Enlai*, pp. 187–8；劉同：〈解釋中南海高層政治的一把鑰匙：林彪筆記的整理與研究〉，此論文發表於上海交通大學2008年11月8-9日舉辦的「二十世紀中國戰爭與革命國際研討會」。
49. Dikötter, *Mao's Great Famine*, p. 102.
50. 同上，頁116-23。
51. 參閱 Frank Dikötter, *The Cultural Revolution: A People's History, 1962– 1976*, London: Bloomsbury, 2016, p. 12.
52. 《人民日報》，1963年2月7日，引用於Cohen, *The Communism of Mao Tse-tung*, p. 203.
53. David Milton and Nancy D. Milton, *The Wind Will Not Subside: Years in Revolutionary China, 1964–1969*, New York: Pantheon Books, 1976, pp. 63–5；另參閱Jacques Marcuse, *The Peking Papers: Leaves from the Notebook of a China Correspondent*, London: Arthur Barker, 1968, pp. 235–46.
54. 盧弘，《軍報內部消息：「文革」親歷實錄》，香港：時代國際出版有限公司，2006年，頁14-17；Daniel Leese, *Mao Cult: Rhetoric and Ritual in China's Cultural Revolution*, Cambridge: Cambridge University Press, 2011, pp. 111–13.
55. Li, *The Private Life of Chairman Mao*, p. 412; Lynn T. White III, *Policies of Chaos: The Organizational Causes of Violence in China's Cultural Revolution*, Princeton: Princeton University Press, 1989, pp. 194–5, 206, 214–16.

Studies, 1987, p. 213.

24. Frank Dikötter, *The Tragedy of Liberation: A History of the Chinese Revolution, 1945–1957,* London: Bloomsbury, 2013, pp. 16–17.
25. Dikötter, *The Tragedy of Liberation*, pp. 3 and 22–3.
26. PRO, FO 371/92192, 20 Nov. 1950, p. 19; Robert Guillain, 'China under the Red Flag' in Otto B. Van der Sprenkel, Robert Guillain and Michael Lindsay (eds), *New China: Three Views*, London: Turnstile Press, 1950, pp. 91–2；肖像畫的展示規則，參見上海市檔案館1952年9月9日A22-2-74，頁6–7; 1951年12月29日B1-2-3620，頁61；Hung Chang-tai（洪長泰）, 'Mao's Parades: State Spectacles in China in the 1950s', *China Quarterly*, no. 190 (June 2007), pp. 411–31.
27. Dikötter, *The Tragedy of Liberation*, pp. 134–7.
28. 同上，頁83。
29. 同上，頁47-8。
30. 同上，頁99-100。
31. 同上，頁190；William Kinmond, *No Dogs in China: A Report on China Today*, New York: Thomas Nelson, 1957, pp. 192–4.
32. John Gitting, 'Monster at the Beach', *Guardian*, 10 April 2004.
33. 關於這個主題的經典著作，請參閱Cohen, *The Communism of Mao Tse-tung*；當然其他知識淵博的哈佛大學教授寫的是關於「馬克思主義中國化」的書，這位作者顯得格格不入。
34. Valentin Chu, *The Inside Story of Communist China: Ta Ta, Tan Tan*, London: Allen & Unwin, 1964, p. 228.
35. 參閱 Richard Curt Kraus, *Brushes with Power: Modern Politics and the Chinese Art of Calligraphy*, Berkeley, CA: University of California Press, 1991.
36. Chow Ching-wen, *Ten Years of Storm: The True Story of the Communist Regime in China*, New York: Holt, Rinehart and Winston, 1960, p. 81.
37. Dikötter, *The Tragedy of Liberation*, p. 227.
38. William Taubman, *Khrushchev: The Man and his Era*, London, Free Press, 2003, pp. 271–2.
39. Dikötter, *The Tragedy of Liberation*, pp. 275–6.
40. 逄先知、金沖及（主編）：《毛澤東傳1949-1976》，北京：中央文獻出版

9. Edgar Snow, *Red Star over China: The Classic Account of the Birth of Chinese Communism*, New York: Grove Press, 1994, p. 92.
10. Lee Feigon, *Mao: A Reinterpretation*, Chicago: Ivan R. Dee, 2002, pp. 67–9.
11. Feigon, *Mao*, p. 67; Robert M. Farnsworth, *From Vagabond to Journalist: Edgar Snow in Asia, 1928–1941*, Columbia, MO: University of Missouri Press, 1996, p. 222.
12. Pantsov and Levine, *Mao*, p. 296.
13. Jay Taylor, *The Generalissimo: Chiang Kai-shek and the Struggle for Modern China*, Cambridge, MA: Harvard University Press, 2009, p. 169.
14. Pantsov and Levine, *Mao*, p. 324.
15. RGASPI, 17-170-128a, Georgii Dimitrov, Report to Stalin on the Sixth Plenum of the Central Committee of the CCP, 21 April 1939, pp. 1–3；另參閱Dmitrii Manuilsky的報告，頁14–43。
16. Pantsov and Levine, *Mao*, p. 331; Arthur A. Cohen, *The Communism of Mao Tse-tung*, Chicago: University of Chicago Press, 1964, pp. 93–5.
17. 高華，《紅太陽是怎樣升起的——延安整風運動的來龍去脈》，香港：香港中文大學出版社，2000，頁580。
18. 高華，《紅太陽是怎樣升起的——延安整風運動的來龍去脈》，頁530；另參閱陳永發：《延安的陰影》，台北：中央研究院近代史研究所，1990。
19. 高華，《紅太陽是怎樣升起的——延安整風運動的來龍去脈》，頁593。
20. Gao Wenqian（高文謙）, *Zhou Enlai: The Last Perfect Revolutionary*, New York: PublicAffairs, 2007, p. 88.
21. Raymond F. Wylie, *The Emergence of Maoism: Mao Tse-tung, Ch'en Po-ta, and the Search for Chinese Theory, 1935–1945*, Palo Alto, CA: Stanford University Press, 1980, pp. 205–6；高華，《紅太陽是怎樣升起的——延安整風運動的來龍去脈》，頁607-609；李繼華，〈對毛澤東個人崇拜的滋生〉，《炎黃春秋》（北京），2010年第3期，頁40-45；Theodora H. White and Annalee Jacoby, *Thunder out of China*, London: Victor Gollanz, 1947, p. 217.
22. PRO, FO 371/35777, 1 Feb. 1943, p. 21.
23. Stuart R. Schram, 'Party Leader or True Ruler? Foundations and Significance of Mao Zedong's Personal Power' in Stuart R. Schram (ed.), *Foundations and Limits of State Power in China*, London: School of Oriental and African

558-11-1420；RGASPI, 558-4-596, 1950.

72. Service, *Stalin*, p. 548; Overy, *Russia's War*, pp. 288 and 302; Roy Medvedev, *Let History Judge: The Origins and Consequences of Stalinism*, New York: Knopf, 1972, p. 508.

73. Harrison E. Salisbury, 'The Days of Stalin's Death', *New York Times*, 17 April 1983; Brooks, *Thank You, Comrade Stalin!* , p. 237.

第四章　毛澤東

1. 關於毛的莫斯科之行，參閱Paul Wingrove, 'Mao in Moscow, 1949–50: Some New Archival Evidence', *Journal of Communist Studies and Transition Politics*, 11, no. 4 (Dec. 1995), pp. 309–34; David Wolff, '"One Finger's Worth of Historical Events": New Russian and Chinese Evidence on the Sino-Soviet Alliance and Split, 1948–1959', *Cold War International History Project Bulletin*, Working Paper no. 30 (Aug. 2002), pp. 1–74; Sergey Radchenko and David Wolff, 'To the Summit via Proxy-Summits: New Evidence from Soviet and Chinese Archives on Mao's Long March to Moscow, 1949', *Cold War International History Project Bulletin*, no. 16 (Winter 2008), pp. 105–82.
2. *New York Times*, 15 May 1927.
3. Mao Zedong, 'Report on an Investigation of the Peasant Movement In Hunan', March 1927, *Selected Works of Mao Zedong*, Beijing: Foreign Languages Press, 1965, vol. 1, pp. 23–4.
4. Alexander V. Pantsov and Steven I. Levine, *Mao: The Real Story*, New York: Simon & Schuster, 2012, pp. 206, 242 and 248.
5. Mao Zedong, 'On Tactics against Japanese Imperialism', 27 Dec. 1935, translated in Stuart Schram, *Mao's Road To Power: Revolutionary Writings, 1912–49*, Armonk, NY: M. E. Sharpe, 1999, vol. 5, p. 92.
6. Alvin D. Coox, *Nomonhan: Japan Against Russia 1939*, Palo Alto, CA: Stanford University Press, 1988, p. 93.
7. 楊奎松，《毛澤東與莫斯科的恩恩怨怨》，南昌：江西人民出版社，1999，頁21；Pantsov and Levine, *Mao*, p. 293.
8. Jung Chang and Jon Halliday, *Mao: The Unknown Story*, London: Jonathan Cape, 2005, p. 192.

1990, p. 43.
58. Plamper, *The Stalin Cult*, p. 54.
59. Michael Neiberg, *Potsdam: The End of World War II and the Remaking of Europe*, New York: Basic Books, 2015, p. 58; Paul Hollander, *Political Pilgrims: Western Intellectuals in Search of the Good Society*, London: Routledge, 2017, p. 1; Kimberly Hupp, '"Uncle Joe": What Americans thought of Joseph Stalin before and after World War II', doctoral dissertation, University of Toledo, 2009.
60. Mandelstam, *Hope against Hope*, p. 345.
61. 傷亡數字參Timothy C. Dowling (ed.), *Russia at War: From the Mongol Conquest to Afghanistan, Chechnya, and Beyond*, Santa Barbara, CA: ABC-Clio, vol. 1, 2015, p. 172; Richard Overy, *Russia's War: A History of the Soviet Effort: 1941–1945*, Harmondsworth: Penguin Books, 1997, p. 291; Catherine Merridale, *Ivan's War: The Red Army 1939–45*, London: Faber and Faber, 2005, p. 3.
62. Werth, *Russia at War*, p. 369.
63. Merridale, *Ivan's War*, pp. 67, 117–18 and 136; Beevor, *The Fall of Berlin 1945*, p. 424.
64. Beevor, *The Fall of Berlin 1945*, p. 107.
65. Isaac Deutscher, *Stalin: A Political Biography*, New York: Vintage Books, 1949, p. 466; Beevor, *The Fall of Berlin 1945*, pp. 425–6.
66. Service, *Stalin*, p. 543; Brandenburg, 'Stalin as Symbol', pp. 265–70; *Iosif Vissarionovich Stalin. Kratkaya biografiya*, Moscow: OGIZ, 1947, pp. 182–222.
67. Service, *Stalin*, pp. 508 and 564.
68. Anne Applebaum, *Iron Curtain: The Crushing of Eastern Europe, 1944–1956*, New York: Doubleday, 2012; Jan C. Behrends, 'Exporting the Leader: The Stalin Cult in Poland and East Germany (1944/45– 1956)' in Balázs et al., *The Leader Cult in Communist Dictatorships*, pp. 161–78.
69. 'Mr. Stalin 70 Today, World Peace Prizes Inaugurated', *The Times*, 21 Dec. 1949, p. 4; 'Flags And Lights For Mr. Stalin Birthday Scenes in Moscow', *The Times*, 22 Dec. 1949, p. 4.
70. RGASPI, 558-4-596, 1950；另參閱McNeal, *Stalin*, pp. 291–2.
71. RGASPI, 558-11-1379, doc. 2 and 4；另參1950年4月22日的資料：RGASPI,

25 nojabrja – 5 dekabrja 1936 g., Moscow: CIK SSSR, 1936, p. 208; Sergo Ordzhonikidze, *Izbrannye stat'i i rechi, 1918–1937*, Moscow: Ogiz, 1945, p. 240.

47. David Brandenberger, 'Stalin as Symbol: A Case Study of the Personality Cult and its Construction' in Sarah Davies and James Harris (eds), *Stalin: A New History*, Cambridge: Cambridge University Press, 2005, pp. 249–70；另請參閱經典的David King, *The Commissar Vanishes: The Falsification of Photographs and Art in Stalin's Russia*, New York: Metropolitan Books, 1997.
48. Kees Boterbloem, *The Life and Times of Andrei Zhdanov, 1896–1948*, Montreal: McGill-Queen's Press, 2004, pp. 176–7 and 215.
49. RGASPI, 558-11-1354, 20 Nov. 1939, pp. 29–34；所有信件都收錄在document 21。
50. 革命博物館的要求請參閱RGASPI, 558-11-1354, 29 July 1940, document 15，展示的禮物清單請參閱document 15。
51. 'Foreign Statesmen Greet Stalin on 60th Birthday', *Moscow News*, 1 Jan. 1940.
52. Andrew Nagorski, *The Greatest Battle: Stalin, Hitler, and the Desperate Struggle for Moscow that Changed the Course of World War II*, New York: Simon & Schuster, 2008, pp. 16–17.
53. Service, *Stalin*, p. 403；另參閱David Glantz, *Stumbling Colossus: The Red Army on the Eve of World War*, Lawrence, KA: University Press of Kansas, 1998.
54. Service, *Stalin*, p. 409.
55. 安娜・路易絲・斯特朗（Anna Louise Strong）在自己的著作引用了艾斯金・柯德威爾（Erskine Caldwell）的某份報告。該著作請參閱：*The Soviets Expected It,* New York: The Dial Press, 1942, p. 39；Alexander Werth, *Russia at War, 1941–1945: A History*, New York: Skyhorse Publishing, 2011, p. 165.
56. Victoria E. Bonnell, *Iconography of Power: Soviet Political Posters Under Lenin and Stalin*, Berkeley, CA: University of California Press, 1998, p. 252; Service, *Stalin*, p. 451; Richard E. Lauterbach, *These Are the Russians*, New York: Harper, 1944, p. 101.
57. Werth, *Russia at War*, p. 595; John Barber, 'The Image of Stalin in Soviet Propaganda and Public Opinion during World War 2' in John Garrard and Carol Garrard (eds), *World War 2 and the Soviet People*, New York: St Martin's Press,

36. 關於「小史達林們」可參閱Malte Rolf, 'Working towards the Centre: Leader Cults and Spatial Politics' in Apor Balázs, Jan C. Behrends, Polly Jones and E. A. Rees (eds), *The Leader Cult in Communist Dictatorships: Stalin and the Eastern Bloc*, Houndmills, Basingstoke: Palgrave Macmillan, 2004, p. 152; E. A. Rees, 'Leader Cults: Varieties, Preconditions and Functions' in Balázs et al., *The Leader Cult in Communist Dictatorships*, p. 10; Sheila Fitzpatrick, *Everyday Stalinism. Ordinary Life in Extraordinary Times: Soviet Russia in the 1930s*, Oxford: Oxford University Press, 1999, pp. 30–31; 魯緬采夫在1934年2月稱史達林為天才，可參閱*XVII s'ezd Vsesojuznoj Kommunisticheskoj Partii, 26 janvarja – 10 fevralja 1934*, Moscow: Partizdat, 1934, p. 143；關於他的個人崇拜，請參閱Jörg Baberowski, *Scorched Earth: Stalin's Reign of Terror*, New Haven, CT: Yale University Press, 2016, pp. 224–7.
37. Larissa Vasilieva, *Kremlin Wives*, New York: Arcade Publishing, 1992, pp. 122–4.
38. Brooks, *Thank You, Comrade Stalin!* , p. 106; John Brown, *I Saw for Myself*, London: Selwyn and Blount, 1935, p. 260.
39. Malte Rolf, 'A Hall of Mirrors: Sovietizing Culture under Stalinism', *Slavic Review*, 68, no. 3 (Fall 2009), p. 601.
40. Lyons, *Stalin*, p. 215.
41. Rolf, 'A Hall of Mirrors', p. 610; Anita Pisch, 'The Personality Cult of Stalin in Soviet Posters, 1929–1953: Archetypes, Inventions and Fabrications', doctoral dissertation, Australian National University, 2014, p. 135.
42. Brooks, *Thank You, Comrade Stalin!* , pp. 69–77; Pisch, 'The Personality Cult of Stalin in Soviet Posters', p. 69.
43. 關於阿夫登科與米克利斯的會面可參閱Davies, *Popular Opinion in Stalin's Russia*, p. 149；關於廣播內容可參閱Eugene Lyons, 'Dictators into Gods', *American Mercury*, March 1939, p. 268.
44. Lyons, 'Dictators into Gods', p. 269.
45. Nadezhda Mandelstam, *Hope against Hope: A Memoir*, New York: Atheneum, 1983, p. 420; RGASPI, 558-11-1479, doc. 36, pp. 54–6.
46. Simon Sebag Montefiore, *Stalin: The Court of the Red Tsar*, New York: Knopf, 2004, p. 164; *SSSR. Sezd Sovetov (chrezvychajnyj) (8). Stenograficheskij otchet,*

90–96.

25. Lyons, *Assignment in Utopia*, pp. 381–91; 'Russia: Stalin Laughs!', *Time* magazine, 1 Dec. 1930.
26. 'Soso was Good', *Time* magazine, 8 Dec. 1930.
27. See Stanley Weintraub, 'GBS and the Despots', *Times Literary Supplement*, 22 Aug. 2011.
28. Emil Ludwig, *Nine Etched from Life*, New York: Robert McBride, p. 348; 關於巴比塞被審查一事，可參閱Michael David-Fox, *Showcasing the Great Experiment: Cultural Diplomacy and Western Visitors to the Soviet Union, 1921–1941*, Oxford: Oxford University Press, 2011, pp. 231–2，以及Jan Plamper, *The Stalin Cult: A Study in the Alchemy of Power*, New Haven, CT: Yale University Press, 2012, p. 133；這兩本都沒有提到金錢交易的事，但可以在以下資料找到：RGASPI, 558-11-699, 12 Oct. 1933, doc. 6, pp. 53–4; André Gide, 'Retouches à mon "Retour de l'URSS"' in *Souvenirs et Voyages*, Paris: Gallimard, 2001, pp. 803–71，引用於 Andrew Sobanet, 'Henri Barbusse, Official Biographer of Joseph Stalin', *French Cultural Studies*, 24, no. 4 (Nov. 2013), p. 368；關於史達林為撰寫傳記而接觸的其他外國作家，可參閱Roy Medvedev, 'New Pages from the Political Biography of Stalin' in Robert C. Tucker (ed.), *Stalinism: Essays in Historical Interpretation*, New Brunswick, NJ: Transaction, p. 207, note 9.
29. Henri Barbusse, *Stalin: A New World seen through One Man*, London: John Lane, 1935, pp. viii and 291.
30. 關於這部分還可參閱David-Fox, *Showcasing the Great Experiment*.
31. Emil Ludwig, *Three Portraits: Hitler, Mussolini, Stalin*, New York: Longmans, Green and Co., 1940, p. 104.
32. Lyons, *Assignment in Utopia*, pp. 340–42.
33. 關於雕像的記載可參閱Corcos, *Une Visite à la Russie Nouvelle*, p. 117，而鄉村地區的狀況可參閱Malcolm Muggeridge, box 2, Hoover Institution Archives, 'Russia, 16.9.1932-29.1.1933', p. 125.
34. Service, *Stalin*, pp. 312–13 and 360.
35. Richard Pipes, *Communism: A History of the Intellectual and Political Movement*, London: Phoenix Press, p. 66.

New York University Press, 1988, pp. 90–93.

10. Service, *Stalin*, pp. 223–4.

11. For instance RGASPI, 17 Oct. 1925, 558-11-1158, doc. 59, p. 77.

12. 'Stalin's Word', *Time* magazine, 27 April 1925.

13. Kotkin, *Stalin*, p. 648.

14. Eugene Lyons, *Assignment in Utopia*, London: George G. Harrap, 1938, p. 173; Service, *Stalin*, p. 259.

15. Alexander Trachtenberg, *The History of May Day*, New York: International Pamphlets, 1931.

16. Lyons, *Assignment in Utopia*, pp. 102–3.

17. Service, *Stalin*, pp. 265–7.

18. Lyons, *Assignment in Utopia*, pp. 206–7;《真理報》在1929年12月21日出版的「慶祝史達林五十大壽」特刊中，盛讚史達林是馬克思和列寧「真正的繼承者」和「無產階級黨」的「領袖」：RGASPI, 558-11-1352, 21 Dec. 1929, doc.8；另請參閱Jeffrey Brooks, *Thank You, Comrade Stalin! : Soviet Public Culture from Revolution to Cold War*, Princeton: Princeton University Press, 2000, pp. 60–61.

19. RGASPI, 558-11-1352, doc. 1, 19 Dec. 1929; 另請參閱'Stalin', *The Life of Stalin: A Symposium*, London: Modern Books Limited, 1930, pp. 12–14.

20. Lazar Kaganovich, 'Stalin and the Party'; Sergo Ordzhonikidze, 'The "Diehard" Bolshvik', both reproduced in *The Life of Stalin*, pp. 40 and 87–9.

21. Lyons, *Assignment in Utopia*, pp. 265–6; 關於1929年的海報，可參閱 James L. Heizer, 'The Cult of Stalin, 1929–1939', doctoral dissertation, University of Kentucky, 1977, p. 55 quoted in Sarah Davies, *Popular Opinion in Stalin's Russia: Terror, Propaganda and Dissent, 1934–1941*, Cambridge: Cambridge University Press, 1997, p. 147.

22.「心懷怨恨的勝利者」這個說法來自美國歷史學家史蒂芬・科特金（Stephen Kotkin）在《史達林》一書中的精闢分析，頁474及591；然而科特金並不相信那份所謂的《列寧遺囑》真的是出自列寧之手。

23. Leon Trotsky, *My Life*, New York: Charles Scribner, 1930, pp. 309, 378 and 398.

24. Avel Yenukidze, 'Leaves from my Reminiscences' in *The Life of Stalin*, pp.

96. BArch, NS18/842, 17 July 1942, p. 38.
97. Hoffmann, *Hitler Was My Friend*, p. 227; Speer, *Inside the Third Reich*, p. 473.
98. Evans, *The Third Reich at War: 1939–1945*, p. 714; Klemperer, *To the Bitter End*, p. 387.
99. Speer, *Inside the Third Reich*, p. 473.
100. Evans, *The Third Reich at War*, p. 732; Hans J. Mallaquoi, *Destined to Witness: Growing up Black in Nazi Germany*, New York: HarperCollins, 2001, p. 251; Klemperer, *To the Bitter End*, p. 458; 亦可參閱Joachim C. Fest, *Hitler*, Boston, MA: Houghton Mifflin Harcourt, 2002, pp. 753–4.
101. Antony Beevor, *The Fall of Berlin 1945*, London: Penguin Books, 2002, p. 415.

第三章　史達林

1. Henri Béraud, *Ce que j'ai vu à Moscou*, Paris: Les Editions de France, 1925, pp. 46–7.
2. Richard Pipes, *The Russian Revolution*, New York: Vintage Books, 1991, pp. 808–12.
3. 同上，頁814。
4. 同上，頁815。
5. Robert Service, *Stalin: A Biography*, Houndmills, Basingstoke: Macmillan, 2004, p. 132; Eugene Lyons, *Stalin: Czar of all the Russians*, New York: J. B. Lippincott, 1940, p. 287; Stephen Kotkin, *Stalin: Paradoxes of Power, 1878–1928*, New York: Penguin Press, 2014, p. 424.
6. Kotkin, *Stalin: Paradoxes of Power*, p. 534.
7. Fernand Corcos, *Une visite à la Russie nouvelle*, Paris: Editions Montaigne, 1930, pp. 404–5; Benno Ennker, 'The Origins and Intentions of the Lenin Cult' in Ian D. Thatcher (ed.), *Regime and Society in Twentieth-Century Russia*, Houndmills, Basingstoke: Macmillan Press, 1999, pp. 125–6.
8. Alexei Yurchak, 'Bodies of Lenin: The Hidden Science of Communist Sovereignty', *Representations*, no. 129 (Winter 2015), pp. 116–57; Béraud, *Ce que j'ai vu à Moscou*, p. 45.
9. Kotkin, *Stalin*, p. 543; Robert H. McNeal, *Stalin: Man and Rule*, New York:

184.

77. Klemperer, *I Will Bear Witness*, p. 305; *Deutschland-Berichte der Sopade*, 1938, pp. 406–7; Speer, *Inside the Third Reich*, p. 148.
78. *Deutschland-Berichte der Sopade*, 1939, p. 450; BArch, R43II/963, 15 Feb. 1939, p. 56.
79. *Deutschland-Berichte der Sopade*, 1938, pp. 1056–7.
80. *Deutschland-Berichte der Sopade*, 1939, p. 442.
81. Evans, *The Third Reich in Power*, p. 704.
82. Shirer, *Berlin Diary*, p. 201; Hoffman, *Hitler Was My Friend*, p. 115.
83. Hoffman, *Hitler Was My Friend*, p. 115.
84. Shirer, *Berlin Diary*, p. 205; Klemperer, *I Will Bear Witness*, p. 315; C. W. Guillebaud, 'How Germany Finances The War', *Spectator*, 29 December 1939, p. 8.
85. Shirer, *Berlin Diary*, p. 241.
86. 同上，頁320。
87. Shirer, *Berlin Diary*, p. 336; Goebbels, *Tagebücher 1924–1945*, p. 1450; Hitler's instructions are in BArch, R55/20007, July 1940, pp. 8–9; 另請參閱 Stephen G. Fritz, *Ostkrieg: Hitler's War of Extermination in the East*, Lexington, KT: University Press of Kentucky, 2011, p. 31.
88. Richard J. Evans, *The Third Reich at War*, London: Penguin, 2009, pp. 136–8.
89. Shirer, *Berlin Diary*, pp. 454–5.
90. 在美國的公關人員恩斯特・漢夫施坦爾（Ernst Hanfstaengl）反覆提及，希特勒在美國問題上缺乏戰略眼光；參閱Hanfstaengl, *Unheard Witness*, pp. 37 and 66.
91. Evans, *The Third Reich at War*, p. 424.
92. 同上，頁507；Schroeder, *Er war mein Chef*, pp. 74–5.
93. Bramsted, *Goebbels and the National Socialist Propaganda 1925–1945*, pp. 223–4.
94. Evans, *The Third Reich at War*, pp. 421–2.
95. 同上，頁422–423；Ulrich von Hassell, *The von Hassell Diaries: The Story of the Forces against Hitler inside Germany, 1938–1945*, Boulder, CO: Westview Press, 1994, p. 304.

R43II/957a, 10 Oct. 1938, pp. 40–41.

62. Ulrich Chaussy and Christoph Püschner, *Nachbar Hitler. Führerkult und Heimatzerstörung am Obersalzberg*, Berlin: Christoph Links Verlag, 2007, pp. 141–2; David Lloyd George, 'I Talked to Hitler' in Anson Rabinbach and Sander L. Gilman (eds), *The Third Reich Sourcebook*, Berkeley, CA: University of California Press, 2013, p. 77–8.
63. Chaussy and Püschner, *Nachbar Hitler*, p. 142.
64. Andrew Nagorski, *Hitlerland: American Eyewitnesses to the Nazi Rise to Power*, New York: Simon & Schuster, 2012, pp. 84–6.
65. Kershaw, *Hubris*, p. 590; Max Domarus, *Hitler: Reden und Proklamationen 1932–1945*, Leonberg: Pamminger, 1988, p. 606.
66. *Deutschland-Berichte der Sopade*, 1936, pp. 68–70; W. E. B. Du Bois, 'What of the Color-Line? ' in Oliver Lubrich (ed.), *Travels in the Reich, 1933–1945: Foreign Authors Report from Germany*, Chicago: University of Chicago Press, 2010, p. 143.
67. *Deutschland-Berichte der Sopade*, 1936, pp. 68–70, 141, 409, 414 and 419; Domarus, *Hitler*, p. 643.
68. William L. Shirer, *Berlin Diary*, New York: Alfred Knopf, 1942, p. 86.
69. *Deutschland-Berichte der Sopade*, 1937, pp. 139–40, 143–6, 603, 606, 1224 and 1531.
70. 同上，頁1528及1531。
71. Ullrich, *Hitler*, p. 736; Kershaw, *Hitler: Nemesis*, pp. 110–12.
72. Klemperer, *I Will Bear Witness*, p. 29; Goebbels, 'Geburtstag des Führers', 19 April 1939, *Die Zeit ohne Beispiel*, Munich: Franz Eher Verlag, 1942, p. 102; *The Times*, 20 April 1939.
73. 'Aggrandizer's Anniversary', *Time* magazine, 1 May 1939; Speer, *Inside the Third Reich*, p. 149.
74. 'Aggrandizer's Anniversary', *Time* magazine, 1 May 1939.
75. Roger Moorhouse, 'Germania: Hitler's Dream Capital', *History Today*, 62, issue 3 (March 2012); Speer, *Inside the Third Reich*, p. 69.
76. Goebbels, *Tagebücher 1924–1945*, pp. 1319–20; Sebastian Haffner, *The Meaning of Hitler*, London: Phoenix Press, 1979, p. 34; Kershaw, *Hitler: Nemesis*, p.

und die Radioindustrie. Ein Beitrag zum Verhältnis von Wirtschaft und Politik im Nationalsozialismus' in *Vierteljahrschrift für Sozial-und Wirtschaftsgeschichte*, 90, no. 3 (2003), p. 273; *Deutschland-Berichte der Sopade*, 1934, pp. 275–7; 1936, p. 414; 1938, p. 1326; Klemperer, *I Will Bear Witness*, p. 155.

49. Stephan Dolezel and Martin Loiperdinger, 'Hitler in Parteitagsfilm und Wochenschau' in Loiperdinger, Herz and Pohlmann, *Führerbilder*, p. 81.

50. 關於移動影院，請參閱Richard J. Evans, *The Third Reich in Power*, London: Penguin Books, 2006, p. 210.

51. Hoffmann, *Hitler Was My Friend*, p. 70; Herz, *Hoffmann & Hitler*, p. 244.

52. Ines Schlenker, *Hitler's Salon: The Große Deutsche Kunstausstellung at the Haus der Deutschen Kunst in Munich 1937–1944*, Bern: Peter Lang AG, 2007, p. 136.

53. A. W. Kersbergen, *Onderwijs en nationaalsocialisme*, Assen: Van Gorcum, 1938, p. 21.

54. Annemarie Stiehler, *Die Geschichte von Adolf Hitler den deutschen Kindern erzählt*, Berlin-Lichterfelde: Verlag des Hauslehrers, 1936, p. 95; Kersbergen, *Onderwijs en nationaalsocialisme*, p. 22.

55. Paul Jennrich, *Unser Hitler. Ein Jugend-und Volksbuch*, Halle (Saale), Pädagogischer Verlag Hermann Schroedel, 1933, p. 75; Linda Jacobs Altman, *Shattered Youth in Nazi Germany: Primary Sources from the Holocaust*, Berkeley Heights, NJ: Enslow Publishers, 2010, p. 95.

56. Rudolf Hoke and Ilse Reiter (eds), *Quellensammlung zur österreichischen und deutschen Rechtsgeschichte*, Vienna: Böhlau Verlag, 1993, p. 544.

57. Despina Stratigakos, *Hitler at Home*, New Haven, CT: Yale University Press, 2015, pp. 24–46.

58. Albert Speer, *Inside the Third Reich*, New York: Macmillan, 1970, p. 103; Christa Schroeder, *Er war mein Chef: Aus dem Nachlaß der Sekretärin von Adolf Hitler*, Munich: Langen Müller, 1985, p. 71.

59. Stratigakos, *Hitler at Home*, p. 59.

60. 同上，頁84。

61. Kristin Semmens, *Seeing Hitler's Germany: Tourism in the Third Reich*, Houndmills, Basingstoke: Palgrave Macmillan, 2005, pp. 56–68; BArch,

1934–1940, Salzhausen: Verlag Petra Nettelbeck, 1980, vol. 1, 1934, pp. 275–7; 另請參閱John Brown, *I Saw for Myself*, London: Selwyn and Blount, 1935, p. 35.

37. Victor Klemperer, *I Will Bear Witness: A Diary of the Nazi Years 1933–1941*, New York: The Modern Library, 1999, p. 82.

38. 這場演講內容可參閱Rudolf Hess, 'Der Eid auf Adolf Hitler', *Reden*, Munich: Franz Eher Verlag, 1938, pp. 9–14；關於現場觀眾對這場演講的反應可參閱 *Deutschland-Berichte der Sopade*, 1934, pp. 470–72.

39. Hitler, *Mein Kampf*, p. 387.

40. BArch, NS22/425, 30 Aug. 1934, p. 149；新聞報導稱有人破壞了肖像海報，兩週後又有新規定出來說其他領導人的肖像可以展出，但條件是不可以超過希特勒肖像照的數量和尺寸；參閱p. 148, 14 Sept. 1934；關於1935年集會的口號，參閱Louis Bertrand, *Hitler*, Paris: Arthème Fayard, 1936, p. 45.

41. *Deutschland-Berichte der Sopade*, 1934, pp. 10–11, 471–2, 482 and 730–31.

42. Joseph Goebbels, '*Unser Hitler!* ' *Signale der neuen Zeit. 25 ausgewählte Reden von Dr. Joseph Goebbels*, Munich: NSDAP, 1934, pp. 141–9; 另請參閱 Bramsted, *Goebbels and National Socialist Propaganda 1925–1945*, pp. 204–5.

43. Bernd Sösemann, 'Die Macht der allgegenwärtigen Suggestion. Die Wochensprüche der NSDAP als Propagandamittel', *Jahrbuch 1989*, Berlin: Berliner Wissenschaftliche Gesellschaft, 1990, pp. 227–48; Victor Klemperer, *To the Bitter End: The Diaries of Victor Klemperer 1942–1945*, London: Weidenfeld & Nicolson, 1999, p. 106.

44. Wolfgang Schneider, *Alltag unter Hitler*, Berlin: Rowohlt Berlin Verlag, 2000, p. 83; BArch, R58/542, p. 30, *Frankfurter Zeitung*, 25 Aug. 1938; p. 32, *Berliner Börsen Zeitung*, 7 Sept. 1938; p. 38, *Völkischer Beobachter*, 6 Nov. 1938.

45. Othmar Plöckinger, *Geschichte eines Buches. Adolf Hitlers "Mein Kampf" 1922–1945*, Munich: Oldenbourg Verlag, 2006, pp. 414–15; BArch, R4901/4370, 6 Feb. and 5 April 1937.

46. *Ansgar Diller, Rundfunkpolitik im Dritten Reich, Munich: Deutscher* Taschenbuch Verlag, 1980, pp. 62–3.

47. Goebbels, *Tagebücher 1924–1945*, p. 772.

48. 關於收音機的數量和成本，請參閱Wolfgang König, 'Der Volksempfänger

1935, pp. 214–16; 另請參閱Ernest K. Bramsted, *Goebbels and National Socialist Propaganda 1925–1945*, East Lansing, MI: Michigan State University Press, 1965, pp. 195–201.

21. Ullrich, *Hitler*, pp. 222–3.
22. Herbst, *Hitlers Charisma*, p. 215; *The Times*, 10 June 1931, p. 17; Richard Bessel, 'The Rise of the NSDAP and the Myth of Nazi Propaganda', *Wiener Library Bulletin*, 33, 1980, pp. 20–29.
23. Ullrich, *Hitler*, pp. 281–2.
24. Heinrich Hoffmann, *Hitler wie ihn keiner kennt*, Munich: Heinrich Hoffmann, 1935 (1st edn 1932); 另可參閱Herz, *Hoffmann & Hitler*, pp. 245–8.
25. Bramsted, *Goebbels and National Socialist Propaganda*, pp. 202–4; Emil Ludwig, *Three Portraits: Hitler, Mussolini, Stalin*, New York: Longmans, Green and Co., 1940, p. 27.
26. Gerhard Paul, *Aufstand der Bilder. Die NS-Propaganda vor 1933*, Bonn: Dietz, 1990, pp. 204–7.
27. Ullrich, *Hitler*, pp. 330–31.
28. Richard J. Evans, 'Coercion and Consent in Nazi Germany', *Proceedings of the British Academy*, 151, 2006, pp. 53–81.
29. 同上。
30. BArch, R43II/979, 31 March, 2 and 10 April 1933.
31. BArch, R43II/979, 18 Feb., 7, 8, 11 March 1933; R43II/976, 7 April and 3 July 1933.
32. BArch, NS6/215, p. 16, Circular by Martin Bormann, 6 Oct. 1933.
33. Konrad Repgen and Hans Booms, *Akten der Reichskanzlei: Regierung Hitler 1933–1938*, Boppard: Harald Boldt Verlag, 1983, part 1, vol. 1, p. 467; BArch, R43II/959, 5 and 13 April 1933, 29 Aug. 1933, pp. 25–6 and 48.
34. Richard Bessel, 'Charismatisches Führertum? Hitlers Image in der deutschen Bevölkerung' in Martin Loiperdinger, Rudolf Herz and Ulrich Pohlmann (eds), *Führerbilder: Hitler, Mussolini, Roosevelt, Stalin in Fotografie und Film*, Munich: Piper, 1995, pp. 16–17.
35. Ullrich, *Hitler*, p. 474.
36. *Deutschland-Berichte der Sozaldemokratischen Partei Deutschlands (Sopade)*

6. Ian Kershaw, *Hitler, 1889–1936: Hubris*, London: Allen Lane, 1998, pp. 162–3; Plewnia, *Auf dem Weg zu Hitler*, p. 81.
7. Georg Franz-Willing, *Die Hitlerbewegung. Der Ursprung, 1919–1922*, Hamburg: R.v. Decker's Verlag G. Schenck, 1962, 2nd edn 1972, pp. 124–8 and 218–19.
8. Hanfstaengl, *Unheard Witness*, p. 70; Rudolf Herz, *Hoffmann & Hitler: Fotografie als Medium des Führer Mythos*, Munich: Klinkhardt and Biermann, 1994, pp. 92–3 and 99.
9. Plewnia, *Auf dem Weg zu Hitler*, p. 90; Ullrich, *Hitler*, p. 113; Ludolf Herbst, *Hitlers Charisma. Die Erfindung eines deutschen Messias*, Frankfurt am Main: S. Fischer Verlag, 2010, pp. 147–9.
10. Hanfstaengl, *Hitler*, p. 86.
11. William L. Shirer, *The Rise and Fall of the Third Reich: A History of Nazi Germany*, New York: Simon & Schuster, 50th anniversary reissue, 2011, pp. 75–6.
12. Adolf Hitler, *Mein Kampf*, p. 116;「夢諭者」（Traumlaller）這個詞出現在 Georg Schott, *Das Volksbuch vom Hitler*, Munich: Herrmann Wiechmann, 1924 and 1938, p. 10.
13. Ullrich, *Hitler*, p. 189.
14. Heinrich Hoffmann, *Hitler Was My Friend: The Memoirs of Hitler's Photographer*, London: Burke, 1955, pp. 60–61.
15. Claudia Schmölders, *Hitler's Face: The Biography of an Image*, Philadelphia: University of Pennsylvania Press, 2009, p. 87; Herz, *Hoffmann & Hitler*, pp. 162–9.
16. Hoffmann, *Hitler Was My Friend*, pp. 61–3.
17. Ullrich, *Hitler*, pp. 199–202.
18. Joseph Goebbels, *Tagebücher 1924–1945*, edited by Ralf Georg Reuth, Munich: Piper Verlag, 1992, vol. 1, p. 200; Ullrich, *Hitler*, p. 208.
19. Ullrich, *Hitler*, p. 217.
20. Hitler, *Mein Kampf*, p. 96; Joseph Goebbels, *Die zweite Revolution: Briefe an Zeitgenossen*, Zwickau: Streiter-Verlag, 1928, pp. 5–8; 'Der Führer', 22 April 1929, reproduced in Joseph Goebbels, *Der Angriff*, Munich: Franz Eher Verlag,

78. Mack Smith, *Mussolini*, p. 239.
79. Ciano, *The Ciano Diaries, 1939–1943*, p. 264.
80. ACS, MCP, Gabinetto, b. 43, pp. 39 ff, 20 Nov. 1940, Mack Smith, *Mussolini*, p. 260; ACS, MCP, Gabinetto, b. 44, f. 258, p. 29 on fighting clandestine radio.
81. Kirkpatrick, *Mussolini*, pp. 494–5; Ciano, *The Ciano Diaries, 1939–1943*, p. 583.
82. Kirkpatrick, *Mussolini*, p. 515.
83. Winner, 'Mussolini: A Character Study', p. 526; ACS, MCP, Gabinetto, b. 44, f. 258, 12 March 1943, p. 5.
84. Angelo M. Imbriani, *Gli italiani e il Duce: Il mito e l'immagine di Mussolini negli ultimi anni del fascismo (1938–1943)*, Naples: Liguori, 1992, pp. 171–6.
85. Robert A. Ventresca, *Soldier of Christ: The Life of Pope Pius XII*, Cambridge, MA: Harvard University Press, 2013, p. 192.
86. Imbriani, *Gli italiani e il Duce*, pp. 184–5.
87. Mack Smith, *Mussolini*, p. 298.
88. Gentile, *The Sacralisation of Politics in Fascist Italy*, p. 152; Italo Calvino, 'Il Duce's Portraits', *New Yorker*, 6 Jan. 2003, p. 34; John Foot, *Italy's Divided Memory*, Houndmills, Basingstoke: Palgrave Macmillan, 2009, p. 67.
89. Ray Moseley, *Mussolini: The Last 600 Days of Il Duce*, Lanham, MD: Taylor Trade Publishing, 2004, p. 2
90. Romagnoli, *The Bicycle Runner*, p. 259.

第二章　希特勒

1. H. R. Trevor-Roper (ed.), *Hitler's Table Talk 1941–1944*, New York: Enigma Books, 2000, p. 10.
2. Margarete Plewnia, *Auf dem Weg zu Hitler: Der 'völkische' Publizist Dietrich Eckart*, Bremen: Schünemann Universitätsverlag, 1970, p. 84.
3. Adolf Hitler, *Mein Kampf*, Munich: Franz Eher Verlag, 1943, p. 235.
4. Ernst Hanfstaengl, *Unheard Witness*, Philadelphia: Lippincott, 1957, pp. 34–7; size of the audience in Volker Ullrich, *Hitler: Ascent 1889– 1939*, New York: Alfred Knopf, 2016, p. 95.
5. Plewnia, *Auf dem Weg zu Hitler*, pp. 69 and 84–90.

63. Kirkpatrick, *Mussolini*, pp. 331–2.
64. Santi Corvaja, *Hitler and Mussolini: The Secret Meetings*, New York: Enigma Books, 2008, pp. 27–8; Alfred Rosenberg, *Das politische Tagebuch Alfred Rosenbergs aus den Jahren 1934/35 und 1939/40: Nach der photographischen Wiedergabe der Handschrift aus den Nürnberger Akten*, Munich: Deutscher Taschenbuch Verlag, 1964, p. 28.
65. Kirkpatrick, *Mussolini*, pp. 350–54.
66. Galeazzo Ciano, *The Ciano Diaries, 1939–1943*, Safety Harbor, FL: Simon Publications, 2001, pp. 43–4 and 53.
67. Mack Smith, *Mussolini*, pp. 230 and 249.
68. Ciano, *The Ciano Diaries, 1939–1943*, p. 138.
69. 同上，頁223，另可參閱：頁222；Mack Smith, *Mussolini*, pp. 237 and 240–43.
70. Renzo de Felice, *Mussolini il Fascista*, vol. 1, *La conquista del potere, 1921–1925*, Turin: Giulio Einaudi, 1966, p. 470; 關於墨索里尼的孤獨，可參閱 Navarra, *Memorie del cameriere di Mussolini*, pp. 45–6, and Kirkpatrick, *Mussolini*, p. 167.
71. Navarra, *Memorie del cameriere di Mussolini*, pp. 140 and 203; Ciano, *The Ciano Diaries, 1939–1943*, pp. 18–19.
72. Mack Smith, *Mussolini*, pp. 240–47.
73. Melograni, 'The Cult of the Duce in Mussolini's Italy', p. 221.
74. Duggan, 'The Internalisation of the Cult of the Duce', pp. 132–3.
75. Emilio Gentile, *The Sacralisation of Politics in Fascist Italy*, Cambridge, MA: Harvard University Press, 1996, pp. 151–2.
76. Emilio Lussu, *Enter Mussolini: Observations and Adventures of an Anti-Fascist*, London: Methuen & Co., 1936, p. 169; Romagnoli, *The Bicycle Runner*, p. 67.
77. Christopher Duggan, Fascist Voices: *An Intimate History of Mussolini's Italy*, Oxford: Oxford University Press, 2013, pp. 177 and 257–8; Ajalbert, *L'Italie en silence et Rome sans amour*, p. 231; Paul Corner, *The Fascist Party and Popular Opinion in Mussolini's Italy*, Oxford: Oxford University Press, 2012, pp. 200 and 250.

Rome, Bergamo: Istituto Italiano d'Arti Grafiche, 1933.

52. Edoardo Bedeschi, *La giovinezza del Duce: Libro per la gioventù italiana*, 2nd edn, Turin: Società Editrice Internazionale, 1940, p. 122; August Bernhard Hasler, 'Das Duce-Bild in der faschistischen Literatur', *Quellen und Forschungen aus italienischen Archiven und Bibliotheken*, vol. 60, 1980, p. 497; Sofia Serenelli, 'A Town for the Cult of the Duce: Predappio as a Site of Pilgrimage' in Gundle, Duggan and Pieri (eds), *The Cult of the Duce*, pp. 95 and 101–2.
53. ACS, SPD CO, b. 869, f. 500027/IV, 'Omaggi mandati a V.T.'.
54. Kirkpatrick, *Mussolini*, p. 170; many of the fasces can still be found today; see Max Page, *Why Preservation Matters*, New Haven, CT: Yale University Press, 2016, pp. 137–8; Ludwig, *Talks with Mussolini*, p. 121.
55. Mack Smith, *Mussolini*, p. 136; Kirkpatrick, *Mussolini*, pp. 275–6；另參：Eugene Pooley, 'Mussolini and the City of Rome' in Gundle, Duggan and Pieri (eds), *The Cult of the Duce*, pp. 209–24.
56. Michael Mann, *The Dark Side of Democracy: Explaining Ethnic Cleansing*, Cambridge: Cambridge University Press, 2015, p. 309; Dominik J. Schaller, 'Genocide and Mass Violence in the "Heart of Darkness": Africa in the Colonial Period' in Donald Bloxham and A. Dirk Moses, *The Oxford Handbook of Genocide Studies*, Oxford: Oxford University Press, 2010, p. 358；另請參閱：Mack Smith, *Mussolini*, p. 171.
57. Kirkpatrick, *Mussolini*, pp. 288–9.
58. Jean Ajalbert, *L'Italie en silence et Rome sans amour*, Paris: Albin Michel, 1935, pp. 227–8.
59. Mack Smith, *Mussolini*, pp. 190 and 197.
60. Ruth Ben-Ghiat, *Fascist Modernities: Italy, 1922–1945*, Berkeley, CA: University of California Press, 2001, p. 216; Ian Campbell, *The Addis Ababa Massacre: Italy's National Shame*, London: Hurst, 2017; 關於格拉齊亞尼刺殺事件的敘述，可參閱 Navarra, *Memorie del cameriere di Mussolini*, p. 202.
61. 舉例來說，記者Henry Soullier去訪問阿迪斯阿貝巴就收到了數千瑞士法郎；ACS, MCP, Gabinetto, b. 10.
62. Romagnoli, *The Bicycle Runner*, p. 48; ACS, SPD, Carteggio Ordinario, b. 386, f. 142470, 23 Aug. 1936.

Italy, 1922–1943, Chapel Hill, NC: University of North Carolina Press, 1985, pp. 111–12; Mack Smith, *Mussolini*, pp. 175–6; G. Franco Romagnoli, *The Bicycle Runner: A Memoir of Love, Loyalty, and the Italian Resistance*, New York: St Martin's Press, 2009, p. 48.

43. 收受補貼的報社名單為羅馬國家中央檔案館提供：ACS, MCP, Reports, b. 7, f. 73；墨索里尼的座右銘在：ACS, MCP, Gabinetto, b. 44, f. 259, 'Motti del Duce'；關於齊亞諾與戈培爾之間的交流，可參閱 Wenke Nitz, *Führer und Duce: Politische Machtinszenierungen im nationalsozialistischen Deutschland und im faschistischen Italien*, Cologne: Böhlau Verlag, 2013, p. 112.
44. Bonsaver, *Censorship and Literature in Fascist Italy*, pp. 61 and 124; 據Giovanni Sedita估計，共有632,000,000里拉花在補貼報紙和個人；Giovanni Sedita, *Gli intellettuali di Mussolini: La cultura finanziata dal fascismo*, Florence: Casa Editrice Le Lettere, 2010, p. 17; Asvero Gravelli, *Uno e Molti: Interpretazioni spirituali di Mussolini*, Rome: Nuova Europa, 1938, pp. 29 and 31; 作者收到的補貼收錄在Sedita著作的附錄，參 Sedita, *Gli intellettuali di Mussolini*, p. 202.
45. Philip Cannistraro, *La fabbrica del consenso: Fascismo e mass media*, Bari: Laterza, 1975, pp. 228–41.
46. Navarra, *Memorie del cameriere di Mussolini*, pp. 114–15.
47. Franco Ciarlantini, *De Mussolini onzer verbeelding*, Amsterdam: De Amsterdamsche Keurkamer, 1934, p. 145.
48. Paul Baxa, '"Il nostro Duce": Mussolini's Visit to Trieste in 1938 and the Workings of the Cult of the Duce', *Modern Italy*, 18, no. 2 (May 2013), pp. 121–6; Frank Iezzi, 'Benito Mussolini, Crowd Psychologist', *Quarterly Journal of Speech*, 45, no. 2 (April 1959), p. 167.
49. Iezzi, 'Benito Mussolini, Crowd Psychologist', pp. 167–9.
50. Stephen Gundle, 'Mussolini's Appearances in the Regions' in Gundle, Duggan and Pieri (eds), *The Cult of the Duce*, pp. 115–17.
51. Koon, *Believe, Obey, Fight*, p. 30; Dino Alfieri and Luigi Freddi (eds), *Mostra della Rivoluzione Fascista*, Rome: National Fascist Party, 1933, p. 9; Dino Alfieri, *Exhibition of the Fascist Revolution: 1st Decennial of the March on*

32. Béraud, *Ce que j'ai vu à Rome*, pp. 37–42; on the image of Mussolini, see also Simonetta Falasca-Zamponi, *Fascist Spectacle: The Aesthetics of Power in Mussolini's Italy*, Berkeley, CA: University of California Press, 2000.
33. Margherita Sarfatti, *The Life of Benito Mussolini*, London: Butterworth, 1925, pp. 29–30, 44 and 230.
34. Berneri, *Mussolini grande attore*, pp. 26–8; Vincenzo de Gaetano, *Il libro dell'Avanguardista*, Catania: Società Tip. Editrice Siciliana, 1927, pp. 45–6; also Sckem Gremigni, *Duce d'Italia*, Milano, Istituto di Propaganda d'Arte e Cultura, 1927.
35. Navarra, *Memorie del cameriere di Mussolini*, pp. 110–12, 124–5 and 135; Emil Ludwig, *Talks with Mussolini*, Boston: Little, Brown, and Co., 1933, p. 80; Kirkpatrick, *Mussolini*, p. 159.
36. Winner, 'Mussolini: A Character Study', p. 525.
37. René Benjamin, *Mussolini et son peuple*, Paris: Librairie Plon, 1937, p. 235; Maurice Bedel, *Fascisme An VII*, Paris: Gallimard, 1929, pp. 18–19; Berneri, *Mussolini grande attore*, p. 43.
38. Navarra, *Memorie del cameriere di Mussolini*, p. 161; Romain Hayes, *Subhas Chandra Bose in Nazi Germany: Politics, Intelligence and Propaganda*, 1941–1943, London, Hurst, 2011, pp. 9–10; Robert Blake and Wm Roger Louis (eds), *Churchill*, Oxford: Clarendon Press, 2002, p. 258; Edwin P. Hoyt, *Mussolini's Empire: The Rise and Fall of the Fascist Vision*, New York: Wiley, 1994, p. 115; 另參：John Patrick Diggins, *Mussolini and Fascism: The View from America*, Princeton: Princeton University Press, 1972; David F. Schmitz, *The United States and Fascist Italy, 1922–1940*, Chapel Hill, NC: University of North Carolina Press, 1988.
39. Roberto Festorazzi, *Starace. Il mastino della rivoluzione fascista*, Milan: Ugo Mursia, 2002, p. 71.
40. Piero Melograni, 'The Cult of the Duce in Mussolini's Italy', *Journal of Contemporary History*, 11, no. 4 (Oct. 1976), pp. 221–4; see also Winner, 'Mussolini: A Character Study', p. 518.
41. Berneri, *Mussolini grande attore*, p. 54; Kirkpatrick, *Mussolini*, p. 161.
42. Tracy H. Koon, *Believe, Obey, Fight: Political Socialization of Youth in Fascist*

19. Mussolini's speech to the Chamber, 3 January 1925, Patrick G. Zander, *The Rise of Fascism: History, Documents, and Key Questions*, Santa Barbara, CA: ABC-Clio, 2016, p. 140.
20. Bonsaver, *Censorship and Literature in Fascist Italy*, pp. 20–21; Mack Smith, *Mussolini*, p. 87.
21. William Bolitho, *Italy under Mussolini*, New York: Macmillan, 1926, p. 107；墨索里尼這句關於國家的發言相當有名，第一次是出現在：'Per la medaglia dei benemeriti del comune di Milano', 28 October 1925, Benito Mussolini, *Opera Omnia*, Florence: La Fenice, 1956, vol. 21, p. 425.
22. Bolitho, *Italy under Mussolini*, p. 107.
23. Kirkpatrick, *Mussolini*, p. 244; Mack Smith, *Mussolini*, p. 102.
24. ACS, SPD, Carteggio Ordinario, b. 234, f. 2795, pp. 19731–6, May 1923; Lorenzo Santoro, *Roberto Farinacci e il Partito Nazionale Fascista 1923–1926*, Soveria Mannelli: Rubbettino, 2008, pp. 197–8.
25. Mack Smith, *Mussolini*, pp. 102–3; Mario Rivoire, *Vita e morte del fascismo*, Milan: Edizioni Europee, 1947, p. 107.
26. Augusto Turati, *Una rivoluzione e un capo*, Rome: Libreria del Littorio, 1927, pp. 35 and 143; Partito Nazionale Fascista, *Le origini e lo sviluppo del fascismo, attraverso gli scritti e la parola del Duce e le deliberazioni del P.N.F. dall'intervento alla marcia su Roma*, Rome: Libreria del Littorio, 1928, p. xiii.
27. Navarra, *Memorie del cameriere di Mussolini*, pp. 197–9.
28. Percy Winner, 'Mussolini: A Character Study', *Current History*, 28, no. 4 (July 1928), p. 526; Bolitho, *Italy under Mussolini*, p. 62; Slocombe, *The Tumult and the Shouting*, p. 149.
29. Camillo Berneri, *Mussolini grande attore*, Pistoia: Edizioni dell'Archivio Famiglia Berneri, 1st edn 1934, second edn 1983, pp. 25–6; Mack Smith, *Mussolini*, p. 124.
30. William Sloane Kennedy, *Italy in Chains*, West Yarmouth, MA: Stonecraft Press, 1927, p. 18; Henri Béraud, *Ce que j'ai vu à Rome*, Paris: Les Editions de France, 1929, p. 38; Rivoire, *Vita e morte del fascismo*, p. 99.
31. Adrian Lyttelton, *The Seizure of Power: Fascism in Italy, 1919–1929*, London: Weidenfeld & Nicolson, 2nd edn, 1987, p. 401.

第一章 墨索里尼

1. Aristotle Kallis, *The Third Rome, 1922–43: The Making of the Fascist Capital*, Houndmills, Basingstoke: Palgrave Macmillan, 2014, p. 245.
2. Christopher Duggan, 'The Internalisation of the Cult of the Duce: The Evidence of Diaries and Letters' in Stephen Gundle, Christopher Duggan and Giuliana Pieri (eds), *The Cult of the Duce: Mussolini and the Italians*, Manchester: Manchester University Press, 2013, p. 130.
3. ACS, SPD, CO, b. 2762, f. 509819.
4. ACS, SPD, b. 386, f. 142471, 29 April 1933, b. 386, f. 142484, 6 June 1933; b. 2773, Dec. 1938.
5. Herman Finer, *Mussolini's Italy*, New York: Holt and Co., 1935, p. 298.
6. Denis Mack Smith, 'Mussolini, Artist in Propaganda: The Downfall of Fascism', *History Today*, 9 no. 4 (April 1959), p. 224.
7. Peter Neville, *Mussolini*, Abingdon: Routledge, 2015, p. 46.
8. Ivone Kirkpatrick, *Mussolini: Study of a Demagogue*, New York: Hawthorn Books, 1964, p. 89; Denis Mack Smith, *Mussolini*, London: Weidenfeld & Nicolson, 1981, p. 39.
9. Emilio Gentile quoted in Lucy Hughes-Hallett, *Gabriele d'Annunzio: Poet, Seducer, and Preacher of War*, London: 4th Estate, 2013, loc. 179.
10. Kirkpatrick, *Mussolini*, pp. 98–9.
11. Mack Smith, *Mussolini*, p. 54.
12. 同上，頁54–5；Kirkpatrick, *Mussolini*, p. 151; *The Times*, 28 October 1929, p. 14.
13. Kirkpatrick, *Mussolini*, p. 156; George Slocombe, *The Tumult and the Shouting*, Kingswood: Windmill Press, 1936, p. 148.
14. Kirkpatrick, *Mussolini*, p. 176.
15. 同上，頁107以及頁200–202.
16. Quinto Navarra, *Memorie del cameriere di Mussolini*, Milan: Longanesi, 1972, pp. 17–18; Dino Biondi, *La fabbrica del Duce*, Florence: Vallecchi, 1967, p. 96.
17. Navarra, *Memorie del cameriere di Mussolini*, p. 173.
18. Guido Bonsaver, *Censorship and Literature in Fascist Italy*, Toronto: University of Toronto Press, 2007, pp. 19–20.

注釋

前言

1. W. M. Thackeray, *The Paris Sketch Book*, London: Collins' Clear-Type Press, 1840, p. 369.
2. Peter Burke, *The Fabrication of Louis XIV*, New Haven, CT: Yale University Press, 1992.
3. 相關討論可參見：Lisa Wedeen, *Ambiguities of Domination: Politics, Rhetoric, and Symbolism in Contemporary Syria*, Chicago: University of Chicago Press, 1999; 另可參：Yves Cohen, 'The Cult of Number One in an Age of Leaders', *Kritika: Explorations in Russian and Eurasian History*, vol. 8, no. 3 (Summer 2007), pp. 597–634.
4. Andrew J. Nathan, 'Foreword' in Li Zhisui, *The Private Life of Chairman Mao: The Memoirs of Mao's Personal Physician*, New York: Random House, 1994, p. x.
5. Ian Kershaw, *The 'Hitler Myth': Image and Reality in the Third Reich*, Oxford: Oxford University Press, 2001.
6. Stephen F. Cohen, *Rethinking the Soviet Experience: Politics and History since 1917*, Oxford: Oxford University Press, 1985, p. 101.
7. Paul Hollander, *Political Pilgrims: Western Intellectuals in Search of the Good Society*, London: Routledge, 2017; Paul Hollander, *From Benito Mussolini to Hugo Chavez: Intellectuals and a Century of Political Hero Worship*, Cambridge: Cambridge University Press, 2017.
8. Henri Locard, *Pol Pot's Little Red Book: The Sayings of Angkar*, Bangkok: Silkworm Books, 2004, p. 99.

Harvard University Press, 2013.

Ullrich, Volker, *Hitler: Ascent 1889–1939*, New York: Alfred Knopf, 2016.

Vasilieva, Larissa, *Kremlin Wives*, New York: Arcade Publishing, 1992.

Wang, Helen, *Chairman Mao Badges: Symbols and Slogans of the Cultural Revolution*, London: British Museum, 2008.

Wedeen, Lisa, *Ambiguities of Domination: Politics, Rhetoric, and Symbolism in Contemporary Syria*, Chicago: University of Chicago Press, 1999.

Weintraub, Stanley, *Journey to Heartbreak: The Crucible Years of Bernard Shaw*, New York: Weybright and Talley, 1971.

Weintraub, Stanley, 'GBS and the Despots', *Times Literary Supplement*, 22 Aug. 2011.

Werth, Alexander, *Russia at War, 1941–1945: A History*, New York: Skyhorse Publishing, 2011.

White, Lynn T. III, *Policies of Chaos: The Organizational Causes of Violence in China's Cultural Revolution*, Princeton: Princeton University Press, 1989.

Wilson, Verity, 'Dress and the Cultural Revolution' in Valerie Steele and John S. Major (eds), *China Chic: East Meets West*, New Haven, CT: Yale University Press, 1999, pp. 167–86.

Wingrove, Paul, 'Mao in Moscow, 1949–50: Some New Archival Evidence', *Journal of Communist Studies and Transition Politics*, 11, no. 4 (Dec. 1995), pp. 309–34.

Wolff, David, '"One Finger's Worth of Historical Events": New Russian and Chinese Evidence on the Sino-Soviet Alliance and Split, 1948–1959', *Cold War International History Project Bulletin*, Working Paper no. 30 (Aug. 2002), pp. 1–74.

Wylie, Raymond F., *The Emergence of Maoism: Mao Tse-tung, Ch'en Po-ta, and the Search for Chinese Theory, 1935–1945*, Palo Alto, CA: Stanford University Press, 1980.

Yurchak, Alexei, 'Bodies of Lenin: The Hidden Science of Communist Sovereignty', *Representations*, no. 129 (Winter 2015), pp. 116–57.

Zeleke, Elleni Centime, 'Addis Ababa as Modernist Ruin', *Callaloo*, 33, no. 1 (Spring 2010), pp. 117–35.

Zewde, Bahru, *A History of Modern Ethiopia*, London: James Currey, 2001.

Wissenschaftliche Gesellschaft, 1990, pp. 227–48.

Sösemann, Bernd, *Propaganda: Medien und Öffentlichkeit in der NS-Diktatur*, Stuttgart: Franz Steiner Verlag, 2011.

Stratigakos, Despina, *Hitler at Home*, New Haven, CT: Yale University Press, 2015.

Suh, Dae-sook, *Kim Il-sung: The North Korean Leader*, New York: Columbia University Press, 1988.

Sun, Judy and Greg Wang, 'Human Resource Development in China and North Korea' in Thomas N. Garavan, Alma M. McCarthy and Michael J. Morley (eds), *Global Human Resource Development: Regional and Country Perspectives*, London: Routledge, 2016, pp. 86–103.

Sweeney, John, *The Life and Evil Times of Nicolae Ceauşescu*, London: Hutchinson, 1991.

Szalontai, Balázs, *Kim Il Sung in the Khrushchev Era: Soviet-DPRK Relations and the Roots of North Korean Despotism, 1953–1964*, Stanford: Stanford University Press, 2006.

Tareke, Gebru, *The Ethiopian Revolution: War in the Horn of Africa*, New Haven, CT: Yale University Press, 2009.

Taubman, William, *Khrushchev: The Man and his Era*, London, Free Press, 2003.

Taylor, Jay, *The Generalissimo: Chiang Kai-shek and the Struggle for Modern China*, Cambridge, MA: Harvard University Press, 2009.

Tiruneh, Andargatchew, *The Ethiopian Revolution 1974–87*, Cambridge: Cambridge University Press, 1993.

Tismaneanu, Vladimir, *Stalinism for All Seasons: A Political History of Romanian Communism*, Berkeley, CA: University of California Press, 2003.

Tola, Babile, *To Kill a Generation: The Red Terror in Ethiopia*, Washington: Free Ethiopia Press, 1989.

Tucker, Robert C., 'The Rise of Stalin's Personality Cult', *American Historical Review*, 84, no. 2 (April 1979), pp. 347–66.

Tucker, Robert C., 'Memoir of a Stalin Biographer', *Princeton Alumni Weekly*, no. 83, 3 Nov. 1982, pp. 21–31.

Ventresca, Robert A., *Soldier of Christ: The Life of Pope Pius XII*, Cambridge, MA:

Soveria Mannelli: Rubbettino, 2008.

Scalapino, Robert A. and Chong-sik Lee, *Communism in Korea. Part I: The Movement*, Berkeley, CA: University of California Press, 1972.

Schlenker, Ines, *Hitler's Salon: The Große Deutsche Kunstausstellung at the Haus der Deutschen Kunst in Munich 1937–1944*, Bern: Peter Lang AG, 2007.

Schmitz, David F., *The United States and Fascist Italy, 1922–1940*, Chapel Hill, NC: University of North Carolina Press, 1988.

Schmölders, Claudia, *Hitler's Face: The Biography of an Image*, Philadelphia: University of Pennsylvania Press, 2005.

Schneider, Wolfgang, *Alltag unter Hitler*, Berlin: Rowohlt Berlin Verlag, 2000.

Schram, Stuart R., 'Party Leader or True Ruler? Foundations and Significance of Mao Zedong's Personal Power' in Stuart R. Schram (ed.), *Foundations and Limits of State Power in China*, London: School of Oriental and African Studies, 1987, pp. 203–56.

Schrift, Melissa, *Biography of a Chairman Mao Badge: The Creation and Mass Consumption of a Personality Cult*, New Brunswick, NJ: Rutgers University Press, 2001.

Sedita, Giovanni, *Gli intellettuali di Mussolini: La cultura finanziata dal fascismo*, Florence: Casa Editrice Le Lettere, 2010.

Sebag Montefiore, Simon, *Stalin: The Court of the Red Tsar*, New York: Knopf, 2004.

Semmens, Kristin, *Seeing Hitler's Germany: Tourism in the Third Reich*, Houndmills, Basingstoke: Palgrave Macmillan, 2005.

Service, Robert, *Stalin: A Biography*, Basingstoke: Macmillan, 2004.

Siani-Davies, Peter, *The Romanian Revolution of December 1989*, Ithaca, NY: Cornell University Press, 2007.

Sobanet, Andrew, 'Henri Barbusse, Official Biographer of Joseph Stalin', *French Cultural Studies*, 24, no. 4 (Nov. 2013), pp. 359–75.

Sohier, Estelle, 'Politiques de l'image et pouvoir royal en Éthiopie de Menilek II à Haylä Sellasé (1880–1936)', doctoral dissertation, University of Paris 1, 2007.

Sösemann, Bernd, 'Die Macht der allgegenwärtigen Suggestion. Die Wochensprüche der NSDAP als Propagandamittel', *Jahrbuch 1989*, Berlin: Berliner

Plewnia, Margarete, *Auf dem Weg zu Hitler: Der 'völkische' Publizist Dietrich Eckart*, Bremen: Schünemann Universitätsverlag, 1970.

Plöckinger, Othmar, *Geschichte eines Buches. Adolf Hitler's 'Mein Kampf' 1922–1945*, Munich: Oldenbourg Verlag, 2006.

Polyné, Millery, *From Douglass to Duvalier: U. S. African Americans, Haiti, and Pan Americanism, 1870–1964*, Gainesville, FL: University of Florida Press, 2010.

Rabinbach, Anson and Sander L. Gilman (eds), *The Third Reich Sourcebook*, Berkeley, CA: University of California Press, 2013.

Radchenko, Sergey and David Wolff, 'To the Summit via Proxy-Summits: New Evidence from Soviet and Chinese Archives on Mao's Long March to Moscow, 1949', *Cold War International History Project Bulletin*, no. 16 (winter 2008), pp. 105–82.

Reid, Richard J., *Frontiers of Violence in North-East Africa: Genealogies of Conflict since c.1800*, Oxford: Oxford University Press, 2011.

Rivoire, Mario, *Vita e morte del fascismo*, Milan: Edizioni Europee, 1947.

Rees, E. A., 'Leader Cults: Varieties, Preconditions and Functions' in Apor Balázs, Jan C. Behrends, Polly Jones and E. A. Rees (eds), *The Leader Cult in Communist Dictatorships: Stalin and the Eastern Bloc*, Houndmills, Basingstoke: Palgrave Macmillan, 2004, pp. 3–26.

Rolf, Malte, 'A Hall of Mirrors: Sovietizing Culture under Stalinism', *Slavic Review*, 68, no. 3 (Fall 2009), pp. 601–30.

Rolf, Malte, 'Working towards the Centre: Leader Cults and Spatial Politics' in Apor Balázs, Jan C. Behrends, Polly Jones and E. A. Rees (eds), *The Leader Cult in Communist Dictatorships: Stalin and the Eastern Bloc*, Basingstoke: Palgrave Macmillan, 2004, pp. 141–59.

Rotberg, Robert I., *Haiti: The Politics of Squalor*, Boston: Houghton Mifflin, 1971.

Ryang, Sonia, *Writing Selves in Diaspora: Ethnography of Autobiographics of Korean Women in Japan and the United States*, Lanham, MD: Lexington Books, 2008.

Salisbury, Harrison, *The 900 Days: The Siege of Leningrad*, New York, Cambridge, MA: Da Capo Press, 1985.

Santoro, Lorenzo, *Roberto Farinacci e il Partito Nazionale Fascista 1923–1926*,

Moscow that Changed the Course of World War II, New York: Simon & Schuster, 2008.

Nagorski, Andrew, *Hitlerland: American Eyewitnesses to the Nazi Rise to Power*, New York: Simon & Schuster, 2012.

Nathan, Andrew J., 'Foreword' in Li Zhisui, *The Private Life of Chairman Mao: The Memoirs of Mao's Personal Physician*, New York: Random House, 1994, pp. vii–xiv.

Neiberg, Michael, *Potsdam: The End of World War II and the Remaking of Europe*, New York: Basic Books, 2015.

Nicholls, David, 'Haiti: The Rise and Fall of Duvalierism', *Third World Quarterly*, vol. 8, no. 4 (Oct. 1986), pp. 1239–52.

Nitz, Wenke, *Führer und Duce: Politische Machtinszenierungen im nationalsozialistischen Deutschland und im faschistischen Italien*, Cologne: Böhlau Verlag, 2013.

Oberdorfer, Don, *The Two Koreas: A Contemporary History*, Reading, MA: Addison-Wesley, 1997.

Overy, Richard, *Russia's War: A History of the Soviet Effort: 1941–1945*, Harmondsworth: Penguin Books, 1997.

Pacepa, Mihai, *Red Horizons: The True Story of Nicolae and Elena Ceaușescus' Crimes, Lifestyle, and Corruption*, Washington, DC: Regnery Publishing, 1990.

Pantsov, Alexander V. and Steven I. Levine, *Mao: The Real Story*, New York: Simon & Schuster, 2012.

Paul, Gerhard, *Aufstand der Bilder. Die NS-Propaganda vor 1933*, Bonn: Dietz, 1990.

Person, James F., 'North Korea's chuch'e philosophy' in Michael J. Seth, *Routledge Handbook of Modern Korean History*, London: Routledge, 2016, pp. 705–98.

Pipes, Richard, *The Russian Revolution*, New York: Vintage Books, 1991.

Pipes, Richard, *Communism: A History of the Intellectual and Political Movement*, London: Phoenix Press, 2002.

Pisch, Anita, 'The Personality Cult of Stalin in Soviet Posters, 1929–1953: Archetypes, Inventions and Fabrications', doctoral dissertation, Australian National University, 2014.

Plamper, Jan, *The Stalin Cult: A Study in the Alchemy of Power*, New Haven: Yale University Press, 2012.

Mack Smith, Denis, *Mussolini*, London: Weidenfeld & Nicolson, 1981.

Mack Smith, Denis, 'Mussolini: Reservations about Renzo De Felice's Biography', *Modern Italy*, 5, no. 2 (2000), pp. 193–210.

Marcus, Harold G., *A History of Ethiopia*, Berkeley, CA: University of California Press, 1994.

Marquis, John, *Papa Doc: Portrait of a Haitian Tyrant 1907–1971*, Kingston: LMH Publishing Limited, 2007.

Martin, Bradley K., *Under the Loving Care of the Fatherly Leader: North Korea and the Kim Dynasty,* New York: Thomas Dunne Books, 2004.

McNeal, Robert H., *Stalin: Man and Rule*, New York: New York University Press, 1988.

Medvedev, Roy, *Let History Judge: The Origins and Consequences of Stalinism*, New York: Knopf, 1972.

Melograni, Piero, 'The Cult of the Duce in Mussolini's Italy', *Journal of Contemporary History*, 11, no. 4 (Oct. 1976), pp. 221–37.

Merridale, Catherine, *Ivan's War: The Red Army 1939–45*, London: Faber and Faber, 2005.

Mocanescu, Alice, 'Surviving 1956: Gheorge Gheorghiu-Dej and the "Cult of Personality" in Romania' in Apor Balázs, Jan C. Behrends, Polly Jones and E. A. Rees (eds), *The Leader Cult in Communist Dictatorships: Stalin and the Eastern Bloc*, Houndmills, Basingstoke: Palgrave Macmillan, 2004, pp. 246–60.

Moorhouse, Roger, 'Germania: Hitler's Dream Capital', *History Today*, 62, issue 3 (March 2012).

Moseley, Ray, *Mussolini: The Last 600 Days of Il Duce*, Lanham, MD: Taylor Trade Publishing, 2004.

Munro, Martin, *Tropical Apocalypse: Haiti and the Caribbean End*, Charlottesville, VA: University of Virginia Press, 2015.

Murck, Alfreda (ed.), *Mao's Golden Mangoes and the Cultural Revolution*, Zurich: Scheidegger and Spiess, 2013.

Myers, Brian R., 'The Watershed that Wasn't: Re-Evaluating Kim Il-sung's "Juche Speech" of 1955', *Acta Koreana*, 9, no. 1 (Jan. 2006), pp. 89–115.

Nagorski, Andrew, *The Greatest Battle: Stalin, Hitler, and the Desperate Struggle for*

2014.

Kotkin, Stephen, *Stalin: Waiting for Hitler, 1929–1941*, New York: Penguin Press, 2017.

Kraus, Richard Curt, *Brushes with Power: Modern Politics and the Chinese Art of Calligraphy*, Berkeley, CA: University of California Press, 1991.

Ladany, Laszlo, *The Communist Party of China and Marxism, 1921–1985: A Self-Portrait*, London: Hurst, 1988.

Lankov, Andrei, *Crisis in North Korea: The Failure of De-Stalinization, 1956*, Honolulu: University of Hawai'i Press, 2005.

Lankov, Andrei, *From Stalin to Kim Il Sung: The Formation of North Korea, 1945–1960*, New Brunswick, NJ: Rutgers University Press, 2002.

Lankov, Andrei, *North of the DMZ: Essays on Daily Life in North Korea*, Jefferson, NC: McFarland, 2007.

Lankov, Andrei, *The Real North Korea: Life and Politics in the Failed Stalinist Utopia*, Oxford: Oxford University Press, 2013.

Leese, Daniel, *Mao Cult: Rhetoric and Ritual in China's Cultural Revolution*, Cambridge: Cambridge University Press, 2011.

李銳：《"大躍進"親歷記》。海口：南方出版社，1999。

李銳：《廬山會議實錄》，香港：天地圖書有限公司，第二版，2009。

Li Zhisui, *The Private Life of Chairman Mao: The Memoirs of Mao's Personal Physician*, New York: Random House, 1994.

Lim Un, *The Founding of a Dynasty in North Korea: An Authentic Biography of Kim Il-song*, Tokyo: Jiyu-sha, 1982.

Locard, Henri, *Pol Pot's Little Red Book: The Sayings of Angkar*, Bangkok: Silkworm Books, 2004.

Lundahl, Mats, 'Papa Doc: Innovator in the Predatory State', *Scandia*, 50, no. 1 (1984), pp. 39–78.

MacFarquhar, Roderick and Michael Schoenhals, *Mao's Last Revolution*, Cambridge, MA: Harvard University Press, 2006.

Machiavelli, Niccolo, *The Prince*, translated by Tim Parks, London: Penguin Books, 2009.

Imbriani, Angelo M., *Gli italiani e il Duce: Il mito e l'immagine di Mussolini negli ultimi anni del fascismo (1938–1943)*, Naples: Liguori, 1992.

金大陸：《非常與正常：上海「文革」時期的社會變遷》。上海：上海辭書出版社，2011。

Johnson, Paul Christopher, 'Secretism and the Apotheosis of Duvalier', *Journal of the American Academy of Religion*, 74, no. 2 (June 2006), pp. 420–45.

Kallis, Aristotle, *The Third Rome, 1922–43: The Making of the Fascist Capital*, Houndmills, Basingstoke: Palgrave Macmillan, 2014.

Kebede, Messay, *Ideology and Elite Conflicts: Autopsy of the Ethiopian Revolution*, Lanham, MD: Lexington Books, 2011.

Keil, Thomas J., *Romania's Tortured Road toward Modernity*, New York: Columbia University Press, 2006.

Keller, Edmund J., *Revolutionary Ethiopia*, Bloomington, IN: Indiana University Press, 1988.

Kershaw, Ian, *Hitler, 1889–1936: Hubris*, London: Allen Lane, 1998.

Kershaw, Ian, *The 'Hitler Myth': Image and Reality in the Third Reich*, Oxford: Oxford University Press, 2001.

King, David, *The Commissar Vanishes: The Falsification of Photographs and Art in Stalin's Russia*, New York: Metropolitan Books, 1997.

Kirkpatrick, Ivone, *Mussolini: Study of a Demagogue*, New York: Hawthorn Books, 1964.

Klibansky, Raymond (ed.), *Benito Mussolini's Memoirs 1942–1943*, New York: Howard Fertig, 1975.

König, Wolfgang, 'Der Volksempfänger und die Radioindustrie. Ein Beitrag zum Verhältnis von Wirtschaft und Politik im Nationalsozialismus' in *Vierteljahrschrift für Sozial- und Wirtschaftsgeschichte*, 90, no. 3 (2003), pp. 269–89.

Koon, Tracy H., *Believe, Obey, Fight: Political Socialization of Youth in Fascist Italy, 1922–1943*, Chapel Hill, NC: University of North Carolina Press, 1985.

Kopperschmidt, Josef (ed.), *Hitler der Redner*, Munich: Wilhelm Fink Verlag, 2003.

Korn, David A., *Ethiopia, the United States and the Soviet Union*, Carbondale, IL: Southern Illinois University Press, 1986.

Kotkin, Stephen, *Stalin: Paradoxes of Power, 1878–1928*, New York: Penguin Press,

a State Myth', doctoral dissertation, Washington, DC: The American University, 1986.

Hayes, Romain, *Subhas Chandra Bose in Nazi Germany: Politics, Intelligence, and Propaganda, 1941–1943*, London, Hurst, 2011.

Heinl, Robert D. and Nancy Gordon Heinl, *Written in Blood: The Story of the Haitian People, 1492–1995*, Lanham, MD: University Press of America, 1998.

Held, Joseph (ed.), *The Cult of Power: Dictators in the Twentieth Century*, Boulder, CO: East European Quarterly Press, 1983.

Heller, Klaus and Jan Plamper (eds), *Personenkulte im Stalinismus: Personality Cults in Stalinism*, Göttingen: Vandenhoeck and Ruprecht, 2004.

Henze, Paul B., *Layers of Time: A History of Ethiopia*, London: Hurst, 2000.

Herbst, Ludolf, *Hitler's Charisma. Die Erfindung eines deutschen Messias*, Frankfurt am Main: S. Fischer Verlag, 2010.

Herz, Rudolf, *Hoffmann & Hitler: Fotografie als Medium des Führer Mythos*, Munich: Klinkhardt and Biermann, 1994.

Hollander, Paul, *Political Pilgrims: Western Intellectuals in Search of the Good Society*, London: Routledge, 2017.

Hollander, Paul, *From Benito Mussolini to Hugo Chavez: Intellectuals and a Century of Political Hero Worship*, Cambridge: Cambridge University Press, 2017.

Hoyt, Edwin P., *Mussolini's Empire: The Rise and Fall of the Fascist Vision*, New York: Wiley, 1994.

Hughes-Hallett, Lucy, *Gabriele d'Annunzio: Poet, Seducer, and Preacher of War*, London: 4th Estate, 2013.

Hung Chang-tai, 'Mao's Parades: State Spectacles in China in the 1950s', *China Quarterly*, no. 190 (June 2007), pp. 411–31.

Hunter, Helen-Louise, *Kim Il-song's North Korea*, Westport, CT: Praeger Publishers, 1999.

Hupp, Kimberly, ' "Uncle Joe": What Americans thought of Joseph Stalin before and after World War II', doctoral dissertation, University of Toledo, 2009.

Iezzi, Frank, 'Benito Mussolini, Crowd Psychologist', *Quarterly Journal of Speech*, 45, no. 2 (April 1959), pp. 167–9.

Gabanyi, Anneli Ute, *The Ceauşescu Cult: Propaganda and Power Policy in Communist Romania*, Bucharest: The Romanian Cultural Foundation Publishing House, 2000.

高華：《紅太陽是怎樣升起的——延安整風運動的來龍去脈》。香港：香港中文大學出版社，2000。

Gao Wenqian, *Zhou Enlai: The Last Perfect Revolutionary*, New York: PublicAffairs, 2007.

Gentile, Emilio, *The Sacralisation of Politics in Fascist Italy*, Cambridge, MA: Harvard University Press, 1996.

Giorgis, Dawit Wolde, *Red Tears: War, Famine and Revolution in Ethiopia*, Trenton, NJ: Red Sea Press, 1989.

Girard, Philippe, *Haiti: The Tumultuous History – From Pearl of the Caribbean to Broken Nation*, New York: St Martin's Press, 2010.

Glantz, David, *Stumbling Colossus: The Red Army on the Eve of World War*, Lawrence, KA: University Press of Kansas, 1998.

Goncharov, Sergei N., John W. Lewis and Xue Litai, *Uncertain Partners: Stalin, Mao, and the Korean War*, Stanford, CA: Stanford University Press, 1993.

Grangereau, Philippe, *Au pays du grand mensonge. Voyage en Corée*, Paris: Payot, 2003.

Gundle, Stephen, Christopher Duggan and Giuliana Pieri (eds), *The Cult of the Duce: Mussolini and the Italians*, Manchester: Manchester University Press, 2013.

Haffner, Sebastian, *The Meaning of Hitler*, London: Phoenix Press, 1979.

Han, Hongkoo, 'Wounded Nationalism: The Minsaengdan Incident and Kim Il-sung in Eastern Manchuria', University of Washington, doctoral disertation, 1999.

Harden, Blaine, *The Great Leader and the Fighter Pilot: A True Story About the Birth of Tyranny in North Korea*, New York: Penguin Books, 2016.

Hasler, August Bernhard, 'Das Duce-Bild in der faschistischen Literatur', *Quellen und Forschungen aus italienischen Archiven und Bibliotheken*, vol. 60, 1980, pp. 421–506.

Hastings, Max, *The Korean War*, New York: Simon & Schuster, 1987.

Hatch, David Allen, 'The Cult of Personality of Kim Il-Song: Functional Analysis of

Durandin, Catherine, *Ceaușescu, vérités et mensonges d'un roi communiste*, Paris: Albin Michel, 1990.

Ennker, Benno, 'The Origins and Intentions of the Lenin Cult' in Ian D. Thatcher (ed.), *Regime and Society in Twentieth-Century Russia*, Houndmills, Basingstoke: Macmillan Press, 1999, pp. 118–28.

Evans, Richard J., 'Coercion and Consent in Nazi Germany', *Proceedings of the British Academy*, 151, 2006, pp. 53–81.

Evans, Richard J., *The Third Reich in Power*, London: Penguin Books, 2006.

Evans, Richard J., *The Third Reich at War*, London: Penguin, 2009.

Eyal, Jonathan, 'Why Romania Could Not Avoid Bloodshed' in Gwyn Prins (ed.), *Spring in Winter: The 1989 Revolutions*, Manchester: Manchester University Press, 1990, pp. 139–62.

Falasca-Zamponi, Simonetta, *Fascist Spectacle: The Aesthetics of Power in Mussolini's Italy*, Berkeley, CA: University of California Press, 2000.

Farnsworth, Robert M., *From Vagabond to Journalist: Edgar Snow in Asia, 1928–1941*, Columbia, MO: University of Missouri Press, 1996.

Feigon, Lee, *Mao: A Reinterpretation*, Chicago: Ivan R. Dee, 2002.

Fest, Joachim C., *Hitler*, Boston, MA: Houghton Mifflin Harcourt, 2002.

Festorazzi, Roberto, *Starace. Il mastino della rivoluzione fascista*, Milan: Ugo Mursia, 2002.

Figes, Orlando, *The Whisperers: Private Life in Stalin's Russia*, New York: Picador, 2007.

Fisher, Mary Ellen, *Nicolae Ceaușescu: A Study in Political Leadership*, Boulder, CO: Lynne Rienner Publishers, 1989.

Fitzpatrick, Sheila, *Everyday Stalinism. Ordinary Life in Extraordinary Times: Soviet Russia in the 1930s*, Oxford: Oxford University Press, 1999.

Foot, John, *Italy's Divided Memory*, Houndmills, Basingstoke: Palgrave Macmillan, 2009.

Franz-Willing, Georg, *Die Hitlerbewegung. Der Ursprung, 1919–1922*, Hamburg: R.v. Decker's Verlag G. Schenck, 1962, 2nd edn 1972.

Fritz, Stephen G., *Ostkrieg: Hitler's War of Extermination in the East*, Lexington, KT: University Press of Kentucky, 2011.

Davies, Sarah, *Popular Opinion in Stalin's Russia: Terror, Propaganda and Dissent, 1934–1941*, Cambridge: Cambridge University Press, 1997.

de Waal, Alex, *Evil Days: Thirty Years of War and Famine in Ethiopia*, New York: Human Rights Watch, 1991.

de Felice, Renzo, *Mussolini il Fascista*, vol. 1, *La conquista del potere, 1921–1925*, Turin: Giulio Einaudi, 1966.

Dee, Bleecker, 'Duvalier's Haiti: A Case Study of National Disintegration', doctoral dissertation, University of Florida, 1967.

Deletant, Dennis, *Ceauşescu and the Securitate*, London: Hurst, 1995.

Deletant, Dennis, *Communist Terror in Romania: Gheorghiu-Dej and the Police State, 1948–1965*, New York: St Martin's Press, 1999.

Demick, Barbara, *Nothing to Envy: Ordinary Lives in North Korea*, New York: Spiegel and Grau, 2009.

Diederich, Bernard and Al Burt, *Papa Doc: Haiti and its Dictator*, London: Bodley Head, 1969.

Diederich, Bernard, *The Price of Blood: History of Repression and Rebellion in Haiti Under Dr. François Duvalier, 1957–1961*, Princeton, NJ: Markus Wiener, 2011.

Diggins, John Patrick, *Mussolini and Fascism: The View from America*, Princeton: Princeton University Press, 1972.

Dikötter, Frank, *Mao's Great Famine: The History of China's Most Devastating Catastrophe, 1958–1962*, London: Bloomsbury, 2010.

Dikötter, Frank, *The Tragedy of Liberation: A History of the Chinese Revolution, 1945–1957*, London: Bloomsbury, 2013.

Dikötter, Frank, *The Cultural Revolution: A People's History, 1962–1976,* London: Bloomsbury, 2016.

Diller, Ansgar, *Rundfunkpolitik im Dritten Reich*, Munich: Deutscher Taschenbuch Verlag, 1980.

Donham, Donald L., 'Revolution and Modernity in Maale: Ethiopia, 1974 to 1987', *Comparative Studies in Society and History*, 34, no. 1 (Jan. 1992), pp. 28–57.

Duggan, Christopher, *Fascist Voices: An Intimate History of Mussolini's Italy*, Oxford: Oxford University Press, 2013.

Calvino, Italo, 'Il Duce's Portraits', *New Yorker*, 6 Jan. 2003, p. 34.

Campbell, Ian, *The Addis Ababa Massacre: Italy's National Shame*, London: Hurst, 2017.

Cannistraro, Philip, *La fabbrica del consenso: Fascismo e mass media*, Bari: Laterza, 1975.

Chang, Jung and Jon Halliday, *Mao: The Unknown Story*, London: Jonathan Cape, 2005.

Chaussy, Ulrich and Christoph Püschner, *Nachbar Hitler: Führerkult und Heimatzerstörung am Obersalzberg*, Berlin: Christoph Links Verlag, 2007.

Chinese Propaganda Posters: From the Collection of Michael Wolf, Cologne: Taschen, 2003.

Chen Jian, *China's Road to the Korean War*, New York: Columbia University Press, 1996.

Chirot, Daniel, *Modern Tyrants: The Power and Prevalence of Evil in Our Age*, Princeton: Princeton University Press, 1996.

Clapham, Christopher, *Transformation and Continuity in Revolutionary Ethiopia*, Cambridge: Cambridge University Press, 1988.

Cohen, Arthur A., *The Communism of Mao Tse-tung*, Chicago: University of Chicago Press, 1964.

Cohen, Yves, 'The Cult of Number One in an Age of Leaders', *Kritika: Explorations in Russian and Eurasian History*, vol. 8, no. 3 (Summer 2007), pp. 597–634.

Coox, Alvin D., *Nomonhan: Japan Against Russia 1939*, Palo Alto, CA: Stanford University Press, 1988.

Corner, Paul, *The Fascist Party and Popular Opinion in Mussolini's Italy*, Oxford: Oxford University Press, 2012.

Corvaja, Santi, *Hitler and Mussolini: The Secret Meetings*, New York: Enigma Books, 2008.

Courtois, Stéphane et al. (eds), *The Black Book of Communism: Crimes*, Terror, Repression, Cambridge, MA: Harvard University Press, 1999.

Cushway, Eric H., 'The Ideology of François Duvalier', MA dissertation, University of Alberta, 1976.

David-Fox, Michael, *Showcasing the Great Experiment: Cultural Diplomacy and Western Visitors to the Soviet Union, 1921–1941*, Oxford: Oxford University Press, 2011.

Berneri, Camillo, *Mussolini grande attore*, Pistoia: Edizioni dell'Archivio Famiglia Berneri, 1st edn 1934, 2nd edn 1983.

Bessel, Richard, 'The Rise of the NSDAP and the Myth of Nazi Propaganda', *Wiener Library Bulletin*, 33, 1980, pp. 20–29.

Bessel, Richard, 'Charismatisches Führertum? Hitler's Image in der deutschen Bevölkerung' in Martin Loiperdinger, Rudolf Herz and Ulrich Pohlmann (eds), *Führerbilder: Hitler, Mussolini, Roosevelt, Stalin in Fotografie und Film*, Munich: Piper, 1995, pp. 14–26.

Bevan, Robert, *The Destruction of Memory: Architecture at War*, London: Reaktion Books, 2006.

Binet, Laurence (ed.), *Famine et transferts forcés de populations en Ethiopie 1984–1986*, Paris: Médecins Sans Frontières, 2013.

Biondi, Dino, *La fabbrica del Duce*, Florence: Vallecchi, 1967.

Blake, Robert and Wm Roger Louis (eds), *Churchill*, Oxford: Clarendon Press, 2002.

Bonnell, Victoria E., *Iconography of Power: Soviet Political Posters Under Lenin and Stalin*, Berkeley, CA: University of California Press, 1998.

Bonsaver, Guido, *Censorship and Literature in Fascist Italy*, Toronto: University of Toronto Press, 2007.

Boterbloem, Kees, *Life and Times of Andrei Zhdanov, 1896–1948*, Montreal: McGill-Queen's Press, 2004.

Bramsted, Ernest K., *Goebbels and National Socialist Propaganda 1925–1945*, East Lansing: Michigan State University Press, 1965.

Brandenberger, David, 'Stalin as Symbol: A Case Study of the Personality Cult and its Construction' in Sarah Davies and James Harris (eds), *Stalin: A New History*, Cambridge: Cambridge University Press, 2005, pp. 249–70.

Brooks, Jeffrey, *Thank You, Comrade Stalin!: Soviet Public Culture from Revolution to Cold War*, Princeton: Princeton University Press, 2000.

Bühmann, Henning, 'Der Hitlerkult. Ein Forschungsbericht' in Klaus Heller and Jan Plamper (eds), *Personenkulte im Stalinismus: Personality Cults in Stalinism*, Göttingen: Vandenhoeck and Ruprecht, 2004, pp. 109–57.

Burke, Peter, *The Fabrication of Louis XIV*, New Haven, CT: Yale University Press, 1992.

1988.

Altman, Linda Jacobs, *Shattered Youth in Nazi Germany: Primary Sources from the Holocaust*, Berkeley Heights, NJ: Enslow Publishers, 2010.

Andrieu, Jacques, 'Mais que se sont donc dit Mao et Malraux? Aux sources du maoïsme occidental', *Perspectives chinoises*, no. 37 (Sept. 1996), pp. 50–63.

Applebaum, Anne, *Iron Curtain: The Crushing of Eastern Europe, 1944–1956*, New York: Doubleday, 2012.

Arendt, Hannah, *The Origins of Totalitarianism*, New York: Harvest Book, 1973.

Armstrong, Charles, *The North Korean Revolution: 1945–50*, Ithaca, NY: Cornell University Press, 2002.

Baberowski, Jörg, *Scorched Earth: Stalin's Reign of Terror*, New Haven, CT: Yale University Press, 2016.

Baczko, Bronisław, 'La fabrication d'un charisme', *Revue européenne des sciences sociales*, 19, no. 57 (1981), pp. 29–44.

Balázs, Apor, Jan C. Behrends, Polly Jones and E. A. Rees (eds), *The Leader Cult in Communist Dictatorships: Stalin and the Eastern Bloc*, Houndmills, Basingstoke: Palgrave Macmillan, 2004.

Barber, John, 'The Image of Stalin in Soviet Propaganda and Public Opinion during World War 2' in John Garrard and Carol Garrard (eds), *World War 2 and the Soviet People*, New York: St Martin's Press, 1990, pp. 38–49.

Baxa, Paul, '"Il nostro Duce": Mussolini's Visit to Trieste in 1938 and the Workings of the Cult of the Duce', *Modern Italy*, 18, no. 2 (May 2013), pp. 117–28.

Behrends, Jan C., 'Exporting the Leader: The Stalin Cult in Poland and East Germany (1944/45–1956)' in Apor Balázs, Jan C. Behrends, Polly Jones and E. A. Rees (eds), *The Leader Cult in Communist Dictatorships: Stalin and the Eastern Bloc*, Houndmills, Basingstoke: Palgrave Macmillan, 2004, pp. 161–78.

Beevor, Antony, *The Fall of Berlin 1945*, London: Penguin Books, 2002.

Berman, Stephen Jay, 'Duvalier and the Press', MA in Journalism dissertation, University of Southern California, 1974.

Ben-Ghiat, Ruth, *Fascist Modernities: Italy, 1922–1945*, Berkeley, CA: University of California Press, 2001.

資料來源

檔案館

國家中央檔案館（ACS, Archivio Centrale dello Stato），羅馬
羅馬尼亞國家檔案館（ANR, Arhivele Naționale ale României），布加勒斯特
聯邦檔案局（BArch, Bundesarchiv），柏林
廣東省檔案館（GDPA, Guangdong sheng Dang'anguan），廣州
甘肅省檔案館（GSPA, Gansu sheng Dang'anguan），蘭州
河北省檔案館（HBPA, Hebei sheng Dang'anguan），石家莊
胡佛研究所圖書檔案館（Hoover, Hoover Institution Library and Archives），帕羅奧圖
外交部政治檔案館（MfAA, Politisches Archiv des Auswärtigen Amts），柏林
外交和國際發展部（MAE, Ministère des Affaires Etrangères），巴黎
國家檔案館二館（NARA, National Archives at College Park），華盛頓
南京市檔案館（NMA, Nanjing shi Dang'anguan），南京
開放社會檔案館（OSA, Open Society Archives），中歐大學（Central European University），布達佩斯
國家檔案館（PRO, The National Archives），倫敦
俄羅斯國家當代史檔案館（RGANI, Rossiiskii Gosudarstvennyi Arkhiv Novei'shei Istorii），莫斯科
國家社會政治史檔案館（RGASPI, Rossiiskii Gosudarstvennyi Arkhiv Sotsial'no-Politicheskoi Istorii），莫斯科
上海市檔案館（SMA, Shanghai shi Dang'anguan），上海

二手文獻

Abbott, Elizabeth, *Haiti: The Duvaliers and Their Legacy*, New York: McGraw-Hill,

歷史大講堂
獨裁者養成之路：八個暴君領袖的崛起與衰落，
迷亂二十世紀的造神運動

2021年1月初版　定價：新臺幣380元
2021年7月初版第二刷

著者	Frank Dikötter
譯者	廖珮杏
叢書主編	王盈婷
校對	馬文穎
內文排版	林婕瀅
封面設計	兒日

出版者	聯經出版事業股份有限公司
地址	新北市汐止區大同路一段369號1樓
叢書主編電話	(02)86925588轉5316
台北聯經書房	台北市新生南路三段94號
電話	(02)23620308
台中分公司	台中市北區崇德路一段198號
暨門市電話	(04)22312023
台中電子信箱	e-mail：linking2@ms42.hinet.net
郵政劃撥	帳戶第0100559-3號
郵撥電話	(02)23620308
印刷者	文聯彩色製版印刷有限公司
總經銷	聯合發行股份有限公司
發行所	新北市新店區寶橋路235巷6弄6號2樓
電話	(02)29178022

副總編輯	陳逸華
總編輯	涂豐恩
總經理	陳芝宇
社長	羅國俊
發行人	林載爵

行政院新聞局出版事業登記證局版臺業字第0130號

本書如有缺頁，破損，倒裝請寄回台北聯經書房更換。　ISBN 978-957-08-5677-4 (平裝)
聯經網址：www.linkingbooks.com.tw
電子信箱：linking@udngroup.com

國家圖書館出版品預行編目資料

獨裁者養成之路：八個暴君領袖的崛起與衰落，迷亂二十世紀的造神運動/ Frank Dikötter著．廖珮杏譯．初版．新北市．聯經．2021年1月．320面．17×23公分（歷史大講堂）
譯自：How to be a dictator: the cult of personality in the twentieth century.
ISBN 978-957-08-5677-4（平裝）
[2021年7月初版第二刷]

1.獨裁　2.極權政治

571.76　　109020235